政府采购与 PPP 评论

2018年
第二辑

总第四辑

王乔　汪林平　主编

中国财经出版传媒集团
经济科学出版社
Economic Science Press

图书在版编目（CIP）数据

政府采购与PPP评论.第四辑/王乔，汪林平主编.—北京：经济科学出版社，2019.1

ISBN 978－7－5218－0211－5

Ⅰ.①政… Ⅱ.①王…②汪… Ⅲ.①政府投资－合作－社会资本－研究－中国 Ⅳ.①F832.48②F014.391

中国版本图书馆CIP数据核字（2019）第014863号

责任编辑：王 洁
责任校对：曹育伟
版式设计：齐 杰
责任印制：王世伟

政府采购与PPP评论

2018年 第二辑

（总第四辑）

王 乔 汪林平 主编

经济科学出版社出版、发行 新华书店经销

社址：北京市海淀区阜成路甲28号 邮编：100142

总编部电话：010－88191217 发行部电话：010－88191522

网址：www.esp.com.cn

电子邮件：esp@esp.com.cn

天猫网店：经济科学出版社旗舰店

网址：http://jjkxcbs.tmall.com

北京季蜂印刷有限公司印装

787×1092 16开 13.25印张 310000字

2019年1月第1版 2019年1月第1次印刷

ISBN 978－7－5218－0211－5 定价：45.00元

（图书出现印装问题，本社负责调换。电话：010－88191510）

（版权所有 侵权必究 打击盗版 举报热线：010－88191661

QQ：2242791300 营销中心电话：010－88191537

电子邮箱：dbts@esp.com.cn）

政府采购与PPP评论
2018年 第二辑
（总第四辑）

主　　办：江西财经大学
　　　　　中国政府采购杂志社

主　　编：王　乔　汪林平

执行主编：李春根　殷亚红

编委会：

　　　　刘尚希　贾　康　高培勇　王泽彩　刘　慧　马海涛
　　　　于　安　王守清　刘小川　孙　洁　肖北庚　曹富国
　　　　徐焕东　何红锋　赵　勇　王丛虎　吕汉阳　蒋金法
　　　　匡小平　王振宇　周晓华　黄　铌　肖光睿　薛　涛
　　　　刘世坚　肖建华　舒　成　刘　斌

编辑部：刘　斌　王　雯　陈昶彧　王　洁

出　　版：一年两辑

目 录

正确理解政府和社会资本合作的概念与本质 ……………………………………… 刘尚希 / 1

浅析PPP项目的退出情形与流程 ……………………… 王盈盈　赵超恩　王守清 / 8

重大行政决策程序在湖南PPP实践中的引入 ……………………………………… 肖北庚 / 19

中美政府采购质疑比较研究 ……………………………………… 何红锋　李富佳 / 26

CSSCI数据库中PPP研究热点趋势的

　　可视化分析 ……………………… 邓斌超　赵博宇　汪举强　彭　鸣　周冬杰 / 32

PPP项目公司再思考 ……………………………………………………………… 孙丕伟 / 44

PPP视角下的投资与成本控制 ……………………… 王明波　孙国栋　郗　欣 / 52

PPP项目社会资本资格界定的思考 ……………………………………… 焦洪宝　王　洁 / 68

关于适用政府采购政策若干问题的探讨 ……………………………………… 王　伟 / 77

政府采购的法治化之路

　　——读《制度是如何形成的》有感 ……………………………………… 刘　涛 / 96

金融机构向PPP项目提供融资的顾虑及相关建议 …………………………… 朱春华 / 104

PPP项目模式特质分析：定义观点与法理阐析 ……………………… 任　际　曹　荠 / 112

体育场馆PPP项目咨询服务工作要旨探究

　　——以杭州奥体PPP项目为例 ……………………………………… 崔宏伟　骆　珉 / 121

论混合所有制改革背景下我国国家特殊管理股制度的构建 ………………… 吴刚梁 / 135

地方政府债务压力下平台公司系统管理及PPP模式创新的探讨 …………… 许敏慧 / 155

"一带一路"背景下PPP模式国际运营的情势解析 ……………… 张　迪　聂婴智 / 163

医疗卫生领域财政事权划分的背景及对PPP项目的影响 ……… 秦士坤　窦晓璐　王亚玲 / 170

PPP视角下构建全过程财政监督机制的思考 ………………………………… 金珧汉 / 180

PPP项目政府支出测算不准确问题探析 ……………………………………… 汪才华 / 189

江门市城建投融资与PPP改革的实践与探索 ………………………………… 胡其波 / 200

正确理解政府和社会资本合作的概念与本质

刘尚希[*]

> **摘　要：** 本文就政府和社会资本合作的概念、本质、存在的问题以及发展的策略四个方面分享一些思考。一是如何准确理解政府和社会资本合作的概念；二是如何从理论层面认清政府和社会资本合作的本质；三是如何判断现阶段政府和社会资本合作出现的问题；四是如何以创新理念破解政社合作发展困境。
>
> **关键词：** 政府和社会资本合作　发展策略　破解困境

当前，政府与社会资本合作（简称政社合作）行业正处于政策调整期和规范发展期，有些地方政府、社会资本、金融机构对政社合作系列新政仍存在认识不清、理解不透甚至片面误解的现象。什么是政府与社会资本合作，如何真的做政府与社会资本合作？这个问题一直没有权威的界定。

本文就政府和社会资本合作的概念、本质、存在的问题以及发展的策略四个方面分享一些思考。一是如何准确理解政府和社会资本合作的概念；二是如何从理论层面认清政府和社会资本合作的本质；三是如何判断现阶段政府和社会资本合作出现的问题；四是如何以创新理念破解政社合作发展困境。

目前，包括政府部门以及各种媒体都用"PPP"三个缩写英文字母来表示，严格来说，是不规范的。英文的PPP和中文说的"政府和社会资本合作"是存在差异的，不同事物在不同的语境下，其内涵也是不同的，因此，本文用"政府和社会资本合作"来概述观点，简称"政社合作"。

一、如何准确理解政社合作的概念

国外PPP模式起源于英国，并迅速在全球范围内推广和应用。回顾其发展历程，大

---

[*] 刘尚希：中国财政科学研究院党委书记、院长，教授，博士生导师，全国政协委员。

致经历了三种类型。以英国1992年提出的旨在改善政府采购公共服务质量和效率的第一代PPP；以法国为代表的以PPP核心理念对特许经营模式进行理念创新催生出的以提升经济发展质量和效率为目标的第二代PPP；以及联合国相关机构正致力于推动实施的以促进可持续发展为目的的第三代PPP。就我国而言，2014年之前是政社合作事业发展的探索阶段，最早体现政社合作理念的项目始于引进外资参与基础设施和公用事业项目。2014年以来，财政部、国家发改委陆续发布多个政社合作政策文件，吹响了政社合作模式推广应用的集结号。而2017年底又是一个分水岭，随着一系列严守红线、严控风险、规范程序、强化考核的政策文件的出台，政社合作行业进入了规范发展的新阶段。

总的来说，政社合作是沿用国外"PPP"的理念，进入中国后有所改良。财政部、国家发改委对政社合作的概念有不同的定义；在理论与实操层面对政社合作也有不同的理解；一些地方根据当地的自身条件和发展需要还赋予了政社合作特定的内涵。由于立场的不同以及对问题、现象的不同判断，政府、社会资本以及理论界对"真假政社合作"的认定一直有着激烈的争论。

当然，中央有文件已对概念进行了明确，这不再是一个学术问题，而是一个执行问题。中央文件规定不允许干的事，就没有讨价还价的余地。从学术角度或实际操作的角度来看政社合作，其实没有必要过多纠结于真假对错，应更多地按照利弊的思路去分析这一问题。政社合作在中国，本身就是个开放性新生事物，需要在引入国外概念及模式的同时，积极做好引进、消化、吸收和再创新等工作，不断在发展中修正，在修正中发展，赋予其中国内涵，那就成了中国的政社合作。事实上，我们不必对政社合作感到陌生，因为我们过去做的许多事情其实早就蕴含了政社合作精神，即"共治"精神。比如BOT（建设—经营—转让），尽管之前不叫PPP，也不叫政府和社会资本合作，但早就有了这种政社合作的元素。所以，我们要打破对政社合作僵化的理解，要用变化的思维、创新的理念去正确认识政社合作的概念，积极探索政社合作模式在推动体制、机制创新中的牵引作用。如果我们从一开始就僵化地理解政社合作的概念，只有这样是对的，那样是不允许的，可能就会抑制政社合作在中国的发展。

发达国家有发达国家的背景，发达国家是在城市化已经完成的情况下搞他们的PPP。我们国家是在城市化过程之中，大量农村人口市民化的大背景下搞的政社合作，背景不一样，产生的需求也会不一样。我们对政社合作的理解，长期聚焦于项目，从微观的角度理解，政社合作似乎就是指某个具体项目，变成了基于项目的合作。事实上，业界也涌现出一些开发性的政社合作，就是片区综合开发，这种政府和社会资本合作，是在我国城市化快速推进的背景下产生的。国外为什么没有？因为国外城市化已经完成了。而我国的城市化正在快速发展之中。这样就产生了不同于国外发达国家的政府和社会资本合作的新模式，所以我们要根据中国实际，积极摸索创新。

如何准确理解我国政府和社会资本合作，要从我们国家的实际出发，要让政府和社会资本合作的定义写在中国的大地上，而不是写在书本上，更不是用国外书本的定义来套中国的政社合作模式。各位在思考如何进一步规范政社合作发展的时候，更需引入这么一个思维。

这里讲政府和社会资本合作，社会资本不能简单等同于PPP里的private（私），它不仅仅是私人资本，还有国有资本。很显然，把中国的政府和社会资本合作翻译成PPP，外国人大体能明白，但会产生严重的偏差。事实上，中国有大量的国有企业、国有资本在里面。所以，我们这个政社合作，只能说大体接近于国外的PPP定义，其本质是市场和政府的一种合作。无论是私人资本、民营资本，还是国有资本，都属于市场的范畴，所以统称为市场和政府，从合作的角度能更准确地概括PPP，或者在中国大地上形成的创新的政府和社会资本合作。

讲社会资本，在中国的语境下还有另外一层含义。社会资本意味着企业要承担相应的社会责任，意味着它不是纯粹的商业资本，不能只讲挣钱，不讲社会责任。所以，我们所指的"政府和社会资本合作"概念中的"社会资本"，本身就有其特定的内涵，就蕴含了我国政府和社会资本合作的特定要求，即，必须承担相应的社会责任。因为政社合作的目的在于提高公共服务的质量、效率，更好地满足人民对美好生活的追求。如果只想进入这个领域去挣大钱，而没有相应的社会责任感，可能就会做不下去。

所以，政府和社会资本合作领域不是一个投机的领域，也不是一个挣快钱、挣大钱的领域，而是要以一种社会责任感，一种担当去建设我们国家。凡是参与政府和社会资本合作项目，首先得摆平心态。否则，和政府谈判的时候，就会寄希望于政府让渡更多利益，如果没有达到预期，则会影响到合作的成效和可持续性。当然，这里并不否定商业原则，社会资本也是资本，在商言商，也希望有回报，但预设条件是不一样的，需要承担更多的社会责任。

二、如何从理论层面认清政社合作的本质

许多人是从项目融资的角度来认识政社合作的，认为政社合作就是政府推进项目建设需要融资，所以找社会资本合作，变成了一个融资的概念。所以，之前一说到政社合作，那会被人理解为政府缺钱，需要融资。这个想法错了吗？也不能说全错，但若只是想着融资，恐怕就有些局限了，甚至可能误入歧途，忘记了本来的目的是什么。事实上，融资只是一个手段，关键是要通过这种合作，给老百姓提供更好的公共服务，这才是政社合作的最终目的。

任何事物的发展如果缺乏理论支撑，就不可能行稳致远，无论搞革命，还是搞建

设,还是现在的改革开放,都是如此。我们正处于改革开放的大环境下,政社合作同样需要理论的支撑。如何从理论看待这个问题呢?其实我刚才已经提及,一个很重要的切入点是政府和社会资本合作,社会资本实际上代表的是有社会担当的市场主体,所以,我们可以从政府和市场的关系来分析、理解政社合作这种模式。

从本质上来讲,政社合作首先是一种合作,是政府与社会资本之间的合作,要通过合作来提升效率、牵引改革,完善和促进政府职能的转变,为老百姓提供更好的公共服务。但合作必然涉及主体的概念,对市场来说,主体是很清晰的。但对政府而言,就比较复杂了,这也是立法过程中争议的焦点之一。因为政府具有两个身份,一是行政主体,二是经济主体。作为经济主体,是民事主体,作为行政主体又是公共主体,主体性质的不同,适用的法律规范也是不一样的。

政府和市场主体合作的时候,应当是一个经济主体,也就是一个民事主体。这就意味着,政府和市场主体之间是平起平坐的,因为民事合作的重要前提就是平等。尤其在法治尚不健全的条件下,必须强调政府和社会资本的合作,这个身份应该是一个民事主体。

在签订合同的过程中,有些项目可能涉及使用者付费,也可能是政府补贴。这个时候的政府身份又发生了转换,变成一个公共主体,也就是行政主体。所以政社合作的法律关系实际上是复合的,非常复杂,它涉及民商法、行政法,非要让它泾渭分明,是做不到的。这也反映了政府和社会资本合作,本质上是政府和市场的合作,这种合作意味着什么?大家想想我们改革开放,主要是搞市场化改革,本质就是政府与市场的分工,就是发挥市场的决定性作用。过去讲发挥主要作用,后来说发挥基础性作用,到现在讲发挥决定性作用,之所以这么强调,就是说政府和市场在资源配置上要有一个分工。市场在社会资源配置中发挥决定性作用,意味着政府就不要去插手、干预微观经济活动,而是要为市场机制发挥作用创造条件。

所以,我们的市场化改革,实际上就是一种分工的改革,通过分工提高整个社会的资源配置效率,全部由政府配置就是计划经济,效率很低;资源配置全部交给市场配置也同样会出问题。所以,政府和社会资本之间要形成一种合理的分工,这需要市场化改革的推进。

今天的政府和社会资本合作,也就是政府和市场的合作,在分工的基础上合作的一种模式和载体。政府和市场怎么合作?所以,现在的政社合作是在政府和市场分工、改革的基础上形成的一种新的改革,叫合作化改革。显然,这种改革和以前的市场化改革是有差异的。我们的市场化改革还没有完成,要素市场、供给侧结构性改革还有大量艰苦的工作要做,包括我们的金融市场化改革,也还没有完成。但这并不妨碍政府和市场进行合作。形成合力,这就是通常讲的"1+1>2"的协同效应。尤其是我们大量的公共设施建设,最终目的是提供公共服务。从这点来讲,我们可以把这种"1+1>2"的效应,通过政社合作模式来实现,这正是推动政府与市场合作的一种改革,有利于发挥市场的决定性作用,体现了一种新的治理理念,即,共建、共治。这符合我们改革的总目标,国家治理现代化的要求。

之前,我们总在强调政府与市场要分开,要楚河汉界、泾渭分明,这是过去在市场化改革背景下常见的思维。我们现在对政府与市场关系的理解,要基于行为的视角来理解,而不是平面几何的关系来理解。因此,我们在立法的时候,其实也需要创新,需要把民法、行政法加以融合,这样才能真正从理论上解决现在政府和社会资本合作中面临的一系列法律问题、政策问题。这个问题解决不了,我们在现实操作中很多问题可能都难以真正从根本上得以解决。现在的政社合作本身就意味着政府与市场的合作,那就不是泾渭分明,那是要不断融合,通过一个具体项目或一个片区的开发运营,形成你中有我,我中有你的合作格局,就是现在讲的风险分担、收益共享。这种合作是一种新的探索,它会改变对市场化改革条件下的传统认识,即划界的思维。在这方面,我们应当要及时调整,转向行为合作的思维。

三、如何判断政社合作现阶段出现的问题

(一)政社合作法治建设滞后

我国在推进政社合作发展的过程中,迫切需要政社合作立法来规范政府、社会资本和相关主体的行为选择。从政社合作本身来讲,它包含了民法、行政法、经济法等问题,而政社合作实施过程中涉及的投资、价格、财政、税收、金融、土地管理、国有资产管理等相关政策,都是在传统体制下形成的,与现代政社合作理念存在很多冲突。因此,立法工作既要从实践出发,系统总结一些好的经验做法,又要上升到理论层面,尤其要打破一些传统的思维惯性。显然,这是一个非常艰巨的任务。我们必须通过科学的立法来促进政社合作更好的合作,支持现在的重大改革。政府和企业也要学着用法治思维来思考政社合作模式,以利于双方合作变得更加顺畅高效。

在具体操作层面,政社合作立法工作应该突破部门法的思维,融合经济法、民法和行政法,并侧重于从行为的角度来考虑问题。我们过去的立法更多是基于一种事实及其后果的发生,但行为能不能作为一种事实?一般来说,行为很难被直接认定为一种事实,通常要看行为造成的事实和后果。但在公共风险日益复杂和频发的情况下,如果仅仅基于一种结果的事实,而不是基于一种行为的事实,当出现严重后果再诉诸法律就已经失去意义。因此,政社合作立法应该引进风险思维,注重行为风险,而不是行为后

果。也只有基于行为来考虑政社合作立法，立法工作才会有创新性，才更加符合政社合作未来发展的需要。

（二）"重建设、轻运营"现象严重

导致政社合作项目"重建设、轻运营"的重要原因是不确定性因素太多。在政社合作项目的推进过程中，政府面临行政主体、经济主体、民事主体等多重身份的不断转换，导致社会资本方无所适从，产生对政府的不信任。另外，政府与社会资本是一种长期的契约关系，容易导致履约和支付风险的激增。且合同的长期性与政府预算规划的时限性以及领导任职周期之间的不匹配，都会加重社会资本对政府信用的顾虑。目前来看，参与政社合作项目的社会资本方，真正准备长期干下去的，可能不多。很多都是盯着工程建设这一板块，把这块搞下来，把钱挣到手，其他的下一步再说。如果从一开始就抱着这种心态，当然就缺乏足够的内生动力去提升项目运营能力。还有不少政社合作项目，政府一换届，新领导的想法就变了，对这个项目的定位也就变了，还包括一些政策性风险。例如，污水处理标准，如果环境治理的要求提高了，标准改了。技术改造的钱谁支付？如果社会资本方和政府能协商下来，这个事情好办，协商不下来，就意味着这个项目有可能中途就会流产。这种不确定性的广泛存在以及由此带来的风险，也是导致社会资本重建设、轻运营的一个重要原因。

（三）政社合作财政风险监管不到位形成的政府隐性债务

什么是隐性债务？准确地讲，它应该是或有债务，这里也不排除是政府隐性的直接债务。我们通常认为，债务应该有三个基本要素，即，主体、金额、期限。三个要素齐具备，才是完整的债务事项。

对政府来讲，作为公共主体，有些债务事项的要素是不完整的，比如说有主体，但金额没法确定，期限也不明确，这就叫隐性的直接债务。在政社合作项目里，就会出现这样的情形。它是政府债务吗？按完整性理解，它不是。它不是政府债务，却又与政府支付责任紧密联系在一起。所以，我们用市场或者企业债务的概念，套到政府主体上来，有一部分是套不进去的。到底什么是政府债务？什么是政府隐性债务？什么是政府的或有债务？恐怕要依据政府作为公共主体，同时又作为经济主体的性质去认定，不能简单地把企业会计准则关于债务的定义搬到这个领域来。因此，制定专门的政府会计准则和专门的政府债务准则是很有必要的，可惜这项工作还没有完成。

现在对于地方政府债务的规模，我们谁也说不清。首先是由于理论上没搞明白，其次是由于准则没有明确，意味着还没有统一标准，统计口径也不一致。怎么报，怎么填，在很大程度上取决于用什么意图来判断，暗地里就形成了一种地方与中央双方的博

弈。所以地方政府在报债务的时候，首先会解读上级政府的意图，而不是考虑什么标准。当然，现在也没有标准。在不确定条件下，这就是典型的盲人摸象。事实上，债务问题，应当从理论到标准到口径再到办法逐一进行研究解决。否则，不同时期的数据缺乏可比性，永远都是社会媒体舆论炒作的对象。目前，许多人将政府隐性债务的问题归因到政社合作项目上来，隐性举债、违规举债，很多问题搅在一起，令大家非常困扰。

四、如何以创新理念破解政社合作发展困境

在当前严监管的环境下，政社合作何去何从。一定要以创新的理念去重新认识政社合作，用创新的举措去破解政社合作现存的问题。创新本来就是从无到有的过程，不论是个体、还是组织，都处于一个不断变化的状态。在此过程中产生的各种分歧，需要用长远眼光来分析和研判。从宏观来看，政社合作属于"共治"范畴，通过政府引导，商业运作的方式引进市场因素，因此叫"共治"。基于这一基本理念，"共"代表"公共利益"，即更好地为百姓服务。按此逻辑推导，为社会公众提供公共服务不是获利行为，政府在此领域的开放将形成一种新的供给模式。进一步延伸，政社合作改变了资源的配置方式。过去"政府"和"市场"这两只手是分开的，现在把这两只手协同起来共享资源、共谋发展，从宏观角度讲，是属于一种"共治"理念。当然，既然是共治，就应把政府从多层主体、多重角色中剥离出来，确定其经济主体、民事主体的地位，让其与社会资本形成平等的经济合作关系，真正成为合作伙伴。

浅析 PPP 项目的退出情形与流程

王盈盈　赵超恩　王守清[*]

> **摘　要**：鉴于我国实践中项目落地数量的与日俱增和现阶段我国 PPP 发展环境尚不健全的现象，有必要分析研究我国 PPP 项目的退出情形与应对流程，为改进完善退出机制提出改进建议。本文首先辨析"退出"概念，包括社会资本层面的退出和项目层面的退出，然后分析退出情形，并梳理总结出退出流程。本文研究有助于完善 PPP 项目退出机制，可用于丰富 PPP 合同体系，规范项目参与者退出步骤和程序，使项目各个参与方合理分担推出过程及退出之后的风险，保证项目各个参与方的利益，将风险减小到最小程度。
>
> **关键词**：PPP　退出　社会资本　政府　违约

一、引言

自 2014 年以来，PPP 改革深入贯彻落实十九大精神，贯彻新发展理念，积极推进供给侧结构性改革，规范管理，防控风险，达到了稳中求进的效果[①]。然而，由于现阶段政府治理能力不足、社会资本对 PPP 项目风险认知不足、金融机构对 PPP 融资评价体系不完善等，使得 PPP 项目存在可持续发展的隐患。即使是已落地的 PPP 项目也可能在履约过程中陷入争议，而且，实践中不乏项目公司中途主动或被迫退出项目的例子，从而形成项目退出，例如，英法海峡隧道项目在隧道建成运营数年后由于无法实现预期收入，导致项目公司身负巨额债务，不得不宣布破产[②]；中国的武汉军山长江大桥项目在审批阶段终止了项目，分析原因是当地政府从国家安全及其他政治因素考虑，社会资本只好退出项目。

---

[*] 王盈盈：清华大学公共管理学院博士生；赵超恩：中国能源建设股份有限公司副处长；王守清：清华大学建设管理系教授、清华 PPP 研究中心首席专家。

[①] 财政部 PPP 中心：《全国 PPP 综合信息平台项目管理库各省（区、市）2017 年报》，http：//www.cpppc.org/zh/pppjb/6389.jhtml（2018 年 2 月）。

[②] 刘婷、赵桐、王守清：《基于案例的我国 PPP 项目再谈判情况研究》，载于《建筑研究》，2016 年第 9 期，第 31~34 页。

正是因为双方各存优势且对项目的期望有差异，政府和社会资本在财务分析的目的和指标、风险的分担和收益的分配等方面要求不同，而且很多时候往往是政府或社会资本由于项目的紧迫性或者其他原因被迫做出了让步，缺乏详细的可行性研究，特别是政府经常由于各种原因被迫让步接受企业的要求，但在实施中也常常因为政府承诺不能兑现或发生其他未识别的风险或合同不完备或公众反对等而出现争议①，以至于有许多项目不能顺利完成甚至项目参与者中途退出项目。

此外，PPP 项目是政府和社会资本之间长达 10～30 年甚至更长的合作伙伴关系，不管政府和社会资本双方（及金融机构，以前他们的咨询和律师等）有多聪明、多有经验、多尽职调查，都不可能完全准确预测将来 10～30 年的风险；而且，即使合同中设计了动态风险分担机制，也不可能完全覆盖长期的运营期内将来可能发生的各种情况，因此，在将来的执行期间必然会出现协议变更的情况，也必须安排退出情形触发机制以及应对流程。

鉴于我国实践中项目落地数量的与日俱增和现阶段我国 PPP 发展环境尚不健全的现象，有必要分析研究我国 PPP 项目的退出情形与应对流程，为改进完善退出机制提出改进建议。本文首先辨析"退出"概念，包括社会资本层面的退出和项目层面的退出，然后分析退出情形，并梳理总结出退出流程。本文研究形成的 PPP 项目退出机制，可用于完善 PPP 合同体系，规范项目参与者退出步骤和程序，使项目各个参与方合理分担推出过程及退出之后的风险，保证项目各个参与方的利益，将风险减小到最小程度。

二、文献综述与概念辨析

（一）文献综述

笔者通过查阅书籍杂志、网络文献检索系统等工具搜索有关 PPP 项目退出机制方面的论文及其他文献等，发现只有少量研究成果，这可能和我国大量 PPP 项目尚处于合同初期阶段有关。

刘婷等通过文献调研对我国 20 世纪 90 年代以来的 38 个发生重大再谈判的 PPP 项目进行案例分析，梳理引起再谈判的原因和结果，发现主要原因包括市场需求风险、政府信用问题及政策法律变更等，再谈判导致的主要结果是社会资本退出或调整投资回报机制②；王善才从不同的 PPP 模式中规划出适合的退出机制，认为退出机制的多样性设

---

① 柯永建、王守清、陈炳泉：《英法海峡隧道的失败对 PPP 项目风险分担的启示》，载于《土木工程学报》，2008 年第 41 期，第 97～102 页。

② 刘婷、赵桐、王守清：《基于案例的我国 PPP 项目再谈判情况研究》，载于《建筑经济》，2016 年第 9 期，第 31～34 页。

计可以对社会资本的参与热情有很大的提升作用,避免出现短期行为,是整个PPP设计中重要一环[1];周月萍阐述了项目提前终止的两种情形,包括政府方违约和政府方选择终止,并分析了三种具体情况,包括项目建设内容和投资规模缩减、征地拆迁延误、政府人事变动等[2];沈军结合市政工程PPP项目的特征,就社会资本退出现状,存在的问题和障碍,以及今后退出机制的完善进行探讨[3];梁良分析了PPP产业基金的退出机制和现存缺陷,并提出法律规范和制度完善两个方面的建议[4];黄华珍比较分析PPP项目各类退出途径的基础上,探索了资产证券化的具体操作方式[5];吴宽总结了PPP模式下社会资本退出四种主要形式,包括到期移交、股权回购、IPO、资产证券化等,也指出退出渠道不够畅通、退出机制不够灵活等现存问题[6];李国强也结合工作经验浅析了PPP退出机制[7]。

上述研究为本文提供了很好的借鉴和启发,其中一部分文献是将"退出"理解为项目结束,另一部分文献则是将"退出"理解为项目的投资者退出项目,但项目仍旧继续。而且,这些研究都是作者结合实际工作中的现象做的提炼和总结,并没有形成系统的框架。

(二) 概念辨析

国外从20世纪60年代开始研究企业的进入和退出问题,我国关于企业退出的研究起步较晚,2003年张维迎基于中关村企业的数据对我国企业退出因素做了实证分析[8]。相比于一般企业,PPP项目有其特殊性,本文的"退出"包括两个层次,第一是社会资本层面的退出,项目本身并没有结束;第二是项目层面的退出,又包括两个主体,政府和项目公司。本文的研究重点是后者,并且是后者中非正常退出情形。

1. 社会资本层面的退出。PPP项目所涉及的项目公司大部分属于新设立的非上市公司,但不排除部分项目公司具备条件后上市进行股权交易。项目公司及其股东股权交易事项包括股权转让、置换、赠与、新增、减少等,也包括公开发行募集股份的情形。

---

[1] 王善才:《PPP模式退出机制多样性研究》,载于《财政监督》,2017年第14期,第90~94页。
[2] 周月萍、叶华军、樊晓丽:《因政府方原因提前终止PPP项目的风控策略》,载于《中国建筑装饰装修》,2018年第4期,第98~99页。
[3] 沈军:《市政工程PPP项目社会资本退出机制研究》,载于《产业与科技论坛》,2017年第16期,第232~233页。
[4] 梁良:《PPP产业基金退出机制法律问题研究》,载于《产业与科技论坛》,2017年第16期,第32~34页。
[5] 黄华珍:《PPP项目资产证券化退出机制的法律分析》,载于《招标采购管理》,2015年第11期,第41~42页。
[6] 吴宽:《PPP模式下社会资本退出机制浅议》,载于《中国经贸》,2016年第24期。
[7] 李国强:《浅析PPP融资模式及退出机制——基于公共基础设施建设领域的研究》,载于《经营管理者》,2017年第24期。
[8] 张维迎、周黎安、顾全林:《经济转型中的企业退出机制——关于北京市中关村科技园区的一项经验研究》,载于《经济研究》,2003年第10期,第3~14页。

为保证社会资本的投资积极性、合作效率性、资金流动性，社会资本股权原则上可以进行交易，而且各个股东由于优势不同，各自的投资战略和策略也不同，因此在 PPP 项目合作期限内，必然会产生社会资本股权转让的需求。然而，影响到项目公司正常运转、项目建设运营效率降低或进程受阻等违法违纪、损害公众利益、社会资本合理收益的股权交易应进行约束和限制。

2. 项目层面的退出。项目层面的退出是指政府或项目公司并非由于特许期限届满而导致项目特许权协议终止，且项目主要参与者在获得特许权协议所规定的补偿后，不再享有特许权协议中任何权利以及不必履行特许权协议中任何义务。从这个定义中可以看出，本文探讨的不是正常、期满退出，而是非正常、提前退出。

由于绝大多数 PPP 项目是关于一个地方基础设施建设的项目，比如，水利、电力、天然气、桥梁、高速公路等项目，所以政府必然会控制和管理本国的基础设施。因此，如不加特殊说明，本文中"退出"是 PPP 协议不因合作期限届满而导致的终止情形，双方之间应完成一定的补偿或交易后，标志着完成退出整个过程，在此之后，项目公司不再享有特许权协议中任何权利以及不必履行特许权协议中任何义务。

根据行为主体的行为动机，退出行为又可以分为主动退出、被动退出和通过第三方介入退出，结合两种主体则一共有六种退出方式。当主动退出时，项目公司或政府方单方面自愿终止特许权协议而导致；当被动退出时，项目公司被动退出项目是由于项目公司违约、政府违约或者不可抗力事件终止特许权协议而导致；上述两种情况下如果无法达成双方满意的结果，则需要依靠第三方介入来实现退出，比如通过争议解决方式。根据财政部《PPP 项目合同指南》，由于政府方原因导致 PPP 项目提前终止的事由，通常包括发生政府方违约事件和政府方选择终止 PPP 项目两类情形，也验证了本文研究对象的合理性。

三、退出情形与流程分析

本文通过文献阅读和案例分析，归纳整理出 PPP 项目的退出情形，它包含三种方式，政府或项目公司一方主动要求退出、触发违约条款而启动退出程序、因为无法获得双方的妥协而需要第三方介入。

（一）一方主动要求退出

一方面，政府方出于公共利益、项目需要改变投资模式等方面的考虑，在项目合作期限内单方面决定终止项目合同。另外，实践中还存在一种较为常见的项目合作内容变更的情况，即在项目建设期内，由于客观原因需要，政府方对项目的建设规模和内容、总投资额等进行变更、缩减，该种情形实质上是对于部分项目合作内容的终止。因此，在广义上也可以理解为项目终止的一种情形。

另一方面，项目公司向当地政府申请主动退出项目，当地政府可以根据项目实际情况来决定是否同意批准项目公司退出项目的申请。当当地政府批准项目公司退出项目的申请后，项目公司在获得 PPP 协议中规定的补偿后退出项目。如果当地政府没有批准项目公司的申请，按照 PPP 协议，项目公司有义务继续使项目进行。在当地政府未批准项目公司退出项目的申请的情况下，项目公司仍然退出项目，这样，与项目公司未向当地政府提出申请就退出项目公司相同，都属于项目公司违约，项目公司在获得特许权协议中规定的补偿后退出项目。

结合周月萍的分析，分析以下几种导致项目提前终止的情形：项目建设内容和投资规模缩减、征地拆迁延误、政府人事变动等。

1. 项目建设内容和投资规模缩减。PPP 项目建设内容和投资规模的缩减将会对项目的履行造成比较大的影响。由于社会资本方负责融资，因此项目规模的缩减对社会资本方的影响更大。如果届时社会资本方向金融机构申请的项目贷款已到位，社会资本就需要承担该部分资金的融资成本，并可能需就冗余资金的提前还款承担相应的违约金。另外，工程造价下浮率、项目预期收益、项目施工材料成本等方方面面都会受项目投资规模的影响。因此，如果发生项目投资额大幅减少的情形，可能就无法满足社会资本方当初投标时的预期收益，并给其带来较大的风险。

2. 征地拆迁延误。一个 PPP 项目中，如果因政府拆迁不力导致未能按照合同约定按时完成前期工作，以致项目未能按照既定计划开展施工，造成项目施工现场人、材、机长期窝工，导致社会资本方遭受很大的损失。

3. 政府方人事变动。政府换届、出现重大人事变动时，政府推诿责任并损害社会资本的合法权益。某基础设施 PPP 项目的社会资本方在收到中标通知书后、正式 PPP 项目合同签署前，遭遇了地方政府人事变动，地方政府新上任的领导以该项目前期论证不力、不可行为由，单方通知终止该 PPP 项目。

（二）违约情形

合同违约情形包含三种情况：一是项目公司违约，当地政府终止协议；二是当地政府或其指定执行机构违约，项目公司终止协议；三是不可抗力终止项目协议。

1. 政府方违约。（1）未按合同约定向项目公司付费或提供补助达到一定期限或金额的；（2）违反 PPP 项目合同约定转让 PPP 项目合同项下义务的；（3）发生政府方可控的对项目设施或项目公司股份的征收或征用的；（4）发生政府方可控的法律变更导致 PPP 模式项目合同无法继续履行的；（5）其他违反 PPP 项目合同项下义务，并导致项目公司无法履行合同的情形。

当当地政府发生违约行为时，项目公司有权通知当地政府根据项目特许权协议当地政府已经发生违约行为，并且在规定时间内如果当地政府不能采取有效的补救措施项目公司将单方面终止项目合同。如果当地政府在接到项目公司的通知后，在一定时间积极采取补救措施，并且在项目公司确认当地政府的补救措施可以使项目公司回到未发生相应事项时基本相同经济地位后，项目将继续进行。即使当地政府在接到项目公司通知后也采取了补救措施，如果项目公司认定当地政府的补救措施无法使项目公司回到未发生相应事项时基本相同经济地位，在这种情况下，项目公司将和当地政府在规定时间未采取任何补救措施一样，终止特许权协议，项目公司在获得特许权协议中规定的补偿后将退出项目。

2. 项目公司违约。当项目公司发生违约行为时，当地政府有权通知项目公司根据项目特许权协议项目公司已经发生违约行为，并且在规定时间内如果项目公司不能采取有效的补救措施当地政府将单方面终止项目合同。如果项目公司在接到当地政府的通知后，在一定时间积极采取补救措施，并且在当地政府确认项目公司的补救措施可以使当地政府回到未发生相应事项时基本相同经济地位后，项目将继续进行。即使项目公司在接到当地政府通知后也采取了补救措施，如果当地政府认定项目公司的补救措施无法使当地政府回到未发生相应事项时基本相同经济地位，在这种情况下，当地政府将和项目公司在规定时间未采取任何补救措施一样，终止特许权协议，项目公司在获得特许权协议中规定的补偿后将退出项目。

3. 不可抗力事件。当不可抗力事件发生后，当地政府与项目公司可以共同协商解决办法。如果在一定时间内当地政府与项目公司双方对不可抗力事件产生的后果的解决办法达成了一致，项目可以继续进行。如果在一定时间内当地政府与项目公司双方在不可抗力事件产生的后果的解决办法问题上无法达成一致，当地政府与项目公司任何一方都有权向另一方发出通知，单方面终止项目特许权协议。在当地政府或项目公司单方面终止项目特许权协议后，项目公司获得特许权协议中规定的补偿后退出项目。

违约触发情形如表1所示。

表1　　　　　　　　　　PPP项目违约触发情形

触发情形	具体情形
政府违约	1. 政府指定执行机构解散、关闭或资不抵债，除非该政府指定机构在本协议项下的权利和义务转让给一个能够继续履行该机构义务的、具有合法地位和相应的商业职能的受让人； 2. 根据特许权协议，项目开始运营之日前先决条件未得到满足； 3. 政府指定机构在本协议下无争议的款项到期后一定时间内未付款，并且在通知当地政府后，当地政府在其后一定时间内未能通过其提供的支持对违约进行补救； 4. 当项目公司向政府提交调价申请后，当地政府未能核定并向价格主管部门转呈项目公司提出的调价申请；

续表

触发情形	具体情形
政府违约	5. 当地政府对政府指定执行机构在协议下的义务的支持解除或无效； 6. 当地政府或政府指定执行机构对本协议义务有实质性违约，且在项目公司就此发出通知后的一定时间内仍未对违约采取补救措施； 7. 当地政府或其指定执行机构没收、扣押或征用了项目资产的和/或项目公司股权中的任何重要部分； 8. 当地政府或其指定执行机构在特许权协议的附属协议项下违约将被视为当地政府在本协议项下违约
项目公司违约	1. 项目公司未能根据协议的要求向当地政府提交履约保证金； 2. 在相关重要事件日期的当日或之前没有实现该重要事件完成，并且项目公司在收到当地政府书面通知后的一定时间内仍没有实现该重要事件的完成； 3. 项目公司未能按照行业规定及当地政府规定对项目进行建设，而且项目公司在收到当地政府书面通知后的一定时间内仍未采取有效补救措施； 4. 根据协议，项目公司被视为放弃项目的建设； 5. 项目公司没有根据协议的规定对项目进行运营和维护，就该项目而言已到达严重程度，而且项目公司在收到当地政府书面通知后的一定时间内仍未采取有效补救措施； 6. 未经当地政府事先书面同意，项目公司或运营维护承包商放弃对项目的运营和维护并超过一定时间； 7. 除为重组或合并目的外（条件是该重组或合并不影响重组后或合并后的实体履行本协议项下义务的能力），项目公司将破产，或资不抵债或停止对外支付到期应支付款项； 8. 贷款人根据融资文件宣布的违约，以及根据融资文件采取其补救措施； 9. 根据协议，项目开始运营之日前先决条件未得到满足； 10. 根据协议，项目运营中技术指标未达到标准，且在一定时间内项目公司或运营维护承包商仍未采取有效补救措施； 11. 项目公司没有按照协议取得和维持所需的保险； 12. 项目公司未能根据行业标准和惯例有效地管理、运行、维护和修理项目，以至于对项目的人员和财产的安全以及向其用户提供的服务质量受到严重的不良影响； 13. 除根据协议的条款，未经当地政府同意将本协议项下项目公司的权利或义务的转让，或项目公司未经当地政府事先同意对项目的所有权和经营权的移交、丧失或让予； 14. 项目公司未经当地政府同意，擅自修改了其作为一方的任何项目文件； 15. 项目公司的雇员或分包商蓄意破坏项目设施； 16. 项目公司在协议中的声明和保证被证明与提供时有严重出入，使当地政府履行本协议的能力受到严重的不利影响； 17. 项目公司对本协议的任何实质性违约，且在当地政府就此发出通知后的一定时间内仍未对违约采取补救措施； 18. 项目公司在协议的附属协议项下违约将被视为特许权协议项下项目公司违约
不可抗力	1. 任何战争行为（无论是否宣战）、入侵、武装冲突、外敌行为、封锁、暴乱、恐怖活动或军事力量的使用； 2. 闪电、地震、地沉、地隆、山崩、飓风、风暴、火灾、洪水、干旱、陨石撞击和火山爆发，或任何其他天灾； 3. 发生瘟疫和大规模流行性疾病； 4. 全国性、地区性或行业性罢工； 5. 没收、征用、充公或国有化； 6. 封锁、禁运、进口限制或配额限制； 7. 法律变更； 8. 在协议的附属协议项下出现不可抗力导致的协议终止将被视为本协议项下不可抗力导致的终止

（三）通过第三方介入退出

若双方对于由于对本协议项下或与本协议有关的条款理解发生分歧，包括关于其存在、有效或终止的任何问题产生任何争议、分歧或索赔，可由双方组成的协调委员会或由协调委员会决定聘请的专家小组提出解决办法或做出裁决。这种退出方式，一般作为第（二）种退出情形的延续和补充。

1. 政府提出。如果由于项目公司违约，给当地政府的利益带来实质性影响，当地政府有权要求项目公司给予足够的补偿，以使其达到未发生这些事项之前同样的经济地位。

如果项目公司对其违约行为积极采取补救措施后，当地政府认为该补偿行为未能满足以上原则，当地政府应在收到项目公司的提议后一定时间内将其异议通知项目公司。该争议应提交双方组成的协调委员会或由协调委员会聘请的专家小组提出解决办法或做出裁决。该协调委员会专家根据未发生相应事项时基本相同的经济地位，或提出能足以使当地政府回到未发生相应事项时基本相同经济地位应补偿的数额和方式的建议。

如项目公司的提议得到专家的肯定，且该提议可以有效执行，则当地政府有义务接受政府的提议，使项目继续进行。如当地政府不接受或不履行，导致协议终止，则按有关条款进行补偿。

如项目公司的提议没有得到专家的肯定，则认定项目公司违约导致特许权协议终止，按有关条款进行补偿。这种情况的应对流程如图 1 所示。

2. 项目公司提出。如果由于当地政府违约，项目公司的利益带来实质性影响，项目公司有权要求当地政府给予足够的补偿，以使其达到未发生这些事项之前同样的经济地位。

如果当地政府对其违约行为积极采取补救措施后，项目公司认为该补偿行为未能满足以上原则，项目公司应在收到当地政府的提议后一定时间内将其异议通知当地政府。该争议应提交双方组成的协调委员会或由协调委员会聘请的专家小组提出解决办法或作出裁决。该协调委员会专家根据未发生相应事项时基本相同的经济地位，或提出能足以使项目公司回到未发生相应事项时基本相同经济地位应补偿的数额和方式的建议。

如当地政府的提议得到专家的肯定，且该提议可以有效执行，则项目公司有义务接受政府的提议，使项目继续进行。如项目公司不接受或不履行，导致协议终止，则按有关条款进行补偿。

如当地政府的提议没有得到专家的肯定，则认定当地政府违约导致特许权协议终止，按有关条款进行补偿。这种情况的应对流程如图 2 所示。

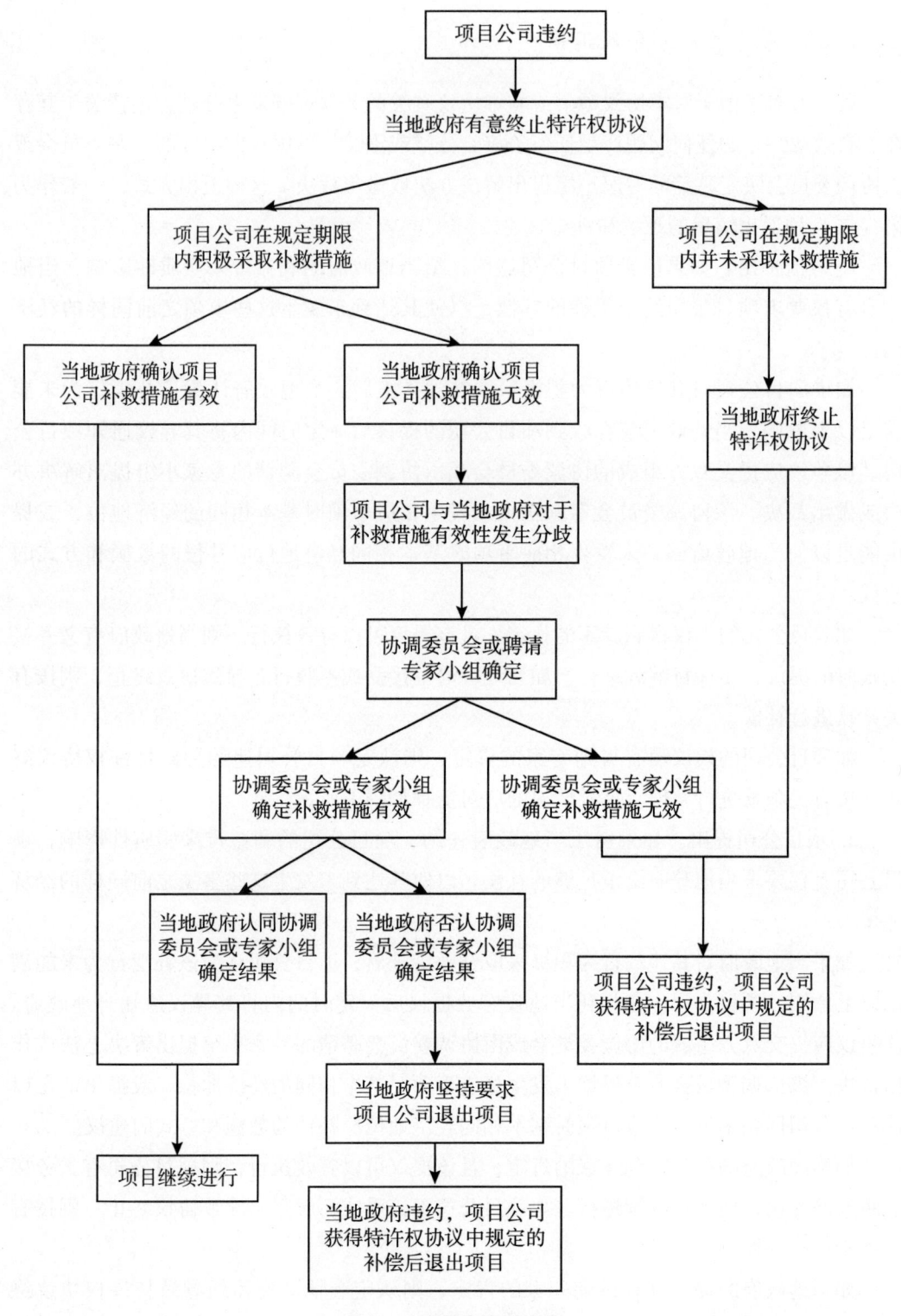

```
                         ┌─────────────────┐
                         │  项目公司违约    │
                         └────────┬────────┘
                                  │
                         ┌────────▼────────────┐
                         │ 当地政府有意终止特许权协议 │
                         └────────┬────────────┘
                    ┌─────────────┴──────────────┐
         ┌──────────▼──────────┐       ┌─────────▼──────────┐
         │ 项目公司在规定期限    │       │ 项目公司在规定期限   │
         │ 内积极采取补救措施    │       │ 内并未采取补救措施   │
         └──────────┬──────────┘       └─────────┬──────────┘
          ┌────────┴─────────┐                   │
  ┌───────▼──────┐   ┌───────▼──────┐    ┌──────▼───────┐
  │当地政府确认项目│   │当地政府确认项目│    │ 当地政府终止  │
  │公司补救措施有效│   │公司补救措施无效│    │ 特许权协议    │
  └───────┬──────┘   └───────┬──────┘    └──────┬───────┘
          │          ┌───────▼────────┐         │
          │          │项目公司与当地政府│         │
          │          │对于补救措施有效性│         │
          │          │发生分歧         │         │
          │          └───────┬────────┘         │
          │          ┌───────▼────────┐         │
          │          │协调委员会或聘请 │         │
          │          │专家小组确定     │         │
          │          └───────┬────────┘         │
          │         ┌────────┴────────┐         │
          │  ┌──────▼──────┐  ┌───────▼──────┐  │
          │  │协调委员会或   │  │协调委员会或    │  │
          │  │专家小组确定   │  │专家小组确定    │  │
          │  │补救措施有效   │  │补救措施无效    │  │
          │  └──────┬──────┘  └───────┬──────┘  │
          │   ┌─────┴─────┐           │          │
          │ ┌─▼────┐ ┌────▼──┐        │          │
          │ │当地政府│ │当地政府│        │          │
          │ │认同协调│ │否认协调│        │          │
          │ │委员会或│ │委员会或│        │          │
          │ │专家小组│ │专家小组│        │          │
          │ │确定结果│ │确定结果│        │          │
          │ └───┬───┘ └───┬───┘        │          │
          │     │     ┌───▼─────────┐  │   ┌─────▼──────┐
          │     │     │当地政府坚持要│  │   │项目公司违约，│
          │     │     │求项目公司退出│  │   │项目公司获得 │
          │     │     │项目          │  │   │特许权协议中 │
          │     │     └───┬─────────┘  │   │规定的补偿后 │
          │     │         │            │   │退出项目     │
          │     │     ┌───▼─────────┐  │   └────────────┘
   ┌──────▼─────▼──┐  │当地政府违约， │
   │  项目继续进行  │  │项目公司获得  │
   └───────────────┘  │特许权协议中  │
                      │规定的补偿后  │
                      │退出项目     │
                      └────────────┘
```

图 1　政府提出应对流程

```
                    ┌─────────────────┐
                    │  当地政府违约    │
                    └────────┬────────┘
                             │
                    ┌────────┴────────────┐
                    │项目公司有意终止特许权协议│
                    └────────┬────────────┘
                             │
              ┌──────────────┴──────────────┐
    ┌─────────┴─────────┐          ┌────────┴──────────┐
    │当地政府在规定期限  │          │当地政府在规定期限  │
    │内积极采取补救措施  │          │内并未采取补救措施  │
    └─────────┬─────────┘          └────────┬──────────┘
              │                             │
     ┌────────┴────────┐          ┌─────────┴─────────┐
┌────┴─────┐   ┌───────┴──────┐   │ 项目公司终止      │
│项目公司确认│   │项目公司确认当地│   │ 特许权协议        │
│当地政府补救│   │政府补救措施无效│   └─────────┬─────────┘
│措施有效   │   └───────┬──────┘             │
└────┬─────┘           │                     │
     │          ┌──────┴──────────┐          │
     │          │当地政府与项目公司│          │
     │          │对于补救措施有效性│          │
     │          │发生分歧          │          │
     │          └──────┬──────────┘          │
     │                 │                     │
     │          ┌──────┴──────┐              │
     │          │协调委员会或聘请│            │
     │          │专家小组确定   │             │
     │          └──────┬──────┘              │
     │                 │                     │
     │      ┌──────────┴──────────┐          │
     │ ┌────┴──────┐     ┌────────┴───┐      │
     │ │协调委员会或│     │协调委员会或 │     │
     │ │专家小组    │     │专家小组     │     │
     │ │确定补救措施│     │确定补救措施 │     │
     │ │有效        │     │无效         │     │
     │ └────┬──────┘     └────────┬───┘      │
     │      │                     │          │
     │  ┌───┴────┐                │          │
     │ ┌┴──────┐┌┴──────┐         │          │
     │ │项目公司││项目公司│        │          │
     │ │认同协调││否认协调│        │          │
     │ │委员会或││委员会或│        │          │
     │ │专家小组││专家小组│        │          │
     │ │确定结果││确定结果│        │          │
     │ └┬──────┘└┬──────┘         │          │
     │  │        │                │          │
     │  │   ┌────┴──────┐         │   ┌──────┴──────────┐
     │  │   │项目公司坚持│        │   │当地政府违约,项目 │
     │  │   │要求退出项目│        │   │公司获得特许权协议│
     │  │   └────┬──────┘        │   │中规定的补偿后退出│
     │  │        │                │   │项目              │
     │  │   ┌────┴──────────┐     │   └─────────────────┘
     │  │   │项目公司违约,项目│    │
     │  │   │公司获得特许权协议│   │
     │  │   │中规定的补偿后退出│   │
     │  │   │项目              │  │
     │  │   └────────────────┘   │
     │  │
┌────┴──┴──┐
│项目继续进行│
└──────────┘
```

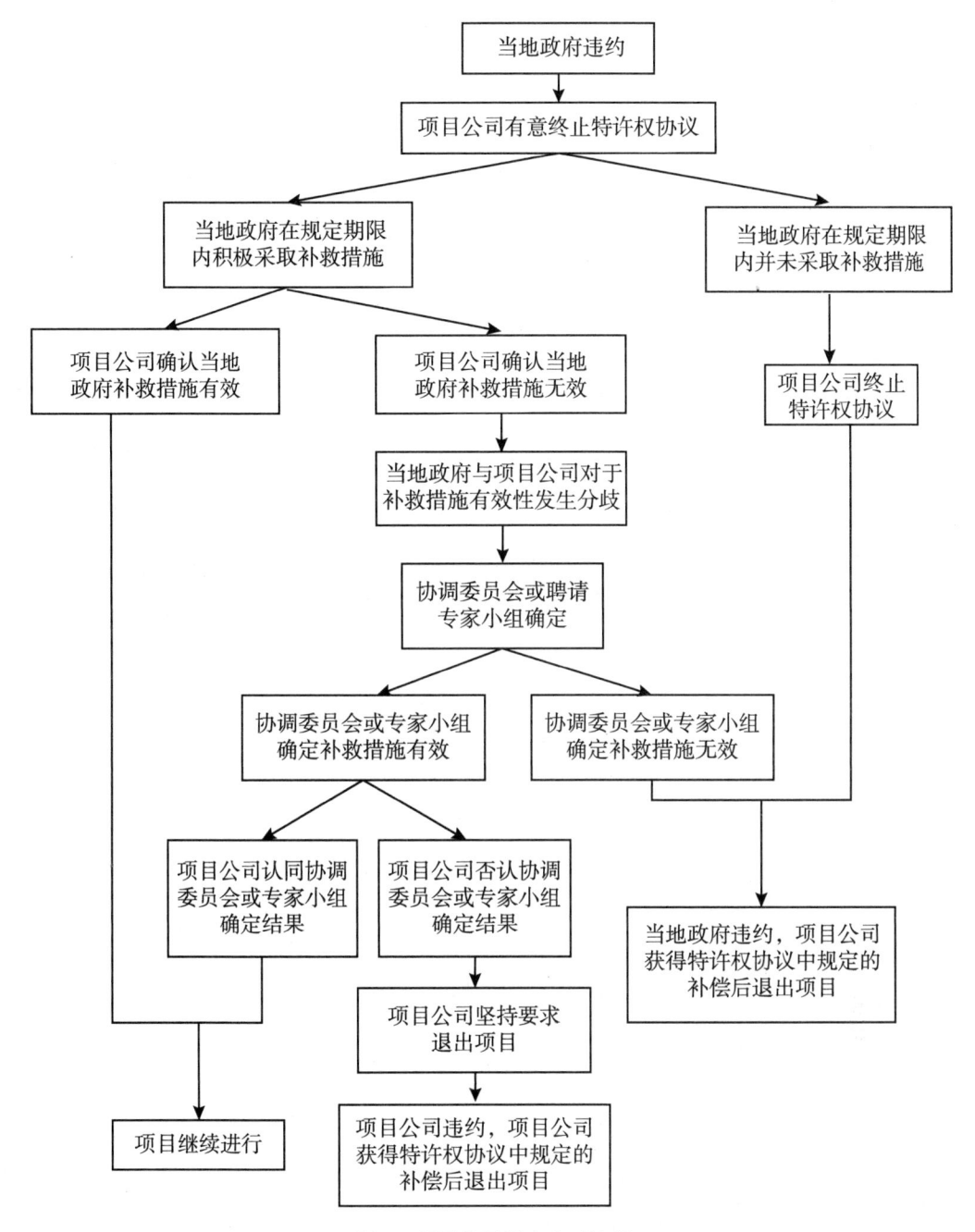

图2 项目公司提出应对流程

四、结论

综上所述，PPP 项目退出机制仍有待完善，本文给出了项目层面退出的三种情形，以及应对流程。下一步，还可以结合 PPP 项目社会资本退出层面的研究，形成完整的

PPP 项目退出机制。

参考文献

1. 刘婷、赵桐、王守清：《基于案例的我国 PPP 项目再谈判情况研究》，载于《建筑研究》，2016 年第 9 期，第 31~34 页。

2. 柯永建、王守清、陈炳泉：《英法海峡隧道的失败对 PPP 项目风险分担的启示》，载于《土木工程学报》，2008 年第 41 期，第 97~102 页。

3. 王善才：《PPP 模式退出机制多样性研究》，载于《财政监督》，2017 年第 14 期，第 90~94 页。

4. 周月萍、叶华军、樊晓丽：《因政府方原因提前终止 PPP 项目的风控策略》，载于《中国建筑装饰装修》，2018 年第 4 期，第 98~99 页。

5. 沈军：《市政工程 PPP 项目社会资本退出机制研究》，载于《产业与科技论坛》，2017 年第 16 期，第 232~233 页。

6. 梁良：《PPP 产业基金退出机制法律问题研究》，载于《产业与科技论坛》，2017 年第 16 期，第 32~34 页。

7. 黄华珍：《PPP 项目资产证券化退出机制的法律分析》，载于《招标采购管理》，2015 年第 11 期，第 41~42 页。

8. 吴宽：《PPP 模式下社会资本退出机制浅议》，载于《中国经贸》，2016 年第 24 期。

9. 李国强：《浅析 PPP 融资模式及退出机制——基于公共基础设施建设领域的研究》，载于《经营管理者》，2017 年第 24 期。

10. 张维迎、周黎安、顾全林：《经济转型中的企业退出机制——关于北京市中关村科技园区的一项经验研究》，载于《经济研究》，2003 年第 10 期，第 3~14 页。

11. 王守清：《项目融资的一种方式——BOT》，载于《项目管理技术》，2003 年第 4 期，第 46~48 页。

12. 刘新平、王守清：《试论 PPP 项目的风险分配原则和框架》，载于《建筑经济》，2006 年第 2 期，第 59~63 页。

13. K. C. Lam. Modelling risk allocation decision in construction contracts. International Journal of Project Management, 2007, 7 (25): 485~493.

14. 冯柳江、罗知颂：《来宾模式——BOT 投资方式在中国的实践》，广西：广西人民出版社 1999 年版，第 254~257 页。

重大行政决策程序在湖南 PPP 实践中的引入

肖北庚*

> **摘　要：** PPP在湖南的运行主要依赖于国家不同部委的相关政策和省级政府部门规范性文件，缺乏体系化的法律规范支撑，不可避免地出现了片面追求PPP入库项目奖补资金与法律规避等不规范现象。其根本解决之道在于引入重大行政决策程序规定，通过重大行政决策所确立的主体责任制度保障PPP项目识别法治化运行；籍由重大行政决策公众参与制度促使湖南省PPP项目法治化运行；运用重大行政决策后评估制度提升湖南PPP项目运行法治化监管。
>
> **关键词：** PPP　重大行政决策　程序　引入

承载着规范地方政府举债融资机制和投融资创新机制之价值，本为创新公共服务供给的PPP模式在火热几年后，随着被学界称为放缓PPP步伐的财政部《关于规范政府和社会资本合作（PPP）综合信息平台项目库管理的通知》之发布，PPP模式逐步回归到创新公共服务供给机制之本源。湖南省财政厅基于财政部这一文件和党的十九大关于坚决打好防范化解重大风险攻坚的决策部署，出台了《湖南省财政厅关于实施PPP和政府购买服务负面清单管理的通知》（以下简称《负面清单管理》），期望藉此从源头上制止PPP模式运行过程中地方政府借PPP名义违规违法举债融资行为，防范化解重大风险。

不可否认这一举措将对湖南PPP运行和发展以起到一定的基础规范作用，但PPP运行过程中出现的片面追求PPP入库项目奖补资金与法律规避等不规范现象，实质上在很大程度上缘由作为一种实践创新的PPP在法律层面上仅由《基础设施与公用事业特许经营管理办法》及散落在不同具体法律中的零星规范规制，其运行更多的依赖于国家不同部委的相关政策和省级政府部门规范性文件，与规范PPP实践的法制未构成以基本法为基石的法律体系密切关联。湖南省要从根本上遏制政府与社会资本合作过程中出现

---

* 肖北庚：湖南师范大学法学院院长、教授、博士生导师。

的 PPP 项目源头不规范现象，简单地从政策视角——仅追随国务院部委的文件出台相关政策可能会收到治标作用。要治本还得从既存制度规范的体制机制上挖掘有助于根本解决现实突出问题的法律资源，客观地说，《湖南省行政程序规定》所确立的重大行政决策制度就是此种资源。重大行政决策所确立的主体责任制度有助于保障 PPP 项目识别法治化运行；重大行政决策公众参与制度可助推湖南省 PPP 项目法治化运行；重大行政决策后评估制度能提升湖南 PPP 项目运行法治化监管。

一、重大行政决策程序忽略——湖南省 PPP 项目运行之根本困境

湖南省《负面清单管理》及其出台背景列明了当前 PPP 项目运行中的主要问题：违法违规举债融资行为和"明股实债"向金融机构融资行为，个别地方政府甚至将基础设施建设项目包装成 PPP 项目和假 PPP 项目。

《负面清单管理》规定将严查擅自扩大 PPP 适用范围和变相举债与违法违规融资担保行为，从一定侧面也折射出湖南省 PPP 项目运行源头出现了问题，至少存在此种问题的苗头。PPP 是一个合作期限长而资金数额大的项目，合作开展前就出现源头问题特别值得反思，究其根本原因在于湖南 PPP 的运行所依据的主要是国务院部委的相关文件和规章，忽略了彰显十八届四中全会确立的重大行政决策终身责任追究与责任倒查制度的《湖南省行政程序规定》所确立重大行政决策程序规则之适用。

作为深化湖南财税体制改革、推动稳增长调结构惠民生举措的 PPP 项目，其根本动力来自行政落实政治，具体来说，就是落实国务院 PPP 发展方略。行政落实政治动力决定湖南省 PPP 项目实施依据必然是国务院相关部委出台的政策和规章。这些政策和规章规定了一系列程序和具体步骤，也容易被遵循政策与部门规章的地方 PPP 项目推进部门认为有程序保障，进而自认为有程序合法性基础，并在此种合法性基础上忽视适用更为根本的可行制度——重大行政决策制度。

湖南省 PPP 项目推进过程中主要遵循的是财政部 2014 年 11 月公布的《政府与社会资本合作模式操作指南》、国家发展和改革委员会 2014 年 12 月公布的《关于开展政府与社会资本合作的指导意见》及国家发展和改革委员会等六部委联合制定的《基础设施与公用事业特许经营管理办法》。这些规范性文件和规章对以项目发起为核心的项目识别、以实施方案为核心的项目准备、以合同签署为核心的项目采购、以中期评估为核心的项目执行和以资产交割为核心的项目移交等 PPP 运行程序做了较为完整的规定，且核心的项目采购程序——社会资本方选择程序依托专家评审，一定程度上也体现了公正性。

从形式上看，湖南 PPP 项目运行遵循此种程序，有了基本程序遵循和制度保障，不过仔细分析这些程序的主导主体主要是政府财经部门和项目实施主体（负责 PPP 项目

实施的政府部门），他们分别履行PPP项目运行的不同政府部门职责，各有不同的绩效追求。财政部门主要是对物有所值和财政承受能力进行评估或认证，并通过项目库的方式激励下级政府主动发起PPP项目；而PPP项目实施部门更多的是财政部门的下级人民政府组成部门，它们更多地服务于本级人民政府的经济发展和获取财政奖补资金需要。加之，国务院部门规范性文件和规章对PPP项目相关主体责任规定不明晰，在缺乏明确责任的前提下，基于政府绩效考核的需要，以PPP项目来解决地方融资困难就成了地方政府的冲动，这正是PPP项目适用范围不断扩大和假PPP现象的根本原因所在。

同时，上述规范性文件和规章尽管规定了较为详尽的程序，但这些程序都没有将合法性审查纳入其中，项目识别过程中缺乏合法性审查的保障。缺乏必经的合法性审查审查，其难免不为过分追求行政落实政治甚至不顾客观实际追求地方经济规模的地方政府所喜用，地方政府片面追求经济发展甚或更直白地说追求GDP动力又助推了假PPP和PPP适用范围扩大。

更为有甚的是，地方政府所依据的国务院部委规范性文件并非出自同一部委而是分别出自国家发展和改革委员会和财政部。两部委出台的PPP文件都强化自己在PPP项目规划、指导、监管中的作用和地位，政府部门强化自我在PPP中的监管作用和地位不可避免地会导致PPP项目监管权的冲突，这种冲突可能使PPP项目的监管不到位，也为地方政府假PPP和PPP适用范围扩大留下了可行空间。

PPP项目运行和发展实践中所遵循部委规范性文件和规章之侧重使PPP项目源头出现了问题，湖南省财政部门依然遵循过往思维在国务院部委出台文件制止PPP泛化现象时出台负面清单，有一定的可行性性和正当性。但更应系统反思这种方式的症结所在，将问题解决寄于更为宽广与系统的视角下思考，探讨是否存在其他可行路径。其实PPP项目是重大行政决策项目，适用《湖南省行政程序规定》的重大行政决策制度规定不失为另一种路径。

从项目性质、投资规模与投资领域等要素看，PPP项目符合重大行政决策特征。在项目性质上，本为解决过往地方政府融资平台问题与深化财税体制改革措施，吸引社会资本参与公共物品供给的PPP，在当前供给侧结构性改革的背景下又承载了稳增长调结构惠民生的价值与功能，毫无疑问涉及本地区经济社会发展全局，属于《湖南省行政程序规定》第38条规定的重大行政决策事项。投资规模上，投资规模大是作PPP的内在特征，截至目前，湖南全省共有省级示范项目316个，总投资4848亿元，项目平均投资在16亿元左右。

尽管规模大的投资可以通过社会资本或融资实现，但PPP项目由政府发起且政府需要对价格、投资回报等予以承诺并需要分担投资风险，事实上政府为此承担的投资责任丝毫不亚于湖南省行政规章规定的重大政府投资项目。从投资领域看，PPP项目所涉及的范围多为社会保障、教育、医疗、卫生等公共服务领域以及能源、交通运输、水利、环境保护、市政工程等基础设施和公用事业领域，这些领域多牵涉到公众的基本权益，其公益性与公共性更为突出，完全符合湖南省行政规章规定的与人民群众利益密切相关的重大行政决策项目本质。湖南省2017年倾力打造的垃圾焚烧发电、病死畜禽无害化处理及污水处理三大系列PPP项目都是与群众利益密切关联的项目，毫无疑问，可归属于重大行政决策项目。

既定制度规引下的湖南省PPP项目出现了不容忽视的问题，对制度实践规则进行反思，并探讨更为可行的法律适用路径，不失为PPP项目实践法律适用的又一选择，PPP项目的重大行政决策等事项性质决定适用重大行政决策制度具有现实可行性。

二、重大行政决策主体责任制度——湖南省PPP项目识别法治化之保障

具有重大行政决策事项性质的PPP项目，全国过去在决策程序上基本上遵循的是国务院规范性文件和规章，忽略了重大行政决策程序的适用，进而在源头上泛化了PPP，甚至违法滥用PPP模式。尽管《湖南省行政程序规定》确立了重大行政决策程序，但湖南PPP项目实践上遵循的准则与全国其他省份基本一样，并无二致，整体上未适用湖南省重大行政决策程序规范。客观地看，湖南省所确立的重大行政决策程序制度与《关于全面推进依法治国若干重大问题的决定》所规制的终身责任追究制度结合适用，有助于识别出责任主体及其相应责任，并通过重大决策终身责任追究制度问责体系确立责任追究主体职责，进而构成对作为重大行政决策的PPP项目决策者不当履职威胁力，从而促使决策者依法科学决策，避免PPP项目泛化，遏制违法滥用PPP模式的行为。

《湖南省行政程序规定》规定了重大行政决策程序中的各主体具体职责，即重大行政决策事项决策权由行政首长行使，行政首长可将重大决策事项交承办单位办理；承办单位依据行政首长的委托行使相关权力启动相关程序，制定重大行政决策方案草案；重大行政决策方案草案经分管负责人审核后方可交政府常委会或政府全体会议讨论；集体审议基础上行政首长做出决定，当行政首长的决定与会议组成人员多数人的意见不一致时需说明理由，且重大行政决策方案讨论情况及其决定应记录在案，尤其对不同意见予以特别载明。行政首长、重大行政决策事项承办主体、政府分管负责人，甚至所有行政决策事项决定会议与会人员都有明晰的责任，每个主体都需要承担其职责范围内的责任。结合适用党的十八届四中全会重大行政决策终身责任追究和责任倒查制度，这一责任规定有助于克服国务院部委PPP项目规范性文件单独采用项目识别、项目准备与项目采购过程中的责任规定不清晰之局限，进而使参与项目决策的不同主体基于自身责任的考量而主动担责，遵循PPP项目的内在规律识别项目。

行政决策的终身责任追究方式更有助于构筑PPP项目决策主体不敢乱决策的堤坝。PPP项目通常是涉及公共利益和合同周期长的项目，事关公众权益。公共利益抽象性使得决策过程中行政机关往往有一定的自由裁量空间，在裁量过程中行政主体夹杂个人想法、某种私利意图甚或主要考虑政绩，有时不一定能立刻被识别，但时间是最好的试金石，决策事项在长时间的运行过程中某些私利和个人想法就可能会暴露出来；同时PPP项目的长期性使得项目的效果也难以一时显现，只有时间才能检验PPP项目的有效性。PPP实践中相关责任追究仅适用国务院有关部委的规范性文件和规章，PPP项目相关责任主体就可能会基于项目一时难以发现之考量，追求短期效益，解决现实中相关问题，从而异化PPP，而附有终身责任追究的重大行政决策制度对PPP项目决策主体的约束与威胁力远强于国务院有关部委规范性文件和规章。重大行政决策终身责任追究之潜在制裁强制力将促使PPP项目决策主体更大范围内服从的内在规范。"所有成熟的和高度发达的法律制度都通过把强制性的国家机器置于执法机构和执法官员的支配之下以使法律得到最大限度的服从"。遵循重大行政决策程序将使决策主体基于对项目责任终身制和倒查制的考量而促使其依法依规识别PPP项目，由是消解违法滥用PPP行为有了制度基础。

三、重大行政决策公众参与程序——湖南省PPP项目法治化运行之助推力量

PPP项目本为公共行政与公共服务供给方式重大创新，其根本目标是保障政府有效提供公共物品、满足公共需求。不仅公共物品是否依PPP方式提供需要公众评判，而且公共物品是否满足公共需求及其质量如何都需接受公众评价，公众参与是保障PPP项目依法识别和运行的重要环节。过往国务院部委有关规范性文件和规章基本未涉及公众参与，在PPP项目中决策上突出的是政府财政部门项目识别职责和专家评审功能，使权力与知识结盟的"知识——权力"垄断性决策模式成为决定PPP模式的主导力量，PPP项目决策缺乏公民力量的制约。重大行政决策公众参与程序则有助于走出PPP模式识别和运行的这一困境。

《湖南省行政程序规定》所确立的重大行政决策程序中的公众参与制度规定了公众参与的方式和效力，有助于保障受PPP模式影响的公众意见得到客观表达。公众参与程序赋予"所有受影响的公民享有平等的机会和权利来表达他们的想法和利益""每个人都平等机会行使对具有批判性和有效性主张表示态度的交往自由"。就PPP项目决策来看，公众参与程序所赋予的参与PPP项目决策的享有平等机会和权利表达想法和利益的公民能够就PPP项目本身的公共性及其公共服务能否满足公众需要表达他们的现实看法，

进而使参与的公众成为PPP项目决策的主体之一。这样PPP项目决策机制中就形成了公众、专家和政府三类主体，参与主体地位与对公众合理意见应予采纳或不采纳应予说明理由的规则要求，共同构成对专家论证程序中的专家和政府部门合谋之制约力量，本质上有助于防止"知识—权力"垄断性决策模式中的权力滥用，削减PPP决策主体借专家程序泛化PPP之空间。

湖南省重大行政决策程序对公众参与的正式论证程序和非正式座谈会、协商会等程序予以了明确规定。PPP项目识别过程中这一程序的适用，一方面通过正式程序参与的公众可以真诚地表达自己对政府欲提供的公共服务应如何满足公众需求的各种观点，并与程序参与中的其他公众、专家与行政机关人员进行说理和辩论，有助于对PPP项目的符合性和可行性进行识别；另一方面，那些热心公益、对PPP决策有心理需求和责任感的一般大众可以通过非正式程序参与到PPP项目决策中，为进行中的PPP项目本身的公共服务性提供意见和观点，防止PPP项目决策中行政权控制下的个别参与，弥补正式参与程序之不足。公众正式参与程序与非正式参与程序的一体适用将提升PPP项目决策质量。

更为主要的无论是正式程序还是非正式程序参与到PPP项目决策的公众都会借助自由表达阐述理由，为PPP项目决策的有关事实、公共特性和公众需求提供相关看法和理由。从信息视角看，PPP项目决策过程中不同参与者的各种信息的充分展示，有助于促进信息的可靠交流，形成综合性信息。综合性信息作为一种信息力量有助于防止行政机关对信息的垄断，也有助于阻止行政机关对公众信息的扭曲，更能防止PPP项目决策过程中不同主体对相关信息的战略利用，甚至防止行政决策者主观任意或被通过金钱等不正当手段施加影响的利益集团俘获。这样PPP项目泛化甚至被违法滥用的行为会在公民力量中受到消解。

四、重大行政决策后评估制度——湖南省PPP项目运行法治化监管核心

重大行政决策主体责任制度藉法律强制威胁力遏制政府机关违法滥用PPP模式之行为，公众参与程序有助于提升PPP项目决策之理性，《湖南省行政程序规定》规定的重大行政决策后评估制度则有助于强化PPP项目运行的法治化监管。

实事求是地看，国务院有关部委关于PPP项目运行的规范性文件和规章规定了PPP项目的监管和中期评估制度，客观上能对PPP项目运行起到一定的监管作用，但有其局限性。作为与上述规范性文件和规章所确立的监管和中期评估不同的重大行政决策后评估制度，其在评估发起主体与评估内容上都有别于上述制度规定，其有效适用则可强化PPP项目监管。

在评估发起主体上，重大行政决策后评估制度不仅涵盖了项目实施主体，而且包括项目决策主体和公众，有别于国务院有关部委规范性文件和规章所确立的项目实施主体，构成了评估主体有机体系，可形成监督合力。项目决策主体是项目的决策机构，项目实施机构是其组成部门，它无论在权威性上还是在对 PPP 项目的系统整体把握上都优于项目实施主体，其所发起的 PPP 决策项目后评估有更强的整体力量和效力。公众是公共服务的接受者和公共设施的使用者，他们对 PPP 项目的质量和效率有更为直观的感触，PPP 项目质量和效率的好坏，他们有最直接和现实的了解。公众发起的 PPP 项目实施效果评价更能针对现实问题，针对性更强，通常情况下效果也就更优。

在评估内容上，国务院部委有关 PPP 的规范性文件对中期评估的内容侧重于项目运行状况和项目活动本身及公共产品的服务数量、质量，而《湖南省行政程序规定》所确立的后评估制度，对项目的评估不仅涉及上述内容，而且涉及 PPP 项目的行政决策本身的科学性和合理性，也涉及决策是否遵守法定程序和严格依据相关技术规则，是对重大行政决策其执行整个环节合法性和适当性的评估，不仅可以发现 PPP 决策项目执行中的问题，也可以发现 PPP 决策上的问题，能在形成完整的体系化的评估中提升监督质量，从而为 PPP 项目科学、合法决策积累可行经验。

五、结束语

在 PPP 项目运行中引入重大行政决策制度是一种可行的解决 PPP 模式当前突出问题的一种路径选择，尤其对重大行政决策程序有地方立法的省市来说，更是一种不错的选择。但这仅是一种选择并不是唯一的路径，更不否认国务院有关部委关于 PPP 的规范性文件和规章之适用。重大行政决策制度适用是一种弥补现行制度不足的可行办法，是走出 PPP 实践现实困境的可行途径。

参考文献

1. E. 博登海默：《法理学法哲学及其方法》，邓正来译，北京：中国政法大学出版社，2011 年版。
2. 肖北庚：《行政决策法治化研究》，北京：法律出版社 2016 年版。
3. 《湖南省行政程序规定》。

中美政府采购质疑比较研究

何红锋 李富佳[*]

> **摘 要：** 在政府采购救济体系中，质疑是供应商维护自身合法权益的重要手段之一。美国作为最早进行政府采购理论与实务研究的国家之一，相关制度的设计具有一定合理性，与美国相比，我国质疑制度设计具有以下几个特点：质疑处理主体职责以单位为确定依据、质疑处理人员欠缺专业性、暂停措施实施的主观性、质疑程序的前置性。我们通过对比中美两国政府采购质疑制度，探索我国质疑改革方向，从而完善政府采购供应商救济相关立法与实践。
>
> **关键词：** 质疑 政府采购 供应商 联邦采购条例 合同官

一、中美政府采购质疑概念

完备、良善的供应商救济机制是政府采购活动顺利开展的必要前提，其重要性在整个政府采购活动中不言而喻。我国政府采购救济方式主要包括询问、质疑、投诉、行政复议以及行政诉讼，其中质疑是一种内部救济手段，即供应商提交有关采购文件、采购过程和中标、成交结果的书面质疑后，采购人、采购代理机构迅速进行调查，并依据事实和法律及时作出答复。2017年12月26日，财政部第94号令发布《政府采购质疑和投诉办法》（以下简称94号令），与此同时，2004年8月11日财政部第20号令发布的《政府采购供应商投诉处理办法》（以下简称20号令）予以废止。相较于20号令，94号令对供应商如何借助于质疑与投诉手段维护合法权益做出了进一步的阐述，这符合政府采购活动中公平正义原则的要求，也符合建设中国特色社会主义法治社会的发展目标。

美国政府采购法律体系中是否存在与我国质疑类似的内部救济手段呢？答案是肯定的。美国《联邦采购条例》（Federal Acquisition Regulation，以下简称FAR）第33部分规定了提出质疑（Protests）、合同争议（Disputes）以及上诉（Appeals）的政策和程序。质疑，即实际或潜在的投标人向采购机构（Agency）提出的有关招标文件、合同的授

---

[*] 何红锋：南开大学法学院教授、博士生导师；李富佳：南开大学法学院硕士研究生。

予、中标合同的终止和撤销的书面异议。FAR33.1部分详细规定了供应商需要在何时以何种方式向采购机构提出质疑、采购机构如何处理其质疑、合同官如何实施暂停措施等内容。我们力求在比较研究的过程中扬长避短，不断发展、完善我国政府采购救济体系。

二、质疑处理主体的责任制以及专业性的差异

根据我国《政府采购法》第52条以及53条可知，供应商质疑的提交对象以及质疑结果的答复主体均为采购人或采购代理机构，处理质疑的权力及相应责任被概括地授予给单位而非具体个人，即我国对于质疑处理主体的职权是以单位作为整体进行明确。现阶段，对于供应商向采购人所提出的质疑，往往由采购人的内勤处、设备处等部门予以处理。内勤处、设备处的工作人员极有可能未受到过政府采购相关理论知识的培训，缺乏一定的专业性，对于供应商质疑的处理自然不会十分得心应手。其次，内勤处、设备处的工作人员从事的事务不具备专门性，除却政府采购活动的相关事宜，与此同时，他们仍然承担着其他或琐碎或繁杂的工作事宜，欠缺明确、合理的分工。

区别于我国的单位责任制，美国则是实行个人责任制，即通过立法将采购人的权力与责任具体地赋予合同官。概括地说，美国合同官制度就是根据首席采购官（或相当于首席采购官的机构首长）的授权，任命特定政府雇员为合同官，在采购过程中作为政府的唯一代表，享有"签字权"，负责订立、管理与终止采购合同，并做出相关决策。合同官享有广泛而权威的权力，在政府采购救济活动中扮演着举足轻重的角色，譬如FAR的33.103规定，在质疑提交给采购机构之前，各方应尽最大努力，通过公开坦诚的方式在合同官员层面解决当事人提出的问题。再如33.103（d）部分规定，所有质疑直接提交合同官员或其他指定接收质疑的官员；同时当事人可以依据采购机构的程序，申请由合同官员上级对抗议进行独立审查，该独立审查人员由采购机构任命且先前未参加过该采购活动。合同官的权力与责任通过立法形式加以明确，这会在很大程度上促使其积极履行职责，否则其将承担相应的不利后果。例如，FAR规定了合同官的遴选、任命和终止机制，政府机构首脑可以根据合同官的表现随时终止对他们的任命。一方面，对于供应商质疑，合同官被赋予了广泛的自由裁量权，另一方面，其对个案质疑的处理承担着相应的责任。合同官个人责任制促使合同官以严谨的态度处理供应商质疑，进一步讲，这一制度有助于统筹协调维护公众利益和各方合法利益，实现政府采购目标。

其次，合同官制度的合理性还体现在合同官极具专业性，任职合同官需要满足以下条件：第一，合同官需要具备市场调研、项目管理、谈判等多方面能力与素质；第二，合同官需具备来自国家承认的教育机构的本科学历或至少24个学期学时的商业课程教育，包括会计、法律、商业、财务、合同、采购、经济、工业管理、营销、数量方法以

及企业管理等多维度课程培养；第三，合同官要进行专业培训，核心课程必须由国防采购大学或者同等机构提供。第四，合同官应具备至少1年的合同签约经验。除此之外，合同官还要进行执业后的后续学习，做到与时俱进，用理论为实践做有力的支撑。

专业的人做专业的事，这是符合常理的，也是符合逻辑的。近日我国很多地区，例如，山东省青岛市、四川省宜宾县推行了政府采购专管员制度，由专管员处理项目质疑并进行答复，配合监督部门处置投诉，开展监督检查，这一举措是对构建新型政府采购监管机制的有益探索。

三、质疑阶段采取暂停措施的差异

政府采购活动中的暂停措施，包括合同授予阶段的暂停与合同履行阶段的暂停两种情形。

从表面上看，暂停措施是法律赋予采购人、采购代理机构的一种权利，而实际上，该制度的设计初衷是为了保障供应商的合法权益，为本应获得合同机会的供应商最大限度地减少损失。试想，在质疑和投诉的处理过程中若是缺乏了暂停措施，这意味着不恰当的供应商仍然会被授予合同，错误授予的合同仍然要得到履行，这显然是不合理的。从供应商可获利益的角度出发，若暂停措施未能及时有效实施，本应获得合同机会的供应商只能获得与实际损失等额的赔偿，赔偿数目远远不及被授予合同后所能获得的利润。换句话说，采取暂停措施是有利于供应商的，我们倾向于将暂停措施作为质疑和投诉处理者的一种义务，《政府采购法实施条例》第54条中"应当暂停签订合同""应当中止履行合同"也是将暂停措施视为采购人义务的一种立法上的佐证。

事实上，对于质疑程序中采购人是否可以采取暂停措施，从《政府采购法》到《政府采购实施条例》经历了一个从无到有的过程。我国《政府采购法》第57条规定，政府采购监督管理部门在处理投诉事项期间，可以视具体情况书面通知采购人暂停采购活动，但暂停时间最长不得超过三十日。不难发现，我国《政府采购法》仅赋予投诉处理机构实施暂停措施的权利，采购人在质疑处理过程中不能采取暂停措施。我国《政府采购法实施条例》第54条规定，询问或者质疑事项可能影响中标、成交结果的，采购人应当暂停签订合同，已经签订合同的，应当中止履行合同。据此，采购人在处理质疑阶段，也是可以采取暂停措施的，但"可能影响中标、成交结果"这一描述过于主观模糊，实践中往往很难判断某个具体情形到底是否会影响中标、成交结果。尽管政府采购活动有着平等交易的属性，采购人与供应商力求达成一种双赢的交易效果，然而一旦双方发生利益冲突时采购人难免会倾向于维护自身利益，具体到本文所讨论的问题，在"可能影响中标、成交结果"前提下的"应当"采取暂停措施的制度设置对于供应商合法权益的维护并不是十分理想。这无形中将采购人、采购代理机构的义务转换为可以自由裁量的权利。

FAR 中 33.103 的 f 部分，对采购机构在采购活动不同阶段如何采取暂停措施做出了明确规定，对合同授予阶段与合同履行阶段分别进行了详细的阐述。若采购机构在合同授予前收到质疑，在机构裁决质疑前，该合同不予授予，除非合同的授予是合理的，并且具有紧迫性和令人信服的书面理由或通过书面形式判定该合同符合政府最佳利益。若在机构裁决质疑期间授予合同，合同官员要通知可能中标的投标人，若有需要，采购机构在投标期限届满前可以决定延长投标截止日期，以避免再次招标导致资源浪费。若采购机构在合同履行阶段收到质疑，在中标 10 天内，或在向质疑供应商提供情况汇报后的 5 天内，合同官员应立即中止履行，直至机构作出裁决决议（包括任何更高层级的独立官方审查），除非继续履行合同是合理的，并且具有紧迫和令人信服的书面理由或通过书面形式被判定该合同符合政府的最佳利益。也就是说，美国采取了以采取暂停措施为原则，不采取暂停措施为例外的立法理念，旨在给予潜在供应商公平参与竞争的机会、确保采购活动公正开展。值得一提的是，上述提到的暂停措施除却理由，FAR 明确规定应当由合同官员上一级或依据机构的程序由另一名官员予以认定。也就是说，美国通过立法将暂停措施例外情形的认定落实到具体人员，该官员被授予了认定合同授予与履行是否合理、是否具有紧迫性等情况的权利，根据权责一致原则，同时该官员也就承担了过错认定所带来的责任。

对比两国相关规定便可发现，两国对于质疑阶段采购人是否可以采取暂停措施存在着明显的差异。我国在质疑相关立法中，只是笼统地规定在"可能影响中标、成交结果"情况下采取暂停措施，并未明确采取措施的具体情形、暂停时间、暂停措施的例外等内容，这种规定的模糊设置不利于采购主体充分发挥质疑这一程序的救济功能；同时，不同的采购主体必然对其有着不同理解，这极易导致"同案不同处理"的尴尬局面，长此以往不利于供应商应有权利的维护，也不利于我国政府采购活动的健康良好运行。相比之下，FAR 对采购机构在质疑处理过程中，何种情况下可以采取暂停措施、实施暂停措施的时间期限、实施暂停措施的例外情形都做出了明确而具体的规定，其中，采购机构可延长投标截止日期这一做法具备一定的合理性。倘若通过延长投标截止日期便可避免再次招标，这无疑在很大程度上避免了资源浪费，从而降低了政府采购活动的成本。

四、质疑是否前置于投诉的差异

根据我国《政府采购法》第 51 至 58 条规定，作为政府采购当事人的供应商和潜在供应商，可以通过质疑和投诉的方式实现救济，即在知道或应知其权益受到损害之日起七个工作日内，以书面形式对采购人、采购代理机构提出质疑，如问题未得到有效解决，前述质疑供应商可进一步对同级政府采购监督管理部门进行投诉；供应商对同级财政部门所做出的处理不满或其不作为时，则可以诉诸行政复议和行政诉讼寻求救济。由此见得，质疑这一步骤是向同级政府采购监督管理部门进行投诉的必要前提与先决条件，而对具体行政行为不满时，供应商才得以通过行政复议或行政诉讼寻求救济。也就是说，我国采取了质疑前置于投诉的救济程序设计，这一制度设计最大的弊端之一便是缺乏效率性。除去询问不论，倘若一个争议的解决真的需要经历质疑、投诉、行政复议以及行政诉讼四个步骤，这将意味着大量时间、金钱的投入，救济程序实在冗长，极其不利于保护当事人的合法权益。综合考虑救济成本与救济效果等多方面因素，一般情况下，小型供应商通常会放弃维护应有权益，这与我们设置政府采购救济的初衷是相违背的，与公平公正的政府采购原则的设定也是相违背的。

不同于我国单一式救济程序设计，在美国政府采购活动中，供应商可向行政机关提出异议，同时也可以诉诸司法途径解决争议，两者之间并不存在先后之区分。以合同授予争议为例，供应商可以向采购机构提出质疑、向政府责任办公室（Government Accountability Office，以下简称GAO）进行投诉、向联邦赔偿法院提起诉讼，可见，在美国的政府采购救济制度设计中，质疑并不前置于投诉，供应商可直接将异议提交GAO，各个争议解决机构各司其职，供应商可以结合自身情况选择最为便宜的方式维护自身权益。

对比发现，质疑在中美两国政府采购争议解决中发挥着截然不同作用。依据中国相关规定，质疑程序前置于投诉程序、行政复议以及行政诉讼，是后续救济程序的必由之路。这种单一式的救济程序设计，在理论上和实践中最突出的弊端便是救济成本畸高，救济模式单一而僵化，在这种制度设计下，供应商对于权利救济往往望而却步。相较之下，美国多元化的救济体系设置则略为合理，质疑仅仅是供应商权利救济的实现方式之一，且其并不是投诉的必要程序。不需要经过繁琐的质疑程序，由兼具权威性与中立性的GAO直接对投诉进行处理，这种制度设计最大的优势之一便是效率高、时间成本低，这一特点对于供应商维权积极性的调动发挥着不容小觑的作用。

鉴于司法程序往往比较复杂，而且诉讼旷日持久，美国政府采购实践中，供应商往往会诉诸GAO维护自身权益。GAO是美国国会的一个下属机关，在美国政府采购救济机制中一向以高效、便捷著称。在理查德·杜瓦尔的一篇文章中笔者了解到，GAO所处理的政府采购争议数量持续攀升，如2001年GAO归档投标抗议（Bid protests）1146起，2011年GAO受理的投标抗议数目达到了2001年的2倍有余，高达2353起。GAO受理争议的倍增，一方面表明了美国政府采购活动的愈发频繁，同时也是GAO拥有较强公信力的间接证明。也就是说，供应商可以在多种救济途径中选择最适宜、最便捷、最高效的方式维权，而不以质疑程序为必经步骤。

五、对我国质疑制度的启发

上文讨论可知，我国质疑相关立法的完善与细化有助于法制统一，形成高效、可视化的争议解决程序。近期，我国很多地区推行了政府采购专管员制度，这是对构建新型政府采购监管机制的有益探索。采购专管员制度设计的核心，是按照权责对等原则，将属于采购人的采购执行权力、义务和责任具体细化到岗位和人员，使采购执行责任主体更加明确，主体责任更加清晰。在依法治国大背景下，要确保采购专管员依法履职，仅靠一项制度还远远不够。在现行法律法规体系中，仅明确了采购人的主体责任，并未将其具体化，这种法律层面上授权的缺失，容易导致专管员在履职中权责失衡：一方面，专管员行使权力得不到有效保障，独立性不强，容易受到人为干预，甚至导致有权也不敢用的尴尬局面；另一方面，受制度层级所限，无法设定处理处罚条款，在对专管员的处理处罚方面也存在一定的障碍。因此，我国应加快有关专管员的立法活动，明确专管员权力与责任，设置一套符合我国国情的政府采购专管员制度。

质疑过程中暂停措施在何种情形下需要实施，这是我国政府采购立法的缺失之一，建议将"可能影响中标、成交结果"这一主观性前提条件取消，或者由上文提到的具有专业知识的采购专管员对是否满足暂停条件进行确认，切实保护供应商合法权益。同时，为预防供应商恶意提出质疑、阻碍采购活动进行的情况发生，应明确其需承担恶意质疑所带来的不利后果，承担相应的法律责任。

此外，事实上，没有必要将质疑作为投诉必需的前置程序，我国需要摒弃质疑前置于投诉的做法，可以借鉴美国立法实行复合式设计，供应商既可以向采购方提出质疑，由采购方实现自我纠错，也可以直接向监督管理部门提出投诉，由监督管理部门提供高效、权威的投诉答复。这意味着，供应商可寻求多种途径解决纠纷，这一改变将为采购活动的公平、公正开展提供有力的制度。

参考文献

1. 赵勇：《谈美国联邦采购人员能力建设及对我国的借鉴意义》，载于《中国政府采购》，2011年第1期。

2. 文锋：《美国合同官制度对于推动政府采购监管转型的启示》，载于《财政科学》，2017年第4期。

3. 肖北庚：《国际组织政府采购规则比较研究》，北京：中国方正出版社2003年版，第181页。

CSSCI 数据库中 PPP 研究热点趋势的可视化分析

邓斌超　赵博宇　汪举强　彭　鸣　周冬杰[*]

摘　要： 在过去的几十年（2007~2018 年）中，关于公私伙伴关系（Public – Private – Partnership，PPP）的文献发表量迅速增加。然而，在这一领域，很少有人尝试绘制中国 PPP 研究地图。为了确定 PPP 领域的研究现状及趋势，本研究使用 CiteSpace V 软件包对中国社会科学引文索引（CCSCI）数据库中以 PPP 为主题关键词的 CSSCI 数据源期刊论文进行搜索并可视化分析，包括核心作者和机构的分布、高频分类与关键词、期刊和作者贡献、高被引论文及研究热点，以及关于合著分析、共词分析、共引分析，尤其是聚类分析的趋势。通过可视化图谱分析发现购买力平价、公私伙伴关系、基础设施与 PPP 融资成为研究者关注的焦点。

关键词： 政府采购 PPP 模式　可视化分析　图谱量化

一、引言

改革开放以后，中国开始出现具有现代意义的 PPP 雏形。特别是自 2013 年后中国 PPP 项目实践进入蓬勃发展期，具体 PPP 运作模式包括委托运营（O&M Operations & Maintenance）、合同管理（MC，Management – Contract）、租赁—运营—移交（LOT，Lease – Operate – Transfer）、建设—运营—移交（BOT，Build – Operate – Transfer）、建设—拥有—运营（BOO，Build – Own – Operate）、购买—建设—运营（BBO，Buy – Build – Operate）、移交—运营—移交（TOT，Transfer – Operate – Transfer）、改建—运营—移交（ROT，Rehabilitate – Operate – Transfer）、区域特许经营（Concession）等几种类型的公私伙伴关系（PPP）。公私伙伴关系最初是作为公私部门之间的合作机构安排引入基础设施行业的，迄今为止，这种伙伴关系已广泛建立在交通运输、污水处理、轨道交通、

---

[*] 基金项目：自然科学基金青年项目（71602144）；天津市教委人文社科重大项目：（2016JWZD22）；天津理工大学 2016 年度教改项目（YB16 – 16）。

邓斌超：天津理工大学管理学院造价系讲师；赵博宇：天津理工大学造价本科生；汪举强：天津理工大学造价系本科生；彭鸣：天津理工大学造价系本科生；周冬杰：天津理工大学造价系本科生。

垃圾焚烧、环境保护、公共住房和公共卫生等涵盖财政部规定的19个行业领域。

PPP在中国的发展阶段可以分为探索、试点、推广、调整、规制五个阶段，2008年以前，CSSCI数据库索引的中文PPP文献主要集中在工程建设和项目融资领域，通常以某个或某类项目为研究背景，进行概念解释或案例分析。2008年以后，随着PPP投融资机制、提升效率等方面的积极作用被中国政府与社会资本清晰认知。据2018年全国政府和社会资本合作（PPP）综合信息平台项目管理库信息第8期季报显示，我国PPP项目的数量始终保持着高速增长的上升趋势，PPP入库项目14220个，投资总额为17.8万亿元；储备清单项目6778个，10.1万亿元；7442个项目处于识别阶段，投资额7.7万亿元。虽然依旧有着大量的PPP项目和巨额的投资总额，但是相比2017年呈下降趋势，PPP项目的数量与投资额的增长速率也出现了逐年降低甚至成为负数的现象。基于此，中国PPP研究者将有可能更加关注于购买力平价、公私伙伴关系、基础设施、PPP融资、法律、再谈判、合同规制等方面。

由此，本文利用CiteSpace V软件可视化分析PPP模式在中国的调整与规制阶段（2007~2018年）的CSSCI源文献引用和被引用情况，挖掘PPP研究领域的知识结构和脉络图谱，进而廓清该领域的研究历史、现状，梳理研究热点，有效把握未来研究趋势，具有较深入的理论意义。

二、数据与方法

本文以中国社会科学引文索引（CCSCI）数据库为唯一的文献来源，旨在研究中国PPP模式近十几年来的文献发文量、成就以及发文量等的可视化分析，在CCSCI高级搜索文献栏目下进行检索，以PPP为关键词，检索时间跨度为2007~2018年，检索时间为2018年10月27日，总发文量为396篇。运用信息可视化分析软件CiteSpace V对PPP的研究进行可视化分析。运用CiteSpace V可视化分析技术可以规避传统统计学中的SPSS、Pajek等工具可视化分析中出现的可视化效果单调、分析结果解读较为繁琐。而借助CiteSpace V生成的色彩斑斓的知识图谱，可直观生动地展现中国PPP模式研究领域的发展脉络和热点、前沿问题。基于此，本文选用表1中设定的检索科目与内容，通过CiteSpace V可视化分析，以期得到相应的研究结论，以此指明中国PPP模式的研究热点与核心。

表1　　　　　　　　政府采购PPP目标文献检索策略

检索设定科目	检索设定内容
数据库	CSSCI
检索方式	高级检索

续表

检索设定科目	检索设定内容
检索词	关键词=PPP
文献类型	论文
发文年代	2007~2018年

三、CSSCI 数据库中年度 PPP 文献量分析

分析中国 PPP 研究领域各年度文献量的变化情况，可以迅速掌握该研究领域的发展历程和研究热度的变化趋势。图1展示了各年度 PPP 文献数量及其占比的变化情况。由于在检索时间点 CSSCI 数据库收录的文献范围截至 2017 年 12 月 31 日，故图1中的数据只显示 2007~2017 年。

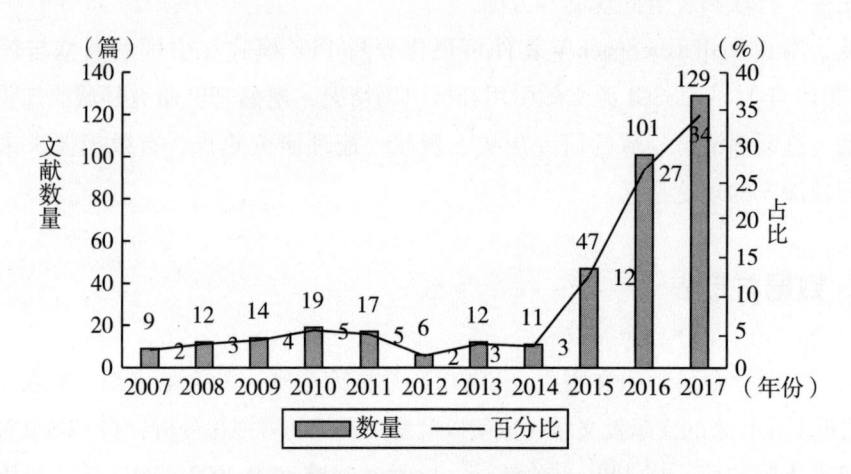

图1 2007~2017 年 PPP 文献发文量及其占比情况

由图1可知，在观察期内（2007~2017年），可将中国 PPP 各年度文献量随时间变化的情况划分为三个起伏变化的时期。

第一时期（2007~2010年），PPP 文献的起始时期，文献数量较少，但逐年增加。这主要得益于国家"十一五"规划期间大力支持基础设施建设与北京奥运会举办期间的政策导向的作用，我国 PPP 项目及模式的发展呈现一个小的波峰。

第二时期（2010~2014年），可观察到 PPP 文献数量呈现逐年下降趋于平稳的趋势，这有可能与当时的国际与国内环境背景相关。2008 年爆发的"金融危机"使国家及地方政府的财政收入受到相应影响，大型基础设施项目投资受到政府资金短缺的限制，受此影响 PPP 在 CSSCI 发文数量呈现下降趋势。

第三时期（2014~2017年），PPP 文献数量的快速增长时期，2014 年财政部和发改委为缓解政府财政压力，纷纷连续发文大力推广 PPP 项目，由此迎来 PPP 发展新纪元，

PPP 研究的热度和受重视程度在此时期明显增强。2014 年 9 月 24 日财政部下发推广 PPP 以来首个正式文件《关于推广运用政府和社会资本合作模式有关问题的通知》,意味着通过 PPP 模式吸纳社会资本的参与将成为未来中国发展的一种重要途径,为鼓励社会资本参与国家基础设施等项目的发展提供了政策保障。以 2018 年全国政府和社会资本合作(PPP)综合信息平台项目管理库信息第 8 期季报显示的 17.8 万亿元 PPP 项目总投资为基础,PPP 研究成为近几年的热点话题,由此,PPP 文献发文量呈爆发式增长,仅 2017 年发文量达 129 篇,占研究总数的 34%,达到历史最高点。

简而言之,从国内 PPP 文献数量在三个时期的变化情况看,政策导向是推动 PPP 发展的重要支撑,目前 PPP 的研究处于上升期,因此,仍是国内诸多学者研究关注的焦点。

四、PPP 发文量可视化分析

(一) 作者合作的可视化分析

分析作者合作情况有助于掌握不同合作团队和作者的研究近况。通过 CiteSpace V 的作者合作网络分析功能,用可视化的图谱展示不同作者之间联系的紧密程度,并结合区域等实际信息,说明该领域作者合作网络的实际情况。

1. 数据处理结果

将经过预处理的 396 篇文献数据导入 CiteSpace V,运行后得如图 2 所示的合作网络图谱,其中节点 51 个,节点代表作者,结点越大,则其所代表的作者发文量越多;连线 29 条,节点之间有连线则说明作者之间形成了合作关系。

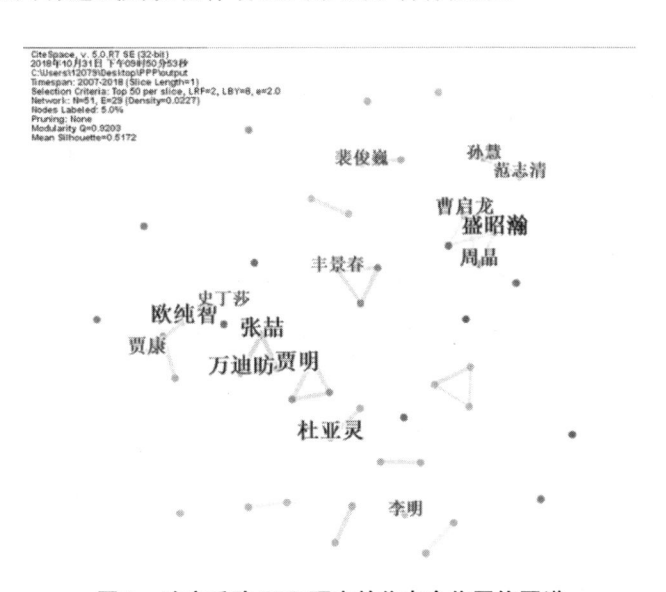

图 2 政府采购 PPP 研究的作者合作网络图谱

2. 讨论

通过对作者合作情况分析，发现中国 PPP 研究呈现两大特点。

（1）依托大学、研究机构等研究群体成为 PPP 研究聚核。例如，北京市中国财政科学研究院的欧纯智、华夏新供给经济学研究院的贾康团队，清华大学的于安、裴俊巍、曾志敏团队；陕西省西安交通大学管理学院的张喆、万迪昉和西北工业大学管理学院的贾明团队；天津市天津大学管理学院的孙慧、范志清团队，天津理工大学的尹贻林、杜亚灵团队；河海大学的丰景春团队；江苏省南京大学和常州大学的曹启龙、盛昭瀚团队等，由此，PPP 研究团队多处于同地域的各个大学之中，以师生，或者行业同事关系为主，共同研究。

（2）作者间的合作程度较低。说明独立节点较多、多数作者之间未形成合作关系，且已形成合作关系的团队的合作发文量普遍在 5 篇及以下，比如贾明、张喆、万迪昉团队；尹贻林、杜亚灵团队；欧纯智团队、贾康团队等团队发文量都在 5 篇，盛昭瀚、曹启龙、周晶团队发文量在 4 篇。

（二）PPP 文献共被引分析

文献共被引分析被定义为两篇文献且被其他文献共同引用的次数，共被引的频次越多，则两篇文献的关联性越强。分析 PPP 文献的共被引情况，通过对转折点文献和高被引文献分析，能够揭示 PPP 科学知识领域与结构、主流研究的热点及其演变趋势。

1. 数据处理结果

设置 CiteSpace V 软件的节点类型为 Citedreference，时间跨度为 2007~2018 年，采用 Pathfinder 算法，以时区视图显示文献共被引网络图谱，如图 3 所示。

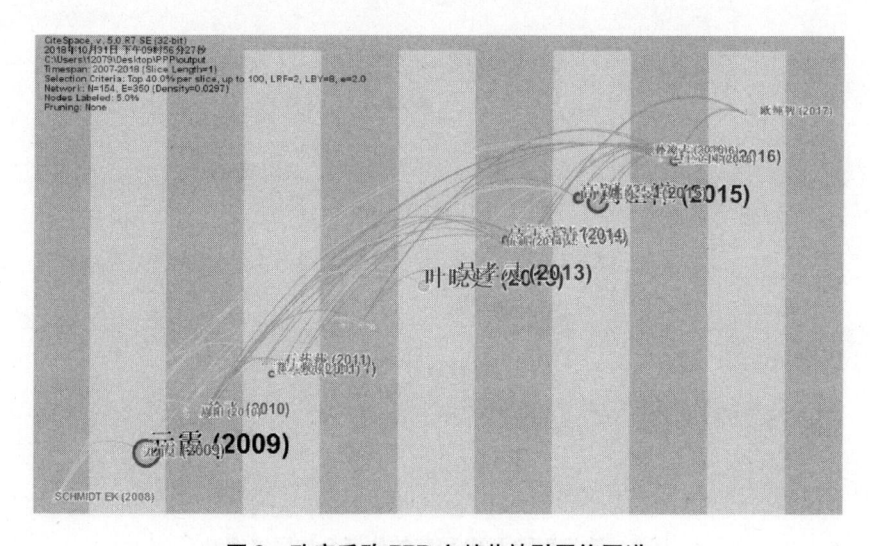

图 3　政府采购 PPP 文献共被引网络图谱

图 3 的知识图谱显示，有灰色外圈的节点具有较高的中心性（≥0.1），此节点代表的文献具有较强的影响力，围绕该文献展开的研究较多，代表着一个研究向另一个研究的转折，因此被称为转折点文献；此外，图 3 中节点越大，说明该节点代表的文献被引频次越高。以下将进一步从转折点文献、高被引文献两个方面对政府采购 PPP 的既有研究展开讨论。

2. 讨论

转折点文献：2009 年亓霞的《基于案例的中国 PPP 项目融资方式在中国基础设施建设领域的应用情况，主要涉及发电厂、污水处理厂、水厂、高速公路等，通过社会资本的介入不仅解决了基础设施建设的资金短缺问题，更可以降低成本和提高项目的效率。2009 年亓霞的《基于案例的中国 PPP 项目的主要风险因素分析》指出 PPP 项目的风险管理是非常重要和复杂的，从实践中吸取经验和教训是提高风险管理水平的重要途径之一。该文通过对中国 PPP 项目失败或出现问题案例的汇总分析，从中找出导致这些项目失败或出现问题的主要风险因素，对其产生原因和内在规律进行深入分析，并为规避和管理这些风险提出了相应的措施建议。这篇文献发表后，PPP 文献研究中心转向 PPP 项目管理和实际运用当中，从 PPP 各个阶段的风险分担来提升 PPP 项目成功的关键影响因素，另外从中国知网（CNKI）查询数据可知，亓霞的《基于案例的中国 PPP 项目的主要风险因素分析》文献下载量达到 18083 次，由此可见这篇文章在 PPP 研究领域的重要性，也可以称为转折点文献。

高被引文献：亓霞（2009）是按引文数排列的最高项目，其引文数为 25。第二个是群集中的贾康（2009），其引文数为 24。第三个是集群中的刘薇（2015），其引文数为 23。

亓霞 2009 年的《基于案例的中国 PPP 项目的主要风险因素分析》通过对过去中国 PPP 项目中失败或出现问题的 16 个典型案例进行重点分析，找出导致他们失败的主要风险因素，对其产生原因和内在规律进行深入分析，并就风险规避和管理提出建议，由此显现出风险研究在 PPP 领域的重要性。

贾康 2009 年的《公私伙伴关系（PPP）的概念、起源、特征与功能》从管理视角概括 PPP 概念，并从其起源、特征和功能层面力求较全面地认识 PPP，认为其在经济社会转轨中对于促进制度、机制创新的意义和功能特别值得强调。从该文中可以清晰地看到 PPP 的基本特征，如合作、利益共享和风险分担等，另外从管理的视角分析 PPP 项目管理中合作、利益共享和风险分担的特征，其内在逻辑是 PPP 项目实际运作过程中兼顾政府与社会资本的公平和效益的有效激励相容，达致 PPP 项目建设运营管理绩效提升。

刘薇 2015 年发表的《PPP 模式理论阐释及其现实例证》推广 PPP 模式，需要加快 PPP 法律法规体系建设；培育契约精神，积极推动法治化契约制度建设；创新金融支持模式；建立规范系统的监督管理机制，防范财政风险。从法律法规层面提出 PPP 监督管理机制的作用，为规范 PPP 模式应用起到了引领作用。现在政府大力整改 PPP 项目，建立 PPP 项目示范库，清退违规项目，由此可以看出这篇文章具有先见之明。

总体来说，三篇被引量最高的文章，分别从 PPP 的起源、本质特征、风险分担、监督管理等方面指出 PPP 模式各种问题，强有力的推动 PPP 项目的发展与运用，也对其他 PPP 研究者影响深远，为他们提供研究方向和理论支撑。

（三）中国 PPP 研究热点分析

研究热点是指在一定时期内，有内在联系的且数量较多的一组文献所研究的主题或视角。分析政府采购 PPP 的研究热点，有助于把握该领域发展过程中关注的焦点。通过 CiteSpace V 对关键词进行聚类分析，从索引 PPP 文献的关键词中提取名词性术语对聚类进行命名，最终形成的图谱聚类名称能够在一定程度上客观地反映中国 PPP 领域的研究热点。

1. 数据处理结果

在 CiteSpace V 中选择节点类型为 Keyword（关键词），运行 CiteSpace V 后得如图 4 所示的 PPP 研究关键词聚类图谱。图谱中节点的大小正相关与关键词共现的频次，节点间连线的稀疏情况代表关键词之间联系的紧密程度。

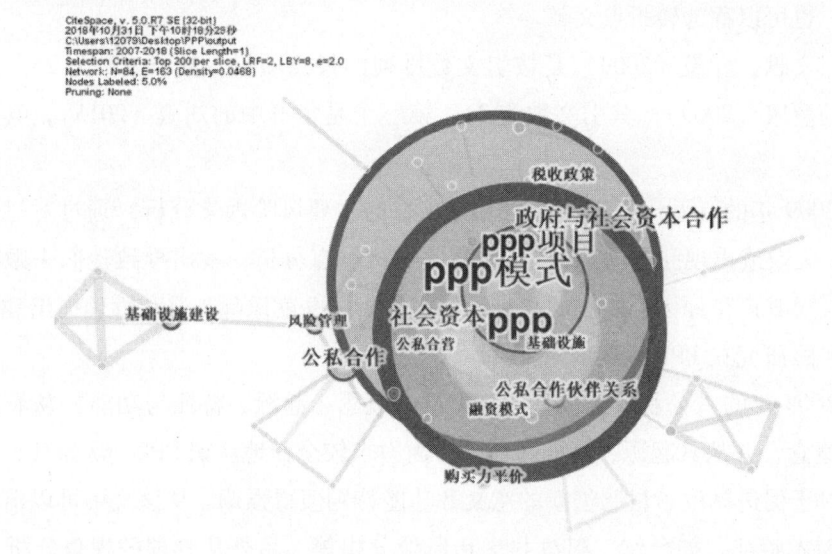

图 4　PPP 研究关键词聚类图谱

2. 讨论

CiteSpace V 对关键词的聚类完全依据数学公式的计算处理，虽然其自动抽取的聚类标签能够在一定程度上反映 PPP 的研究热点，但过于程序化，可能会出现自动抽取的聚类标签不能如实反映中国 PPP 研究热点问题。因此，为克服完全依赖 CiteSpace V 确定研究热点的局限性，必须结合聚类结果、通过人工整理的方式综合判政府购买 PPP 研究的热点。由此，结合图 4 中各聚类内在联系的紧密程度，将其归纳为四大热点。

（1）购买力平价。传统的购买力平价模型有时具有刚性假设、谈判延迟和各种环境因素导致的成本上升等特点。为了更好地厘清不利因素，政府开拓思路，将 PPP 模式引入到基础设施建设运营中来。购买力平价模型仅被用于特定的情况和部门，在一定程度上更好的项目交付质量和更低的总体成本。

（2）公私伙伴关系。PPP 模式通过政府部门与社会资本的合作伙伴关系，能够在合作中实现优势互补。中国 PPP 模式在实际运作中的优势利益共享、风险共担。这能有效缓解政府财政支出压力，也利于社会资本的技术与资源的高效运转。

（3）基础设施。随着我国整个城市化的进程，基础设施的投资占 GDP 的比率在不断地上升，在基础设施和公共服务领域推广政府和社会资本合作模式（PPP）是促进经济转型、推动新型城镇化和供给侧改革、创新投融资机制、加快政府职能转变的重要举措。2018 年全国政府和社会资本合作（PPP）综合信息平台项目管理库信息第 8 期季报显示 14220 个 PPP 项目，基础设施类 PPP 项目占比 80% 以上。由此，中国 PPP 项目实际运作经验为研究者提供数据与案例来源。

（4）PPP 融资模式。从 2014 年开始，财政部、发展改革委、人民银行等部委连续发文，围绕增加公共产品和公共服务供给，引导政府与社会资本在能源交通、民生工程、农林业、水利环保、科教文卫等公共服务领域，广泛采用 PPP 合作模式。这将有效缓解政府公共财政支出压力，但是随着 PPP 市场化运作后不断出现传统融资制度不能适应 PPP 项目融资的需要，其中表现为项目资金期限存在严重错配、资金来源偏重于银行贷款、相关部门管理跟不上 PPP 项目的需要等问题。因此，PPP 融资模式的理论基础和实践应用都需不断深入和完善，科学合理的进一步探索和扩大 PPP 融资模式的潜在应用领域，这需要学术研究者和 PPP 实践者共同进一步摸索和探讨。

（四）PPP 研究演化趋势分析

根据 Shneider 的四阶段理论，一个研究领域的发展最先经历概念化阶段，其目标是对研究问题展开介绍；进入初步发展阶段后，研究能力和研究范围得到增强；在扩散发展阶段，研究成果的大幅增长并出现新的研究方向；进入衰落阶段后，大量综述和资料汇编出现，但不再产生开拓性发现。基于此，结合各年度发文量及关键词的分布，剖析 PPP 研究的演化趋势。最后，依据突现词的时间分布情况，探测 PPP 研究的前沿领域。

1. 数据处理结果

图 1 显示 PPP 文献数量各年度变化情况，对 PPP 研究的发展阶段进行划分，并对相

关关键词进行整合，如表 2 所示。

表 2　　　　　PPP 研究热点与关键词聚类对应情况一览

Keywords（关键词）	Year（年限）	Strength（聚力）	Begin（开始年限）	End（结束年限）	2007～2008 年
PPP 项目	2007	6.281	2015	2018	
PPP	2007	5.6377	2016	2018	
PPP 模式	2007	13.6286	2016	2018	

2. 讨论

2007～2014 年为我国 PPP 项目一个低速发展阶段，这个阶段主要还是以政府付费的公益项目为主，并加入了少量比例的运营。这个阶段，大部分参与的公司还是把项目当成工程来测算，项目本身是否能运营成功不是第一考虑因素，工程利润是否能覆盖运营的所有风险，是考虑的第一要素。所以这个阶段，还是以工程为主，但对于纯工程类企业，明显地感受到了比较大的运营压力。在招投标中，经常会将运营承诺收益作为重要评分项。这个阶段比拼的是主要是：市场能力，融资能力，运营能力。具备一定产业运营能力的公司受到青睐，各大公司纷纷成立文旅、产业招商板块，或与文旅、产业运营公司战略合作。

2014 年至今为 PPP 项目快速发展阶段。也称为重运营阶段，2017 年，财政部发文《关于坚决制止地方以政府购买服务名义违法违规融资的通知》，严格限制变相增加债务。国家发展改革委也发文《关于加快运用 PPP 模式盘活基础设施存量资产有关工作的通知》，鼓励用 PPP 方式盘活存量项目。需要社会资本在融资能力、商业能力、资源整合能力上，具备较强的能力。各种不同类型的公司，合作做项目会变成常态。由于一家公司很难完成其中所有的工作，最大的难度，就成了对资源整合能力的考验。除了资源整合能力，最核心的就是对核心项目的运营能力，这也是项目成败的关键。

五、结论

本研究选取 CSSCI 数据库中关键词或篇名（词）为 PPP 的相关数据作为研究基础，用文献计量工具 CiteSpace V 描绘了中国 PPP 研究的作者合作情况、文献共被引情况和关键词共现与突现情况的可视化图谱。结合人工整理，对图谱信息进行挖掘分析，得到

PPP研究的热点和研究主题的动态演化进程。基于以上研究成果，展现了中国PPP研究的全貌。主要得出如下结论。

1. PPP研究的作者合作情况呈现两大特色。一是PPP的研究形成了一些偏地域性合作团队，其合作建立在高校师生与行业基础上；二是大多数作者之间未形成合作关系，且已形成合作关系的合作团队的发文量普遍较低。

2. 《基于案例的中国PPP项目的主要风险因素分析》是PPP研究领域的转折点文献；《基于案例的中国PPP项目的主要风险因素分析》《公私伙伴关系（PPP）的概念、起源、特征与功能》以及《PPP模式理论阐释及其现实例证》是PPP研究领域具有重要影响的高被引文献。

3. PPP研究的热点集中在购买力平价、公私伙伴关系、基础设施、PPP融资模式四个方面。这四个热点的部分研究内容如融资机制研究、政府购买力研究等是PPP研究早期关注的焦点。因此要把握现阶段PPP研究的重点如风险分担研究、监督管理研究、PPP项目绩效研究等，有必要对PPP研究的整体脉络展开分析。

4. 依据关键词突现分析的结果，识别出PPP的两大前沿是PPP项目风险分担和PPP融资模式。基于PPP融资模式已成为中国使用最久的融资模式，其研究发展已经相对成熟，另外PPP项目风险分担，再谈判等都是近期PPP项目研究热点话题，探讨不同PPP模式选择的动因，以及这些模式对财政决策及其他经济行为的作用机理将成为PPP研究的重要话题。

我国目前PPP发展时期较短，PPP相关研究，法律法规、市场环境都相对不太成熟，PPP项目大多数处于建设阶段，运营环境相对不成熟，许多项目从项目建设、运营情况暂时还未凸显出问题。另外，PPP项目建设阶段的问题其中包括项目的前期论证不足、市场化程度不足、监管能力不足、SPV设置不合理等。笔者通过个人的工作学习经验对上述问题从宏观和微观两个方面提出合理化建议，主张法律先行、制度先行，建立符合我国情况的PPP项目专业法案；规范PPP项目的运作框架；建立独立的PPP监管机构；完善融资渠道和退出机制等。从微观方面加强项目审批、审计监管、财务监管；弱化政府干预；加强人才引进、规范PPP模式的运营流程等。

参考文献

1. 陈云、杜鹏程、王雪：《持续创新研究主题及其动态演变》，载于《科技进步与对策》，2018年第35期，第151~160页。

2. 屈家安、刘菲：《国际创新创业研究热点与趋势可视化分析——基于2007~2016年四大国际顶尖创新创业期刊的CiteSpace V图谱量化研究》，载于《科技进步与对策》，2018年第12期。

3. 高杰、丁云龙：《基于科学计量的创新研究群体合作 网络构型可视化分析》，载于《科技进步与对策》，2018年第35期，第9~17页。

4. 张惠琴、侯艳君：《基于知识图谱的国内员工创新行为研究综述》，载于《科技进步与对策》，2017年第34期，第153~160页。

5. 王玉、张磊：《企业网络研究的知识结构与发展趋势》，载于《科技进步与对策》，2018年第35期，第151~160页。

6. 欧纯智、贾康：《PPP在公共利益实现机制中的挑战与创新——基于公共治理框架的视角》，载于《当代财经》，2017年第3期，第26~35页。

7. 裴俊巍、曾志敏：《地方自主与中央主导：国外PPP监管模式研究》，载于《中国行政管理》，2017年第3期。

8. 张喆、贾明、万迪昉：《PPP背景下控制权配置及其对合作效率影响的模型研究》，载于《管理工程学报》，2009年第3期，第23~29页。

9. 孙慧、范志清、石烨：《PPP模式下高速公路项目最优股权结构研究》，载于《管理工程学报》，2011年第25期，第154~157页。

10. 杜亚灵、赵欣、温莎娜：《基于扎根理论的PPP项目履约绩效影响因素》，载于《中国科技论坛》，2017年第4期，第13~20页。

11. 丰景春、杨圣涛：《基于公平偏好理论的PPP交通项目超额收益分配研究》，载于《软科学》，2017年第10期，第120~144页。

12. 曹启龙、盛昭瀚、刘慧敏，等：《多任务目标视角下PPP项E激励问题与模型构建》，载于《软科学》，2016年第30期，第114~118页。

13. 张喆、万迪昉、贾明：《PPP三层次定义及契约特征》，载于《软科学》，2008年第22期，第5~8页。

14. 杜亚灵、张凯红、马辉，等：《PPP项目中控制对信任影响的多案例研究：角色感知的调节作用》，载于《管理学报》，2016年第13期，第1286页。

15. 欧纯智：《政府与社会资本合作的善治之路——构建PPP的有效性与合法性》，载于《中国行政管理》，2017年第1期，第57~62页。

16. 贾康、林竹、孙洁：《PPP模式在中国的探索效应与实践》，载于《经济导刊》，2015年第1期，第34~39页。

17. 曹启龙、盛昭瀚、周晶，等：《公平偏好下PPP项目多任务激励问题研究》，载于《预测》，2016年第35期，第75~80页。

18. 亓霞、柯永建、王守清：《基于案例的中国PPP项目的主要风险因素分析》，载于《中国软科学》，2009年第5期，第107~113页。

19. 贾康、孙洁：《公私合作伙伴关系（PPP）的概念，起源与功能》，载于《中国政府采购》，2014 年第 6 期，第 12~21 页。

20. 刘薇:《PPP 模式理论阐释及其现实例证》，载于《改革》，2015 年第 1 期，第 78~89 页。

21. Shneider, Alexander M. "Four stages of a scientific discipline; four types of scientist." Trends in biochemical sciences, 34.5 (2009): 217~223.

PPP 项目公司再思考

孙丕伟[*]

> **摘　要**：PPP 项目公司虽多以有限责任公司的形式出现，但由于 PPP 项目多体现政府和社会资本方（即项目公司股东）意志，因此 PPP 项目公司在注册资本制度、利润分配、法人治理结构等方面有区别于一般有限责任公司的特点。同时，随着 PPP 项目逐渐进入运营期，项目公司作为 PPP 项目履约主体，如何能优化管理，真正实现其股权价值，本文做了初步探讨。
>
> **关键词**：法人治理结构　PPP 项目公司

随着 PPP 项目在基础设施和公共服务领域的广泛开展，作为核心履约主体的 PPP 项目公司的设立及管理也成为 PPP 项目的重点环节。但在 PPP 项目实践中，政府方更关注社会资本方（投资人）的资质、业绩及融资能力，对项目公司的关注程度不高，而社会资本方在处理与项目公司关系的问题上，往往会倾向于自身利益，这导致在法人治理结构设置方面，项目公司与一般的有限责任公司相比，较多体现了其股东意志。本文结合《中华人民共和国公司法》关于有限责任公司的规定以及 PPP 项目的特点，对 PPP 项目公司的特殊性及价值塑造进行简要分析。

一、PPP 项目公司的特点

项目公司通常也被称为"SPV"（Special Purpose Vehicle），翻译为"特殊目的公司"。但《中华人民共和国公司法》（下称《公司法》）中并无"特殊目的公司"的规定，所以在 PPP 项目方案设计中，SPV 通常是指政府和社会资本方为了履行特定 PPP 项目而组建的有限责任公司。

项目公司具有以下特点：

---

[*] 孙丕伟：北京清控伟仕咨询有限公司副总经理。

（一）设立目的明确

项目公司设立目的是为了履行特定 PPP 项目，承担项目的投资、融资、建设、运营、移交等责任。因此项目公司的经营范围（无论是登记的范围还是实际从事经营活动的范围）都仅限于特定 PPP 项目，如要变更经营范围，需要事先取得政府方同意。

而普通有限责任公司的经营范围可由股东自行决策，报登记机关备案即可。以往将公司超范围经营视为是一种违规经营，工商部门有权给予处罚，近来的趋势是除了特殊行业，对有限责任公司超范围经营不再严格追究责任。

（二）结构简单

项目公司的股东由政府方出资代表和社会资本方（其中社会资本方可为联合体）组成。如果政府方不出资，则项目公司为社会资本方的全资公司。由于 PPP 项目中对项目公司股权转让会进行限制，因此在合作期内股东发生变化的可能性并不大。这样的结构也有利于政企双方依据签订的《PPP 项目合同》进行快速决策，避免因为股东之间无法达成一致而耗费大量资源进行协调。因此，PPP 项目公司的股权结构简单，为了便于管理，可通过设置执行董事、1 名监事等简化法人治理结构，节约公司管理成本。

而普通有限责任公司的股东结构并不稳定（虽然有限责任公司由于非为公众公司而通常被认定为具有"人合"属性），股东可以自行转让其持有的公司股权给第三方，除了享有优先权之外，其他股东无法拒绝一方股东转让股权的交易。同时，在管理决策层面，为了避免大股东滥用权力，《公司法》也设置了一些小股东保护机制，对大股东权力进行制衡，也变相提升了部分管理成本。

（三）业务被监管

PPP 项目公司承担基础设施建设、公共服务提供的责任，在准经营性和非经营性项目中，且其收益来源多为政府财政资金，因此政府方会对 PPP 项目公司的业务进行严格监管。主要体现在：

（1）对项目公司建设、运营活动的监管。项目公司的建设、运营承接主体为符合采购资质的项目公司股东或项目公司自身，不能全部委托第三方进行。

（2）对注册资本、融资情况的监管。要求项目公司股东按期、足额缴付注册资本，并在一定期限内（通常为《PPP 项目合同》签署后六个月内）确保完成融资交割。为了保证建设资金正常到位，要求项目公司设置专用账户，且政府方会定期检查该账户的资金情况。

（3）对建设运营成本的监管。要求项目公司及时汇报建设、运营成本的发生情况并需要进行审计。

（4）关系公共利益的法定优惠、价格管制、政府方接管、介入等。

二、PPP 项目公司特性分析

正是由于 PPP 项目公司的上述特点，在考虑项目公司的管理结构时，不能简单套用《公司法》的规定，应根据政企双方诉求，基于项目实际情况进行灵活处理，才能最大程度确保 PPP 项目成功实施。

（一）项目公司注册资本

1. 和资本金的关系

根据国务院关于固定资产投资项目资本金[①]的相关管理规定，资本金占项目总投资的比例一般不低于20%，应由项目法人以自有资金缴付，不得以债务性资金充当资本金[②]。因此，对于新建项目而言，注册资本和资本金可以是一个金额。但实际上两者还有区别，比如资本金需要实缴，而注册资本为认缴[③]；资本金在项目总投资确定后就确定，而注册资本可以根据需要进行调整（包括增资和减资）。在对项目公司注册资本制度进行设计时，需要考虑：（1）注册资本是否等同于资本金？如是，则其缴付要求相较于《公司法》将更为严格；（2）注册资本小于资本金，则差额部分仍然需由项目公司补充，常见的方式为通过增资或者资本公积的方式支付；（3）注册资本大于资本金，则资本金部分依然遵循"特定时限内缴付完毕"，差额部分应给予项目公司股东更大自主权，以"认缴制"为准。

2. 以资本公积缴付

有些 PPP 项目方案安排通过资本公积的方式缴付资本金。笔者理解此种安排是可以的，资本公积同样是不可撤回的非债务性资金，但如果 PPP 项目公司的资本金缴付责任在政府方和社会资本方之间并不是同等责任，例如，政府只负责缴付特定金额的注册资

[①] 资本金制度的规定见于《国务院关于固定资产投资项目试行资本金制度的通知》，第二条"投资项目资本金，是指在投资项目总投资中，由投资者认缴的出资额，对投资项目来说是非债务性资金，项目法人不承担这部分资金的任何利息和债务；投资者可按其出资的比例依法享有所有者权益，也可转让其出资，但不得以任何方式抽回"。

[②] 财政部《关于规范金融企业对地方政府和国有企业投融资行为有关问题的通知》规定"国有金融企业向参与地方建设的国有企业（含地方政府融资平台公司）或 PPP 项目提供融资，应按照'穿透原则'加强资本金审查，确保融资主体的资本金来源合法合规，融资项目满足规定的资本金比例要求。若发现存在以'名股实债'、股东借款、借贷资金等债务性资金和以公益性资产、储备土地等方式违规出资或出资不实的问题，国有金融企业不得向其提供融资"，明确禁止了以股东借款方式充当资本金的操作。

[③] 《公司法》对于注册资本的管理为"认缴制"，允许公司股东对出资时间自行约定。通常，有限责任公司的股东不会一次性足额缴付所有的注册资本，而是约定一个足额缴付的期限，并视公司经营情况分期缴付。

本，后续如需要增资，则约定由社会资本方股东缴付。在这种情况下，通过资本公积形式缴付，不影响股东各方的股权比例，但影响社会资本方的股权估值（由于缴付资本公积但无法取得相应比例的股权），在股权转让时作价可能会有影响。

另外，资本公积的模式之所以广泛适用，原因之一为资本公积并非股东出资义务，在项目公司破产、清算时不会要求股东承担补缴责任。

3. 注册资本逾期不能缴足

如果PPP项目公司出现注册资本逾期不能缴足的情况，则可能产生的违约责任有两种：

（1）就新建项目而言，项目公司在《PPP项目合同》项下出现融资交割违约。政府方有权追究项目公司违约责任。

（2）项目公司股东出现《股东协议》项下的出资违约，按期出资的股东有权追究未能按期出资股东的违约责任。

就上述两种原因导致的违约在方案中应谨慎处理。如果在《股东协议》中约定股东出资违约可导致非违约方终止《股东协议》，则项目公司的状态将不确定（由于《股东协议》终止，项目公司可以清算，或者将违约股东从项目公司排除），继而导致项目公司在《PPP项目合同》项下的履约主体地位也不稳定。

（二）项目公司收益分配

1. 股权价值

股东设立公司的目的是从公司获得利润分配。根据《公司法》，有限责任公司按照股东的股权比例进行分配，除非股东各方有例外约定。因此，股东持股比例越大，获得的利润越多。这是公司股权价值的基础。

但PPP项目公司股东的收益与其持股比例的正相关性并不显著，主要原因为：

（1）PPP项目强调"保本微利"，自身盈利空间有限。项目在建设期内投入大，收入少，在合作期前期均为亏损，在理想财务测算环境下，即使有盈利，也是在合作期中后期。大部分股东看重的是施工利润。

（2）部分PPP项目公司股东之间存在结构化安排，股东的收益在于退出时的回购利差或者股东之间的收益补偿，因此，项目公司股东关心的利润点并不是项目公司股权本身。

（3）作为股东之一的政府方出资代表往往不参与利润分配，或者仅参与超额收益的分配，这部分股权并未实现收益功能。

基于上述特点，部分PPP项目公司（特别是非经营性项目）的股东并没有强烈的冲动提升项目公司股权的价值，而更看重与项目公司的关联交易。

2. 利润分配

由于 PPP 项目公司的业务处于政府方的监管之下，其利润分配通常受到限制。

（1）有些方案要求项目公司提取部分税后利润设立大修或追加投资基金，或者设置运营保障金等，在发生意外情况时，项目公司可使用基金应急，避免项目公司股东将全部税后利润用于分配。

（2）在考虑不同投资人的回报诉求后，利润分配机制可做更灵活的处理。例如，优先向部分股东分配，并不违反《公司法》[①]。但需要注意此操作如涉及国有股权劣后分配，应根据国资管理的规定取得同意。

（3）PPP 项目公司的收益应在合理区间内，如果出现暴利，在分配方案中会做"削平"处理，大部分的超额收益由政府方享有。

（三）政府方监管的界限

PPP 项目公司虽然受到实施机构的严格监管，但根据财政部发布的《PPP 项目合同指南》，"政府在项目公司中的持股比例应当低于 50%、且不具有实际控制力及管理权"。因此，政府方（包括实施机构和政府方出资代表）对项目公司的监管界限，应进行谨慎划分。

例如，目前大多数 PPP 项目公司均依法设立股东会、董事会、监事会及高管等机构。但在管理机制设置上，部分 PPP 项目实施方案会提到"黄金股"（仅持有 1% 股权或者仅出资 1 元钱但享有较大的决策权）、"外部/独立董事"（第三方直接委派的对项目公司的经营进行外部全过程监督的董事）等，此类安排在《公司法》下关于有限责任公司的规定中并无出处，运作机制也不明确。仅依靠《实施方案》的原则性规定，在实践中较难落实。

1. 决策事项及表决

在表决权方面的安排，应在股东会、董事会、经理及经营管理团队层面分别考虑。目前，很多 PPP 项目方案侧重对董事会层面政府方委派董事进行约定，对股东会和经营管理层却并无特别规定，均适用《公司法》的规定。而实际上股东会为公司最高权力机关，经营管理层负责日常具体业务，仅对董事会职权进行约定可能无法完全满足政府方的监管诉求。

例如，根据《公司法》规定，"股东会会议作出修改公司章程、增加或者减少注册资本的决议，以及公司合并、分立、解散或者变更公司形式的决议，必须经代表三分之二以上表决权的股东通过"。在政府方出资代表持股比例不足 1/3 的情况下，如无特别约定，其无法参与重大事项的表决。

[①] 有些方案强调项目公司股权根据《公司法》要求要同股同权，认为无法优先向一方股东分配利润。

在表决权的设置方面，可根据实际情况对待决事项的决策权进行上调或者下移，例如，为了政府方股东能参与公司重大决策，可将主要的建设、运营事项放在股东会层面决策，或者考虑股东开会不便，将部分股东会决策权授予董事会或经营管理层。

而考虑到PPP项目与公共利益密切相关，对于政府方参与决策的事项应适度扩展，例如，重大的融资行为、资产处分行为、与第三方的重大争议等。

2. 高管委任

在董监高的委派问题上，政府方往往关注董事长的委派权，而实际上在表决层面，董事长并不被赋予比其他董事更多的权利（除非章程有特殊规定）。因此，应在股东会、董事会、经理及经营管理团队层面分别考虑政府方的委派权[①]。

此外，由于国企、央企参与的PPP项目很多，项目公司中应有职工董事、职工监事的安排，直接通过股东委派并不合适，在做方案设计时应考虑。

3. 适度监管

在设置项目公司权利义务时，需要明确政府方监管的尺度，避免政府方替项目公司做决策。特别是在项目的建设、运营等核心问题上，应尊重社会资本方股东的专业能力。

例如，在施工方选择方面，应给予项目公司自主权，允许项目公司自行选择总包商（《实施方案》明确允许二次招标豁免的除外）。在分包商选择方面，政府方仅从法定资质方面进行监管即可，不宜强制项目公司选择本地公司或者政府机构库内供应商。

还有些PPP项目中，社会资本方股东在合作时会达成特定收益补偿安排，由特定股东向其他股东提供部分利益补偿。由于这些安排仅在社会资本方股东之间存在，并不涉及政府方股东兜底或者担保，也不涉及政府方资产处置。只要该等安排不违反目前的PPP相关政策，政府方不宜过多干预。

三、PPP项目公司再思考

（一）项目公司的价值

前文分析过，在目前PPP项目"微利"的财务设定下，项目公司的股权价值并不高。因此，股东各方对提高项目公司管理的关注程度不高，在项目实施阶段，项目公司更多体现的是控股股东意志。

项目公司作为PPP项目建设及运营责任的承接主体，应考虑在合作期内保持其业务状况的稳定，同时可大胆考虑未来通过项目公司自身主体信用进行再融资的可能性（项

[①] 根据《公司法》的规定，董事的人选由股东会选举产生，高级管理人员由董事会聘任，因此此处的委派权通常通过"提名权"行使。

目收益债、ABS、PPP 项目债等）。因此项目公司股东，或者说真正掌握话语权的股东，不妨把眼光转向项目公司自身的价值。而多个优质资产公司的出现，也有利于行业整合和融资多元化，给资本市场带来更多活力。

但股东的利益和项目公司的利益毕竟无法完全一致，特别是早期股东往往希望尽快收回投资，对长期持有资产兴趣不高。对此，政府方一方面要正视初始股东的诉求（初始股东承担了巨大的建设风险和增信责任），另一方面也要考虑避免项目公司成为大股东的利益输送渠道。因此，可在融资方案、法人治理结构安排、股权转让等环节作出灵活安排，例如，在运营期的股权转让应重点考量受让方的运营能力而非纠结于招标时的条件设置；重大事项要求各股东均参与决策等。

（二）PPP 项目终止对项目公司的影响

PPP 项目终止的原因常见于合作期届满，或因违约终止，或项目情况发生重大变更无法继续履行而终止。PPP 项目终止后，是否意味着项目公司必须清算？

目前，部分方案设计为项目公司在合作期满后一年（即设施质保期结束）清算。笔者认为这样的安排并无问题，但需要考虑：

（1）清算的时间成本及经济成本。实践中一个有限责任公司的清算并不容易（需要考虑税务清算、劳动关系解除问题），而且花费较高，此部分成本终究是由股东承担，而如果发生资不抵债的情况，项目公司只能走向破产。

（2）不排除项目公司在特定行业可以继续存续，例如，已经成为特定行业的成熟运维商并拥有适当的业务团队，后续还可以继续承接类似项目的运维，甚至可以再接受政府方的委托继续运营原项目设施。

（3）如果项目公司自身已经具备相当的行业经验，不排除其成为行业内其他主体的并购对象，溢价出售项目公司股权对股东而言也是一种更为快捷的变现方式。

（4）如果项目公司已经凭借自身信用或者将项目收益进行融资，则在相关融资工具未到期之前，项目公司无法清算。

所以，PPP 项目终止对项目公司的安排，可考虑在权衡其各方面的价值后再确定，或者交由届时政企双方进行协商，而政府方需要把握的，是在合作期满之后，政府方出资部分的回收以及债务风险。退一步，可考虑通过股权转让的方式退出，或者通过回购将投资人的股权买回。届时的安排受限于项目公司的实际经营情况（实际价值）及国资管理的规定，无法直接用出资金额进行考量。

（三）项目公司的优化管理

PPP 项目合作期较长，且建设期和运营期面临的问题也并不相同。在目前项目公司收益与运营绩效直接相关的前提下,如何优化项目公司管理,也是项目公司股东及政府方应关注的问题。

1. 股东责任

目前绝大多数政府方对于PPP项目公司的责任承担还依赖社会资本方股东的兜底义务。很多方案中明确要求社会资本方股东对于项目公司的违约承担连带责任,这对于社会资本方股东而言,属于较为严苛的条款。也失去了项目公司作为有限责任公司与股东风险隔离的意义。但由于PPP项目采购时,政府方看重的是社会资本方的能力,项目公司作为一个新设公司,从履约能力、资质、资金等方面看,均无法独立完成PPP项目。因此,应在项目公司和股东之间就项目责任承担做适当的分配,要求项目公司成为责任承担的主要角色[①]。

2. 引入第三方机构

(1)就政企双方在合作中发生的争议,可成立常设性的协调委员会(包括双方代表、经双方认可的技术专家等),对争议问题进行鉴定、划清责任,避免直接诉诸法院或者仲裁庭。

(2)在双方履约过程中,涉及定价、技术标准等问题,可引入第三方机构协助提供技术服务作为双方履约、再谈判的依据。

(3)对于项目的绩效,可外聘第三方机构进行系统性的核查,并提出改进建议,优化项目管理,提升效率。

---

① 通常股东可承担融资交割、完工责任,在完工后,项目公司应成为运维、移交、融资偿还的主要责任主体。

PPP 视角下的投资与成本控制

王明波　孙国栋　郄　欣[*]

> **摘　要**：政府和社会资本合作（PPP）模式近年来在我国迅速推广，目前出台的 PPP 模式规范性文件中少有涉及 PPP 项目投资与成本控制的内容，按照 PPP 模式的思维方式探讨投资与成本控制的文章也很少。针对含有工程建设的 PPP 项目，作者试图从 PPP 模式的视角对投资与成本控制进行探讨，以期抛砖引玉。
>
> **关键词**：PPP 模式　投资与成本控制　物有所值　全生命周期　激励机制　风险分配　规范运作　充分竞争

政府和社会资本合作（PPP）模式近年来在我国迅速推广，目前出台的 PPP 模式规范性文件中少有涉及 PPP 项目投资与成本控制的内容，按照 PPP 模式的思维方式探讨投资与成本控制的文章也很少。针对含有工程建设的 PPP 项目，本文试图从 PPP 模式的视角对投资与成本控制进行探讨，以期抛砖引玉。

一、物有所值定量评价的 PPP 项目更具成本优势

物有所值（Value for Money，VFM）评价是国际上普遍采用的一种评价传统上由政府提供的公共产品和服务是否可运用政府和社会资本合作模式的评估体系，旨在实现公共资源配置利用效率最优化。假定采用 PPP 模式与政府传统采购模式的产出绩效相同的前提下，通过对 PPP 项目全生命周期内政府支出成本的净现值（PPP 值）与公共部门比较值（PSC 值）进行比较，可以判断 PPP 模式能否降低项目全生命周期成本。因此，通过物有所值定量评价（即 VFM 大于零）的 PPP 项目相对于传统投资模式更具有成本优势。随着我国进一步推进 PPP 领域的规范性高质量发展，应当将通过物有所值定量评价作为采用 PPP 模式的必要条件而非可选条件。

---

[*] 王明波：工作单位是山东恒泰智晟项目管理咨询有限公司；孙国栋：工作单位是潍坊市工程建设标准定额管理办公室；郄欣：工作单位是淮柴集团。

政府通过与社会资本建立利益共享、风险分担及长期合作的关系，可以有效降低项目的整体成本，实现公共利益最大化。首先，PPP 模式相对于传统承发包模式有利于发挥政府方对公共资源的控制优势和社会资本方的技术、运营、管理优势，实现政府和社会资本方的优势互补，达到"1＋1＞2"的效果；其次，PPP 模式将项目的设计（或设计优化）、建设、投融资、运营、维护和移交等全生命周期环节整合起来，通过一个长期契约全部交由社会资本方负责，这是实现物有所值的重要机理。良好的协同效用有利于设计优化，降低项目全生命周期成本。另外，PPP 模式的效率优势还体现在时间效率上。设计、施工、采购各环节的无缝搭接和企业内部协调沟通效率的提高，将会有效控制建设周期，建设周期的缩短往往也会导致建设成本的节约。

艾伦咨询集团（Allen Consulting Group）曾对澳大利亚的 21 个 PPP 项目和 33 个传统模式项目进行过比较，结果显示：PPP 模式在成本效率方面显著优于传统模式，从项目立项到项目全部结束，PPP 模式的成本效率比传统模式提高了 30.8%。

同时要看到，PPP 模式也具有某些方面的成本劣势。首先，PPP 模式下社会资本方融资成本高于传统模式下政府方融资成本，且其融资问题容易受到外部影响，具有较高风险。清华大学经管学院中国金融研究中心等机构于 2018 年 2 月 1 日联合发布的"中国社会融资成本指数"显示，当前中国社会融资（企业）平均融资成本为 7.6%（仅利率成本），银行贷款平均融资成本为 6.6%（仅利率成本）。而 2018 年山东省政府一般债券（一期）票面利率为 4%，2018 年山东省政府一般债券（二期）票面利率为 4.05%。通过统计数据比较可见，社会资本融资成本明显高于政府融资成本，另外，PPP 模式的复杂性和规范性监管的要求导致合作前期的识别、准备阶段和合同确认谈判等阶段均长于传统模式，全生命周期的绩效评价机制也更加严格，导致产生更多的交易成本和监管成本。

二、不同付费原理下投资与成本控制责任不同

（一）根据市场价格付费

污水处理、垃圾处理等部分公用设施特许经营项目通常是通过招标确定一个污水处理费单价，并根据实际污水处理量进行付费，这称作使用量付费（Usage Payment）。污水处理费单价是在市场价格的基础上通过竞争产生的，招标控制价参照市场价格确定而且与具体项目的建设成本和运营成本不直接相关，运营期的价格调整一般也是参照物价指数的变动而予以相应的调整。在这种模式下，政府方不必过多关注项目的投资和运营成本，而社会资本或 SPV 公司成为投资和成本控制的责任主体。在这种计费模式下，

社会资本或 SPV 公司具有天然的主观能动性来控制项目投资和运营成本。通过表 1 可以看出，社会资本方在投标报价时依旧是根据建设成本和运营成本计算得出的吨污水处理费单价，只不过是社会资本方自行承担了项目投资和运营成本的控制责任，并通过节约投资和成本、使用新技术、改善运营管理等手段来弥补中标价格低于市场平均价格的利润损失。

表 1　　　　　　　　　　　　吨污水处理费价格分析

吨污水处理费价格组成（单位：元/立方米）	总成本小计：	经营成本小计：	电费	按城市污水处理电价计算	
			药剂费	主要为污泥脱水使用聚丙烯酰胺的费用和出水消毒使用液氯的费用	
			大修费	污水处理企业用于固定资产大修的专用基金	
			维护费	指固定资产的备品备件、低值易耗和固定资产的经常维护修理	
			工资福利费	职工工资及各项福利费用	
			其他费用	包括自来水费，蒸汽费、油料费、污泥处理费等	
			管理费用	污水处理企业为组织、管理企业而发生的办公和服务费用	
		折旧			
		摊销			
		利息			
	毛利小计：	营业税金及附加		执行有关税收政策	
		所得税			
		净利润			
合计					

（二）根据成本加利润公式付费

根据关于印发《政府和社会资本合作项目财政承受能力论证指引》的通知要求，对可行性缺口补助模式的项目，在项目运营补贴期间，政府承担部分直接付费责任。政府每年直接付费数额包括：社会资本方承担的年均建设成本（折算成各年度现值）、年度运营成本和合理利润，再减去每年使用者付费的数额。

计算公式为：

$$当年运营补贴支出数额 = \frac{项目全部建设成本 \times (1+合理利润率) \times (1+年度折现率)^n}{财政运营补贴周期（年）}$$
$$+ 年度运营成本 \times (1+合理利润率) - 当年使用者付费数额$$

在这种付费原理下，政府根据绩效考核结果进行可用性绩效付费和运维绩效付费。可用性付费（Availability Payment）是指政府依据 SPV 公司所提供的项目设施或服务是否符合合同约定的标准和要求来付费。在这种付费原理下，政府方和社会资本方均负有控制投资和成本的主体责任。在这种情况下，项目的投资额越大，社会资本方获得的利润越大；运营成本越高，社会资本方获得的利润也越大。这时候，政府方对投资和成本控制的责任也就越大。因此，必须通过设置合理的激励约束机制和风险分担机制，以调动社会资本方控制投资和成本的主观能动性。下面，我们根据财政部给出的付费公式各组成元素来分析投资与成本控制的重点。

因为合理利润率、年度折现率、使用者付费数额、运营补贴周期这几个指标根据财务测算结果设置招标控制价后，可以通过投标竞争即可在签订的 PPP 项目合同中确定下来，"项目全部建设成本"和"年度运营成本"这两项便成为成本控制的重点。"项目全部建设成本"即项目固定资产投资（工程造价），等于建设项目总投资减去流动资金。

由于第 1 种付费原理下，政府方对投资与成本控制不负有主要责任，以下探讨均以第 2 种付费原理为前提条件。

三、对项目全生命周期下和投资组成全要素的控制

全生命周期（Whole Life Cycle），是指项目从规划、立项、设计、融资、建设、运营、维护至终止移交的完整周期。PPP 模式下项目全生命周期主要包括项目建议书阶段—可行性研究阶段—项目识别准备阶段—初步设计阶段—施工图设计阶段—采购与谈判阶段—项目投融资阶段—工程建设施工阶段—项目运营和维护阶段—项目终止移交阶段。其中，设计阶段也可能由 SPV 公司负责，安排在采购与谈判阶段之后。

（一）项目建议书和可行性研究阶段

现行 PPP 规范性文件已经明确，项目立项和可研批复是由项目实施机构负责完成的工作。此阶段的投资控制主体是政府方，项目建议书选址要本着节约投资的原则，需要编制一份高质量的可研报告，PPP 项目总投资估算要全面完整、客观准确。工程建设其他费用要结合 PPP 用地方案明确是否包括土地费用，要根据 PPP 项目前期准备阶段复杂的特点将各项前期费用估算充分，还要充分考虑建设期利息和流动资金投入，费用项目避免漏项。经过多方案论证比较后选定全生命周期最优投资方案。项目总投资组成见图 1。

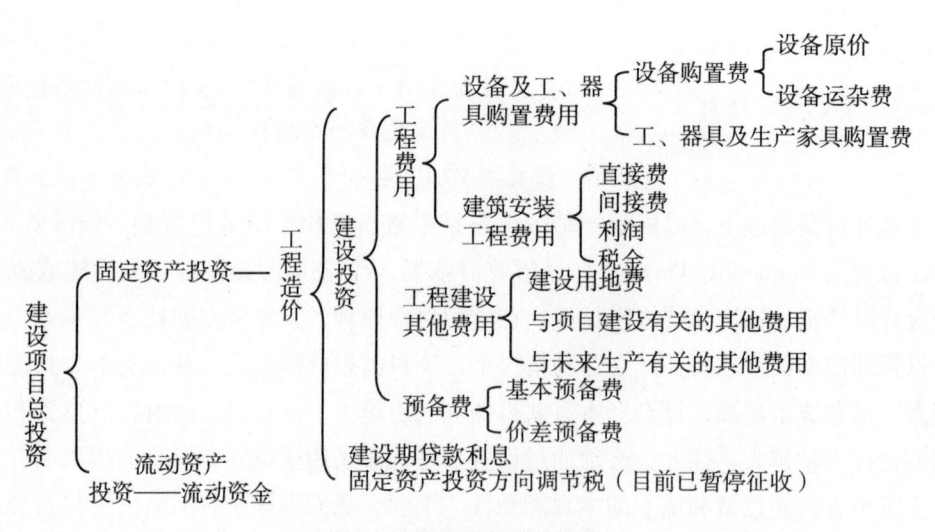

```
                                              ┌── 设备购置费 ┌── 设备原价
                                 ┌── 设备及工、器             └── 设备运杂费
                          ┌── 工  │   具购置费用 └── 工、器具及生产家具购置费
                          │  程
                          │  费              ┌── 直接费
                          │  用   建筑安装    ├── 间接费
                  ┌── 建  │     工程费用      ├── 利润
                  │   设  ┤                  └── 税金
          ┌── 固  │   投  │
          │   定  │   资  │                ┌── 建设用地费
          │   资  ┤  工   ├── 工程建设      ├── 与项目建设有关的其他费用
          │   产  │  程   │   其他费用      └── 与未来生产有关的其他费用
  建设    │   投  │  造
  项目  ──┤   资  │  价   ┌── 预备费 ┌── 基本预备费
  总投资  │       │                  └── 价差预备费
          │       │
          │       └── 建设期贷款利息
          │         固定资产投资方向调节税（目前已暂停征收）
          │
          └── 流动资产
              投资——流动资金
```

图 1 建设项目总投资构成

PPP 项目建设全过程造价管理，是指从 PPP 项目的前期项目建议书、可行性研究报告，社会资本方采购，项目开工到项目竣工验收使用，再到项目运营至合作期结束移交的全过程造价管理。

（二）项目识别和准备阶段

项目识别和准备阶段是 PPP 项目特有的阶段，在该阶段主要是对项目是否适合运用 PPP 模式进行识别论证，并编制物有所值评价报告、财政承受能力论证报告和 PPP 实施方案（简称两评一案）。在 PPP 项目由政府方发起的情况下（实际上很少有社会资本方发起的项目），PPP 实施方案和物有所值评价由项目实施机构负责或委托 PPP 咨询机构完成编制，财政承受能力论证由本级财政部门负责。两评一案编制阶段的财务测算要精准，基础数据要可靠，运营商收入预测要合理并避免过于乐观。精准的财务测算是确定招标采购阶段竞争报价招标控制价（最高限价）的基础，从而有效控制项目投资和运营成本，控制项目实施风险。PPP 实施方案是 PPP 项目的纲领性文件，实施方案中必须设计完整的造价控制机制，同时，在价格调整机制中设计建设期人工费、机械费和材料价格调整机制。然后将这些机制全部贯彻落实在后期的招标采购文件中和签订的 PPP 项目合同中。

（三）设计阶段

根据 PPP 项目的特点，设计阶段可以由政府方负责，也可以由社会资本方负责，还可以由政府方完成初步设计后将施工图设计交由社会资本方负责完成。根据财政部《政府和社会资本合作项目物有所值评价指引（试行）》中定性评价指标"1. 全生命周期整合潜力。主要通过察看项目计划整合全生命周期各环节的情况来评分。采用PPP模式，将项目的设计、建设、融资、运营、维护和移交等全生命周期环节整合起来，通过一个长期契约全部交由社会资本合作方负责，是实现物有所值的重要机理。"的标准判断，是鼓励将设计阶段交由社会资本方完成的，但对于某些政府付费的市政基础设施类项目，比如市政道路、桥梁、排水工程等，政府方更倾向于自己负责施工图设计。

如果设计工作由政府方负责，则政府方负有设计阶段投资总额的控制责任，同时可以通过设计一定的激励机制鼓励社会资本方对设计进行优化从而对总投资予以优化，并根据优化效果分享投资节约额的一定比例。如果设计工作交由社会资本方负责，则政府方和社会资本方都负有投资控制的责任。这种情况下，政府方应明确项目合作范围和建设标准，运用指标控制、坚持限额设计方法。在满足设计任务书和相关标准的前提下，在设计时要采用合理的工艺技术、材料设备和合理的结构形式，尽可能地降低工程投资。政府方也可以委托第三方机构对社会资本方的设计进行优化。

（四）采购与谈判阶段

1. 建安工程费

如果招标采购阶段政府方已经完成施工图设计，则应采用工程量清单计价方式对建筑工程费和安装工程费进行报价竞争。如果政府方完成了初步设计，而施工图设计交由社会资本方负责，可以采用工程量清单计价，要求社会资本方在投标阶段提供清单报价和施工图设计文件一并参与评审。

设计由社会资本方负责时，招标采购阶段尚没有施工图设计文件。

（1）如果采用两标并一标的PPP+EPC方式，社会资本方同时又是工程总承包方，可采用费率报价进行竞争，待施工图完成后由社会资本方编制清单报价，由政府方委托的咨询机构进行审核后作为造价控制依据，除设计变更和现场签证及主要材料价格调整外，结算时总价不予调整。招标采购阶段应详细约定清单计价依据、消耗量定额、价目表、人工费、材料费、机械费、取费标准等。建设施工期须进行分包的专业工程及需要通过招标采购定价的大宗材料的招标应明确政府方的监管权限。在投资估算精准的情况下，政府方也可以考虑选择固定总价合同。采用PPP+EPC方式可以使工程总承包企业从设计阶段甚至规划阶段提前介入项目，实现设计、采购、施工一体化整体规划、优化和项目协调管理，从而有利于缩短工程建设周期并节约项目投资。

（2）如果采用两阶段招标方式，SPV公司成立后再次招标选择施工总承包方，二次招标可以采用清单报价，但两次招标产生的报价可能会因计价方式不同等原因存在一个差额。也可以第一次招标选择社会资本方时不竞争建安工程费，并以二次招标选择施工总承包方时的清单报价为准，但政府方应全面主导二次招标以防造价形成机制流于形式。

2. 设备及工器具购置费

PPP项目涉及的设备及工器具购置费，若须SPV公司进行采购，则由SPV公司按照招标投标法及其实施条例进行采购，政府方予以监督。SPV公司在采购之前须提报政府方审批。未经政府方审批通过的，不得安装使用，不得计入工程费用。

3. 工程建设其他费

政府方在项目前期已发生的工程建设其他费，经审核后计入项目总投资。因PPP项目社会资本或SPV公司将代行建设单位职责，SPV公司成立后政府方不再发生建设单位管理费。SPV公司成立前政府方发生的建设单位管理费计入工程建设其他费，待SPV公司成立后由SPV公司置换。

SPV公司成立后如需发生工程建设其他费，则应由SPV公司报政府方审批，政府方审批通过后方可实施，相应费用经审核后计入项目总投资。未经政府方审批通过的工程建设其他费，不计入项目总投资，应由社会资本方自行承担。

4. 预备费

预备费包括基本预备费和涨价预备费，仅用于设计变更、追加工程费用、不可抗力、价格上涨等情形。涨价预备费按《国家计委关于加强对基本建设大中型项目概算中"价差预备费"管理有关问题的通知》暂不计取。SPV公司在使用预备费前报政府方审批，政府方审批通过后，方可实施，未经政府方审批通过的，不得计入项目总投资。

5. 建设期利息

建设期利息的确定应本着公平合理的原则，参照市场利率水平确定，具体可参照如下计算规则。

（1）融资贷款利率按照经政府方审核同意的融资贷款合同中贷款利率与中国人民银行公布的五年期以上贷款基准利率上浮一定比例后的低者执行。

（2）融资贷款额度按照经政府方审核同意的融资贷款合同中实际贷款额度与政府方最终投资审定额（不含建设期利息）×70%低者执行（假设项目资本金占总投资的30%）。

（3）建设期利息可以按以下两种算法低者执行：

算法一：建设期利息 = $\sum$（实际每笔融资资金到位金额×建设期内每笔融资资金实际占用日历天/360×融资贷款利率）。

a. 建设期内每笔融资资金实际占用日历天 = 每笔融资资金实际到位日期与项目竣工验收合格日之间所经历的日历天数。

b. 每笔融资资金实际到位金额、时间以经政府审批通过的融资合同、实际形象进度产值为依据，最终以割算审核值为准。

算法二：建设期利息 = 建设期融资贷款总额度×融资贷款利率×建设期年限/2，即建设期利息按建设期内均匀投入考虑。

（4）若因非政府方原因导致项目延期或停工等情形造成的建设期利息增加部分由社会资本方自行承担，不计入项目总投资，具体计算时需从总建设期利息中相应扣除。

招标采购与确认谈判的最终成果是签订PPP项目合同，PPP项目合同是PPP项目约束工程造价的最终法律文件，应通过招标采购环节充分落实PPP实施方案中设计的造价控制机制。在PPP项目中，除项目合同外，SPV公司的股东之间，SPV公司与项目的融资方、承包商、专业运营商、原料供应商、产品或服务购买方、保险公司等其他参与方之间，还会围绕PPP项目合作订立一系列合同来确立和调整彼此之间的权利义务关系，共同构成PPP项目的合同体系。PPP项目合同是整个合同体系的基础和核心，政府方与社会资本方的权利义务关系以及PPP项目的交易结构、风险分配机制等均通过PPP项目合同确定，并以此作为各方主张权利、履行义务的依据和项目全生命周期顺利实施的保障。

政府方和社会资本方之间主要以PPP项目合同作为项目投资的控制依据，SPV公司和工程承包方之间主要以工程承发包合同作为造价控制依据。尤其要注意的是，在拟定工程承发包合同、施工承发包合同、专业工程分包合同、大宗材料采购合同等子合同时要与PPP项目主合同保持一致。

（五）融资阶段

PPP项目的融资主体为SPV公司，并由社会资本方提供融资担保和补充融资责任。但SPV公司融资成本的高低直接影响到项目的偿债能力和盈利能力，从而影响项目持续稳定高质量提供公共服务的能力，政府方有权利对其融资结构、融资方式、融资成本和融资进度进行监管，从而控制项目风险。政府方可以利用其资源优势为SPV公司牵线搭桥，引入好的融资方，但不可以为PPP项目提供融资担保。

（六）建设阶段

建设阶段的成本控制应该是全过程造价控制。建设期内SPV公司便成为传统意义上的"甲方"，具有双重法律地位、处于双重身份，既是造价控制的主体，也是接受政府方监督的主体。在PPP项目合同中SPV公司是合同乙方，接受政府方的投资管理，在工程承发包合同中SPV公司是合同甲方，负有对施工方的造价控制责任并向施工方支付施工结算价款。

建设阶段SPV公司可以根据需要委托项目管理机构进行项目管理和造价控制，政府方也应当委托造价咨询机构同步进行造价控制，政府方委托的咨询机构应当由政府支付咨询费，不宜由SPV公司支付，以免发生寻租现象。工程竣工验收合格后，造价咨询机构提供的应当是决算审核服务,而非仅限于工程结算审核服务。

对于审计部门是否可以介入 PPP 项目的跟踪审计的问题。根据全国人大常委会法工委《对地方性法规中以审计结果作为政府投资建设项目竣工结算依据有关规定的研究意见》,政府方可以在招标采购文件中载明或者合同中约定以政府审计机关的审计结果作为竣工结算的依据,但是须在招投标阶段和合同确认谈判阶段与社会资本方达成一致意见。否则,不能做出强制性规定,导致合同无效。

项目的结算行为发生于 SPV 公司和施工方之间,项目的决算行为发生于政府方和 SPV 公司之间。建设项目总投资是指为本建设项目所发生的、经有关部门审核确认的全部费用。按照《建设项目总投资及其他费用项目组成规定》,固定资产投资(工程造价)包括:建安工程费、设备购置费、工程建设其他费用和建设期利息。对于含多个单项工程的 PPP 项目,可参照以下公式计算项目最终决算值。

$$项目最终决算值 = \sum 各单项工程总投资审计决算值$$

$$单项工程总投资审计决算值 = 单项工程结算值 + 工程建设其他费决算值 + 建设期利息决算值$$

$$单项工程结算值 = 建安工程费结算值 + 设备购置费结算值$$

(七)运营和维护阶段

运营期内的运营和维护成本控制是项目建设期投资控制的延伸。SPV 公司及工程承包方必须严格按照设计图纸及最高工程质量标准进行建设施工,设备采购达到最佳性价比,争取工程质量达到最优,从而降低后期运营阶段的运营和维护成本,使项目整体成本达到最优。

运营成本的控制应设计一个有效的激励约束机制,成本的节约与否应站在全社会角度考虑。SPV 公司运营成本的确定有两种方式。一种方式是传统方式,即每年由物价部门或中介机构对 SPV 公司的实际运营成本进行监审,审核结果作为定价或计算付费的依据,这种情况下 SPV 公司缺乏控制运营成本的积极性。另一种方式是,在经过详细财务测算的基础上设定运营期内每年度的运营成本控制价或者运营成本下浮率控制价,由社会资本方在投标时报出每年度运营成本或者运营成本下浮率,运营期内可以设置运营成本调价机制。这种方式有利于激发 SPV 公司控制和压缩运营成本的积极性。

四、设计激励约束机制

PPP 模式中通过激励约束机制的设计,可以使社会资本方利己的经济理性行为产生有利于政府和社会公众总体利益的结果。PPP 项目中包含的激励约束机制主要体现在。

SPV 公司需同时承担项目的建设及运营、维护等，政府方通过在 PPP 项目合同中设置明确的奖惩机制，设置可用性绩效考核指标（包括投资控制指标）和运营维护期绩效考核指标，同时将可用性付费纳入运维绩效考核，以运维服务的优劣决定政府付费或可行性缺口补助的多寡。同时，年度运维费由公开竞争机制产生，并根据绩效考核结果予以支付，建设期内项目建设质量的优劣将直接影响 SPV 公司在运营维护期的成本高低，以有效激励社会资本方从项目全生命周期成本的高度统筹考虑项目的建设及运营维护成本。

PPP 项目的合作期限一般较长，通常在 10~30 年，合作期内不可避免地会有各种不可预测的风险因素发生，为灵活应对这些不可预测的未来风险因素，有必要在项目付费机制中设置一定的调价机制和超额收益分享机制。价格调整机制用于防范和规避 PPP 项目长期合作中的成本波动风险，包括公式调整机制、谈判调价机制、基准比价机制、市场测试机制等。

政府协助 SPV 公司与有关企业签订服务购买协议，并对项目的运营设置超额收益分享机制，有利于维持 SPV 公司运营期前期市场培育阶段收支的稳定性，又能保证项目后期若产生超额收益具有合理的分享机制，有利于发挥社会资本方的专业运营能力、降低政府投入、发挥市场机制的资源配置作用。在运营期内，若使用者需求激增或收费价格上涨，将可能导致 SPV 公司因此获得超出合理预期的超额利润。可以针对运营收入（使用者付费）部分设定超额收益分享机制，即若在运营期内项目公司取得的运营收入超出其中标价（或调整价）的一定比例，则对于超出部分政府和项目公司按照约定的比例进行分享，政府方分享的部分可以抵顶政府应当支付的可行性缺口补助，若政府方分享所得超出可行性缺口补助额，则超出部分由 SPV 公司汇款至政府方指定账户作为政府方收入。但基本的原则是无论如何限制，付费机制必须能保证 SPV 公司获得合理的收益，并且能够鼓励其提高整个项目的效率。具体可参照表 2 分段设置。

表 2　　　　　　　　　　超额收益分配比例表　　　　　　　　　单位：%

运营收入超出中标价（或调整价）的比例	抵顶可行性缺口补助部分	项目公司分配部分
20（含）以下	0	100
20~30（含）	20	80
30~40（含）	30	70
40~50（含）	40	60
50 以上	50	50

五、合理分配风险

风险分担机制是 PPP 项目中的一个重要机制。在 PPP 项目合同中，通过合理的风险分配及采取恰当的风险应对措施，从而达到控制项目投资和全生命周期成本、控制项目建设周期、提供持续优质的公共产品和公共服务、减轻政府财政支出责任、保障长期稳定伙伴关系等目标。在政府方和社会资本方谈判过程中应划清风险承担边界，保障 PPP 项目利益相关方的权益。

PPP 项目的风险分配机制应当以公平原则为基础，以风险最优分配原则为核心，同时考虑风险有上限原则、风险与收益对等原则等。通过将项目的全部风险予以识别并在政府方和社会资本方之间进行合理分配，实现项目全生命周期成本最小化和项目价值最大化。PPP 项目风险分配必须建立在政府和社会资本方之间平等协商、可谈判的基础上，而非一味追求政府方风险转移的最大化，甚至将所有风险不加甄别的全部转移给社会资本方。

比如，项目审批风险主要由政府方留存更为合理。因为审批权掌握在政府及其部门手中，如果因政府决策效率低下，造成审批程序过于复杂或者审批延误，最终导致项目的建设成本增加或者不能如期提供公共服务，由此造成的损失应由政府方承担。如果审批延误是由于社会资本方自身原因造成的，则应由其自行承担相应责任。

再比如，将项目环境保护风险大部分转移给社会资本方更为合理，项目建设及运营中涉及的环保问题主要是建设期施工或运营过程中对大气、水资源、生态环境等方面的不良影响。因为 PPP 项目的建设和运营由社会资本方负责，所以因建设和运营不当导致的环保风险应转移给社会资本方承担。但政府方应承担项目前期选址、环评等不符合环保要求的责任，因政府方不当干涉或其他政府方原因导致的环保问题应继续由政府方承担责任。通过具体风险分配的过程可见，PPP 项目风险分配追求的是风险分担的最优化，而非简单的风险转移的最大化，其目标是实现成本最优控制。工作实务中需要根据每个项目的实际情况、根据每一项风险的属性和特点进行具体分析，再通过协商谈判，达成一个风险分配和转移的最佳平衡点。

在上述两个举例中，如果将项目审批风险全部转移给社会资本方，社会资本方将会为此付出比政府方更多的协调管理成本，而增加的成本无疑将会推高项目的总投资。如果将项目的环境保护风险全部由政府方留存，既不符合实施 PPP 模式的本意，又不能让专业的人做专业的事，不利于降低环保控制成本。通过将不同的风险分配给管理和控制该类风险具有相对优势的一方，使项目的总体风险状况得以明显改善，项目整体成本得以降低。

在某 PPP 项目案例的风险分配中（见表 3），将社会资本方更擅长管理的融资、建造、运营和维护的相关风险转移给社会资本方承担,政府部门留存了政策、法律和税收变更风险,并约定不可抗力风险由双方合理分担。通过将融资、建造、运营和维护风险转移给社会资本方,有力解决了传统模式下经常出现的工期延长、成本超支问题。因为在PPP模式下,只有达到可用性标准并进入运营期后才能获得运营收入和政府支付的运营补贴,这就使社会资本方有更多动力去按时甚至提前完工;另外,将成本控制风险部分转移给社会资本方后,社会资本方为了实现项目的预期收益目标会积极采取各种措施管理和控制成本风险,并努力挖掘项目的盈利点增加运营收入,从而减轻财政支出负担,见表3。

表3　　　　　　　　　　　项目风险识别和分配明细

风险种类	政府方负责	社会资本方负责	双方共担	风险应对措施和建议
政治不稳定	√			
公众抵制或反对			√	该类风险事件出现时,社会资本方负责解释,政府负责协调。如因施工或运营不当引起,则社会资本方应尽快纠正;如因政府对项目规划、设计、环评不当原因导致,政府作出决策前应站在公众的角度考虑,尽量做到不危害公众利益,社会资本方可申请政府补偿损失;如因不可抗力原因,双方共同承担损失
资产征用	√			可约定此类情况下的合同提前终止补偿机制,如果必须强制征用,政府应给予项目公司补偿
政府失信	√			可要求政府方在合同中进行相应的声明和承诺,并明确违约责任。一旦发生,可聘请独立第三方评估、提起诉讼等
政府审批延误			√	合同中尽量列明审批事项和双方应尽的职责,政府方提高协调能力和办事效率。若发生,相应延长特许期或政府方给予补偿
法律变更	√			由于PPP项目的合作期限较长,合作期内难免会发生法律变更,法律变更主动权在政府方,社会资本方更处于被动地位,故此类风险应由政府方承担。因法律变更导致项目公司增加的费用超过一定的额度应由政府给予补贴
税收政策变化	√			由于PPP项目的合作期限较长,合作期内难免会发生税收政策变更,税收政策变更主动权在政府方,社会资本方更处于被动地位,故此类风险应由政府方承担。合同可约定根据税负变化相应增加或减少政府补贴

续表

风险种类	政府方负责	社会资本方负责	双方共担	风险应对措施和建议
行业标准变化			√	由于行业标准提高导致建设或运营要求提高而增加投资或运营费用的，社会资本方可申请补偿
环保风险			√	环保问题产生的损失和费用，由过错方承担。政府承担项目前期选址、环评等不符合环保要求的责任；社会资本承担建设、运营原因导致的环保责任
融资可行性		√		政府可对社会资本方的融资方案和进度作详细要求
项目对投资者（金融机构）吸引力		√		政府将运营补贴付费纳入当地财政支出中长期规划，为项目融资增信
高融资成本		√		建议政府协助进行融资机构的选择，对接金融机构提前介入项目，为项目公司争取相关优惠贷款
金融市场低效率风险		√		
通货膨胀率变动			√	可约定一定范围内由社会资本方承担，超出约定范围后可申请政府补偿
利率变动			√	
市场需求不足		√		社会资本方可根据项目现状合理规划制定项目的运营方案，挖掘商业盈利点，科学合理组织项目运营工作。结合项目实际现状条件和发展前景，合理预测市场需求
同质项目竞争	√			项目合作期内，一定区域内政府不再审批同类项目，需要政府明确新建同类项目的条件
劳动力/材料设备价格上涨			√	可约定一个社会资本方承担劳动力/原材料价格变化的范围，超出后可申请调价补偿
第三方风险		√		要求项目公司规范签订其对外承发包、采购合同。获取第三方准确信息，招标选择最合适的伙伴，并通过合同管理由第三方承担相应责任
土地使用				在 PPP 合同中明确土地交付的期限，甚至可作为合同生效的前提条件。本项目基本不涉及新增用地，不涉及土地风险
采购竞争不充分	√			规范操作，制定合理的资格条件。确保项目前期配套条件的到位和项目信息的充分披露
设计质量			√	项目的施工图设计由政府方负责，社会资本方可对施工图进行设计优化。政府应重视对施工图设计质量及设计优化的论证评审。政府加强对所采用技术标准和技术路线的论证评审。选择有实力的设计单位，加强设计方案审查

续表

风险种类	政府方负责	社会资本方负责	双方共担	风险应对措施和建议
建设过程控制		√		项目建设施工的主要内容由中选社会资本方自行承担，设置建设期履约保函、定期进行进度检查与控制
后期设计变更			√	若因政府方提出的设计变更导致成本增加或工期延误，此项风险应由政府方承担，反之由社会资本方承担
劳资/设备获取		√		风险属于BOT模式社会资本方的权责范围
工程合同变更		√		项目的建设是社会资本方的权责范围，故此项风险应由社会资本方全部承担
工期超期		√		项目的建设由社会资本方负责，此风险应由社会资本方承担
建设成本超支			√	此项风险由社会资本方与政府方根据各自责任分别承担。本项目工程费用部分采用清单报价，固定单价合同，可约定调价机制。社会资本方应加强成本管理
工程质量		√		工程建设部分由中选社会资本方负责，因工程质量不达标而造成的返工、维修以及赔偿等风险因素由中选社会资本方承担
施工安全		√		经过公平谈判后的PPP项目合同已包含此项风险，原则上应由社会资本方承担。严格执行安全管理制度，充分的监督监管
地质条件		√		社会资本方在前期对地质条件进行详细勘察
气候环境		√		社会资本方在前期对气候环境进行详细调查了解
政府付费			√	本项目为可行性缺口补助，明确支付期限和程序，并可约定支付延误的违约责任
社会资本方能力不足			√	加强审查和监管，可约定社会资本方的退出机制
社会资本方变动		√		可约定股权锁定期和变更条件，并且必须经政府部门审批同意才能转让股权
运营成本过高		√		项目公司加强企业成本控制，提高技术水平、管理水平和工作效率
维修、更新成本过高		√		项目公司加强企业成本控制，提高技术水平、管理水平和工作效率

续表

风险种类	政府方负责	社会资本方负责	双方共担	风险应对措施和建议
运营效率低下		√		项目公司加强企业成本控制，提高技术水平、管理水平和工作效率
运营收入不足		√		提高运营能力，挖掘市场盈利点，做好市场开发
收费变更风险		√		提高运营能力，挖掘市场盈利点，做好市场开发
移交风险		√		可约定对项目的日常运维和管理要求及移交前的大中修标准、完好率指标等移交标准
合同文本不完善			√	可约定争议协商机制及合同再谈判机制
不可抗力－自然灾害			√	明确定义不可抗力因素。投保工程一切险、财产险、第三者责任险、工伤保险等；PPP合同明确不可抗力的范围及各方分担的责任；风险发生时及时采取措施减轻风险
不可抗力－社会异常事件			√	明确定义不可抗力因素。投保工程一切险、财产险、第三者责任险、工伤保险等；PPP合同明确不可抗力的范围及各方分担的责任；风险发生时及时采取措施减轻风险

六、规范运作、充分竞争是前提

进一步规范PPP项目运作，防止PPP异化为新的举债融资方式，防止支出责任固化、支出上限虚化、运营内容淡化，切实防止政府兜底是充分发挥政府和社会资本合作模式内在先进机制的前提条件。通过信息公开引入社会公众监督是倒逼PPP行业规范发展的有力措施，也是保障社会资本方公开、公平、公正的参与PPP项目竞争的重要手段。

公共选择则理论认为公私合作是公共服务市场化的一个重要形式。通过公开竞争性方式将可用性绩效付费和运维绩效付费确定在一个合理区间内，并鼓励社会资本方通过采用新技术、改善管理、提升效率等以增加项目收益，有利于降低PPP项目的全生命周期成本和政府支出责任。招标采购是运用市场竞争手段形成价格的一个重要的机制，也是实现公共资源配置的重要渠道，应根据项目实际采购需求制定合理匹配的资格条件，制定公平公正的评标办法和评审标准，最大程度实现充分的竞争，通过充分竞争促进社会资本方或施工方（运营方）合理降价，实现项目价值最大化。

总之，PPP模式与传统投资模式下的投资与成本控制理论和实务既具有共性又具有明显的差异，需要PPP项目有关参与主体具体分析PPP项目的投资属性，明确责任主体和各自的控制边界条件，从不同角度加强PPP项目投资与成本控制，防止出现投资管理漏洞，造成国有资产流失或者增加公众负担。

参考文献

1. 林华：《PPP 模式的优点和缺点》，载于《PPP 与资产证券化》，北京：中信出版社 2017 年版。

2. 《政府和社会资本合作项目物有所值评价指引（试行）》。

3. 《政府和社会资本合作项目财政承受能力论证指引》。

4. 《关于规范政府和社会资本合作合同管理工作的通知》及附件：《PPP 项目合同指南（试行）》。

PPP 项目社会资本资格界定的思考

焦洪宝 王 洁[*]

> **摘 要**：文章梳理了现有 PPP 相关法律法规政策对社会资本参与 PPP 项目的界定以及实践中的不同理解与争议，分析该问题所处的宏观政策背景，提出政策完善建议区分 PPP 项目与一般政府特许经营项目，在项目识别阶段即确定是否允许本地控股国有企业参加及参加情况下对项目公司持股比例的限制。对于允许本地国有企业参与的项目，在评审时应给予本地国有企业与其他社会资本平等竞争的机会。
>
> **关键词**：PPP 社会资本 国有企业 政府融资平台公司

一、关于社会资本资格的争议

目前，有关 PPP 项目社会资本资格问题做出直接规定的法规政策规定主要有四项，分别是财政部《政府和社会资本合作模式操作指南（试行）》《PPP 项目合同指南（试行）》《关于开展政府和社会资本合作的指导意见》和国务院办公厅转发的由财政部、发展改革委、人民银行起草的《关于在公共服务领域推广政府和社会资本合作模式的指导意见》。由于国务院转发的文件在后，且作为规范性文件的层级效力较高，故在目前很多 PPP 项目招标的资格预审文件中，对申请人的资格条件规定大多会共同引用该些规范性文件的规定。例如，在 PPP 采购招标资格预审文件中会对申请人提出要求"本级人民政府下属的政府融资平台公司及其控股的其他国有企业（上市公司除外）不得作为社会资本方参与本级政府辖区内的 PPP 项目。已经建立现代企业制度、实现市场化运营的融资平台公司，在其承担的地方政府债务已纳入政府财政预算、得到妥善处置并明确公告今后不再承担地方政府举债融资职能的前提下，可作为社会资本参与当地政府和社会资本合作项目"。

对此问题，尽管有上述规范性文件做规定，实践中对参与 PPP 项目的社会资本有何

---

[*] 焦洪宝：天津外国语大学涉外法学院副院长，副教授；王洁：工作单位是中国财经出版传媒集团。

资格条件的要求，仍存在广泛的争议。而对社会资本的定义如果不明确，会在很大程度上影响PPP模式的推广运用。当前对社会资本参与PPP的资格界定问题上的主要争议在于，如何理解和适用本级人民政府控股的国有企业不得作为社会资本方参与本级政府辖区内PPP项目。对上述资格预审文件中的表述，实践中有不同的理解。

第一种观点认为，本级人民政府控股的国有企业不应被排除在适格的社会资本之外，因对此问题并无明确的规定。持这种观点者认为，"本级人民政府下属的政府融资平台公司及其控股的其他国有企业"这一表述本身并不清楚，其中的"其"字可以理解为"政府融资平台公司"，按照这种理解，该整句话所限制的是本级人民政府下属的政府融资平台公司及融资平台公司控股的企业，与未被列入地方政府融资平台公司名单的当地其他控股的国有企业无涉。

第二种观点认为，本级人民政府控股的国有企业不应当参加PPP项目的采购。"本级人民政府下属的政府融资平台公司及其控股的其他国有企业"的文意很明确，"其"指代的是"本级人民政府"，"控股的其他国有企业"与"下属的政府融资平台公司"是并列的，如果把"其"理解为"融资平台公司"，则从文意表述来看，完全没有必要再写一个"其他国有"，而可以直接表述为"本级人民政府下属的政府融资平台公司及其控股的企业"。故，本级政府控股的国有企业已被财政部规范性文件排除在社会资本范围之外。

第三种观点认为，本级人民政府控股国有企业不应被排除在社会资本之外。从《国务院关于加强地方政府融资平台公司管理有关问题的通知》来看，地方政府融资平台公司是指由地方政府及其部门和机构等通过财政拨款或注入土地、股权等资产设立，承担政府投资项目融资功能，并拥有独立法人资格的经济实体，显然地方融资平台公司基本都是地方政府控股或全资的国有企业。而《关于在公共服务领域推广政府和社会资本合作模式的指导意见》已经放宽了对地方政府融资平台参与PPP项目的要求，按照"举重以明轻"的原则来理解，既然政府融资平台在符合条件的情况下都被允许参加PPP项目，其他的不是融资平台的国有企业，特别是已经市场化运作的地方国有企业，更不应该被排除在社会资本范围之外。

二、社会资本界定的宏观背景分析

对社会资本的界定是PPP项目采购中的首要问题。回答这个问题，需要对社会资本界定这一问题所处的宏观背景加以分析。

（一）PPP政策是以对私人资本提供鼓励为主要导向

从国际性机构、区域性组织对PPP给出的概念来分析，"合作"是PPP的精髓，合作的目的是为了充分发挥公共部门和私营部门各自的优势。多数出现在基础设施领域的PPP项目，建立在公共部门和私营部门长期合约的基础上而进行的，整个项目得以成功运作，离不开一系列的项目设计、建设、运营和（或）资产维持以及私营部门提供融资等构成要素。

与PPP这一公私合作的项目发展模式相类似的一类项目，是在基础设施建设领域引入私人融资的项目。因PPP项目主要出现的基础设施领域，因此可以认为基础设施领域的PPP即公私合作基础设施项目与私人融资基础设施项目基本上是一回事，强调引入私人或私营企业参与传统由政府单方投资的基础设施项目。意在对各国开展有关私人融资基础设施项目立法提供指导的联合国国际贸易法委员会《私人融资基础设施项目法律指南》提出，其"旨在帮助建立一个有利于公共基础设施中私人投资的法律框架。"这充分表明有关PPP立法和政策要求应该鼓励私人资本更多地参与作为重要的立法宗旨。

当然，联合国的这份指南文件也兼顾两方面的利益，即一个方面是方便和鼓励私人参与投资基础设施项目，另一个方面是顾及政府一方的各种公共利益事项。对此，笔者的理解是，有关私人融资基础设施的项目立法和相关政策要求，应主要致力为引入私人投资提供便利和法律保障，同时也要注重通过适当的法律程序选择适格的私人合作方并对其建设运营的后续行为加以法律规制，避免与该项目相关的公共利益受损，例如，对协议终止及当局接管等问题作出规定。在对参加投标的私人投资应具备的条件，指南提出应当"具备执行项目所有阶段，即工程技术、施工、运营和维护所必需的充分的专业和技术资格、人力资源、设备及其他有形设施""具备管理项目财务方面的足够能力和维持项目的工程技术、施工和运营等各阶段财政需要的能力"，并且还要具备"适宜的管理能力和组织能力、可靠性和经验，包括以往运营公共基础设施的经验。"从指南的这一意见来看，其对投标人既要求相应的财政资金实力，也要求技术和运营管理方面的条件、能力和经验，但并未进一步对如何从所有制的角度界定"私人"的概念给出意见。这也是从兼顾政府一方公共利益角度提出的投标人条件要求。毕竟，如果是传统的从事基础设施建设的政府方，这些履约能力本身都是基本具备的。对私人投资从这些角度进行遴选，可以保障中标人同样能够胜任基础设施建设、运营、管理。

因此，结合联合国指南文件对立法宗旨和对投标人应具备的能力要求来分析，从世界范围内来看，PPP模式主要是为吸引私人投资者参与，要求在PPP项目中与政府一方合作的另一方是社会资本，是PPP模式发展推行的应有之义。

（二）PPP模式在我国具有推动政府投资体制改革的重要意义

相对于其他国家，我国的国有企业在国民经济中占据着相对更为重要的主导地位，而传统上的政府投资甚至不仅限于公共基础设施等公共产品、公共服务项目，还有很多市场经济体制下充分竞争领域的行业，仍有很多国有企业在活跃地开展经营。这一现状折射到PPP领域，可以发现当前我国大力推广政府和社会资本合作，还具有创新传统政府投资机制的重要意义。

国务院办公厅《关于在公共服务领域推广政府和社会资本合作模式的指导意见》在分析PPP模式的重大意义时指出，PPP是公共服务供给机制的重大创新，十分有利于加快转变政府职能、打破行业准入限制、完善财政投入和管理方式。目前，财政部所推行的PPP示范项目库，从项目识别阶段开始就进行了充分论证，对项目后期的准备、采购、执行、移交等各阶段工作进行了充分的计划。在PPP模式下由社会资本参与提供公共服务，政府会依据项目的绩效评价结果向社会资本支付相应对价并保障社会资本能够获得合理收益。由于经过财政部门的论证，将需使用财政资金支付的交易对价事先纳入预算管理、财政中期规划和政府财务报告，使社会资本的预期收益可实现性有了政府信用作为保障。在PPP模式下，先由发起人进行项目可行性的整体论证，经财政部门认可纳入储备库后，再通过竞争性采购方式选择有履约能力、报价低、承诺绩效评价好的社会资本，这在供应商选择上体现了市场机制的优势，与传统的由政府向所属企业交办的供应商选择模式相比较，无疑是一种更能优化市场资源配置的方式，有利于提升公共服务的供给质量和效率，从而实现公共利益的最大化。因此，从创新政府投资方式的角度来看，即便是仍然允许本级人民政府所属的原有的主要承担该项服务职能的国有企业参与该PPP项目的政府采购招标，适用PPP模式本身也已经为提高公共产品、公共服务供应市场的活力做出了贡献。

（三）本级地方政府控股国有企业参与PPP是市场行为

对于很多积极参加PPP项目招标的本级地方政府所控股国有企业而言，他们既然来投标，就绝不希望被排除在适格投标人范围以外，甚至还认为将他们排除在外构成了一种市场竞争的不公平。他们认为自己参加PPP是市场行为，理应获得公平的市场竞争待遇。

很多PPP项目招标评审的分值主要在于投标人的融资能力，特别在采取合作方招标和设立项目公司后再进行施工招标的两步招标中，成为PPP合作方几乎没有太高的门槛。按照现有社会资本界定政策，除针对本级人民政府所属地方融资平台公司和其他控股国有企业之外，对于中央国有企业、外地国有企业及外资企业、民营企业、上市公司等均完全开放。这样一个背景下，有很多本级政府国资委下属的国有企业，虽本身是国有独资或国有控股，但其主营业务可能仍是具有充分市场竞争性的建筑服务、房地产开发、投资经营等业务，有能力也有意愿参与到PPP项目中，毕竟经过论证的PPP项目或者有政府财政预算资金作保障，或者项目本身能带来稳定的预期收益。而从社会资本方所需投入资金来源的角度，PPP 项目并不反对使用银行贷款资金，这样一来，即便是本级政府所控股国有企业中标，这些国有企业也完全可以通过多种融资渠道获得资金用于 PPP 项目建设，不会过多占用其自身作为国有企业的来源于本地政府的国有资金从而妨碍其本身完成所肩负的在本级政府领导下为本地提供公共产品的职能发挥，况且还有更多的国有企业自身并不承担任何传统的公共产品服务提供者职能。

三、本级政府控股国有企业参与 PPP 项目的待遇

给予本级政府控股国有企业参与本级政府发起的 PPP 项目何种待遇，应由法律做出规范。尽管有多项规范性文件，基于上述宏观背景的分析，对此问题仍有较大的争议。实务中有不少学者为城投公司和地方国企参与 PPP 正名。甚至有学者认为，国有企业及本地国有企业参与 PPP 不但十分必要，而且应让他们在公共服务、基础设施类 PPP 项目中占有主导地位，同时，PPP 这一模式的推进也会助力我国国有企业改革，从而认为国有企业应该紧抓参与 PPP 的良好机遇。然而对这一问题，笔者认为应当结合我们推进 PPP 模式政策的发展历史及现有相关法律政策环境进行科学的分析。

（一）禁止地方融资平台和地方政府控股国有企业的合理性

从限制地方融资平台和地方控股国有企业成为社会资本方的出发点来看，主要是防范地方政府性债务风险在 PPP 形式下进一步累积。地方融资平台本来就在以企业的形式承担政府融资功能，其债务被列入地方性政府债务。PPP 项目建设运营需要大量的资金，如果地方政府在 PPP 项目本身并没有太大对私人资本的吸引力的情况下，试图通过 PPP 这一上级财政部门积极推进的投资模式继续举借债务加大投资，则由地方融资平台或其他地方政府控股的国有企业出面作为社会资本方承接 PPP 项目，由于这些地方融资平台公司和地方政府控股国有企业与地方政府之间在债务风险承担上的一体性，如果 PPP 项目建设运营所需资金对外融资形成的债务，将必然进一步累加成为地方政府的债务。如果地方融资平台将原有债务已经剥离且本身已经建立现代企业制度、实现市场化运营，则这一因参与 PPP 项目而直接累加地方债务的风险将会大大降低，故在《关于在公共服务领域推广政府和社会资本合作模式的指导意见》之下又被允许作为社会资本方。

但这也正是该文件带来的困扰：何谓建立现代企业制度、实现市场化运营？虽然说地方融资平台基本上是国有控股，但即便早期被列入地方融资平台名单的企业已经剥离了地方政府债务，如果该地方融资平台公司仍然是国有控股企业，是否仍应按照"控股的其他国有企业"对待而不能具有社会资本的资格？上市公司肯定是现代企业制度下的市场化运营企业，但非上市的股份公司呢？控股国有企业是指 51% 以上持股的控股还

是虽不足51%但能发挥实际控制人作用也算控股（即相对控股）？

笔者认为，既然PPP模式的本义是更多鼓励私人资本进入传统的国家资本经营的行业，在目前阶段仍有必要严格执行财金〔2014〕156号文件的要求，对于上市公司之外的地方政府所绝对控股的国有企业，无论该企业仍是全民所有制工业企业，还是已经改制为国有独资公司、有限责任公司或股份有限公司，均应限制或禁止其参与本级人民政府发起的PPP项目。如果当地国有控股企业成为参与本级政府PPP项目的社会资本方，PPP项目公司将仍是国有控股企业，从而使项目公司沦为当地政府变相举债的平台。

（二）限制或禁止地方政府控股国有企业作为社会资本方的具体措施

在实践中，部分PPP项目由地方全资国有企业中标，已经引起了舆论的质疑。例如，2017年8月，福建省南平市总金额高达215亿元的林业PPP项目就由当地政府的全资国有公司中标，该项目的实施机构和招标人为南平市林业局，预中标单位为南平绿发集团有限公司组成的联合体，而该联合体的牵头人南平绿发集团有限公司是南平市政府国资委的国有全资公司，其他联合体成员也均为南平市下属区县政府的国有全资公司。笔者在中国政府采购网站的公告信息栏目中检索发现，有哈尔滨市地下综合管廊建设二期工程PPP项目等个别项目的资格预审公告中出现了当地政府控股国有企业的名字。但是，也有个别项目在招标文件中明确对其他控股国有企业作为社会资本申请参与PPP项目进行了限制。例如，清远市佛冈县生活污水基础设施整县推进PPP项目的资格预审文件就规定"佛冈县所属融资平台公司及其他控股国有企业不得单独或在联合体中以控股形式参与申请本次PPP项目"。

笔者认为，对本级政府控股的国有企业不得单独作为PPP项目社会资本方的禁止性要求符合当前财政部门规范性文件要求的本意，也符合PPP模式发展的本意。对于本级政府控股的国有企业作为联合体一方参与PPP项目竞标的问题，笔者同意前述清远市佛冈县项目的做法，可仅对本地国有企业不得控股项目公司作出限制性要求，这样可以保证在PPP项目中仍由私人资本方占有控股地位，仍符合PPP模式引入社会资本的本意。但考虑到有些PPP项目方案中本来就有当地国有企业代表当地政府进行少部分的出资，在这种情况下对前来投标的本地政府控股国有企业，可要求最终其在项目公司中的持股比例不能超过49%。如果有多个本地政府控股国有企业共同在一个联合体内竞标，仍应要求其合计持股比例不超过49%。当然，对于本地政府控股国有企业的界定与识别，应在资格预审时由申请人提供其股东及最后出资人的相关资料来加以甄别。之所以将控股仅界定为51%以上持股的绝对控股的概念，主要是基于便于甄别的考虑，同时对于政府控股51%的情况，也有相比较而言更不具有现代企业制度和市场化运营特征要求的考虑。

四、社会资本资格界定的政策建议

目前，除既有的规范性文件以外，国务院法制办 2017 年 7 月公布的《基础设施和公共服务领域政府和社会资本合作条例（征求意见稿）》第二条第二款规定"本条例所称社会资本方，是指依法设立，具有投资、建设、运营能力的企业。"同时，该条例征求意见稿在第十三条第二款规定"政府实施机构应当根据合作项目的特点和建设运营需要，按照保证各种所有制形式的社会资本方平等参与、有利于合作项目长期稳定运营和质量效率提升的原则，合理设置社会资本方的资质、条件以及招标、竞争性谈判等的评审标准。"从这一征求意见稿所持观点来看，似乎在致力于倡导忽略社会资本方在所有制方面的差异，依此推论，本级政府控股企业至少应具有平等参与本级政府 PPP 项目的待遇。

有关禁止本级政府所属国有企业作为社会资本方参与 PPP 的规范性政策文件仍然有效的情况下，《基础设施和公共服务领域政府和社会资本合作条例（征求意见稿）》的上述规定在一定程度上表明了主管部门对这一问题有所犹豫。特别是在 2016 年 6 月财政部等 20 部委联合下发《关于组织开展第三批政府和社会资本合作示范项目申报筛选工作的通知》中，其所公布的 PPP 项目评审标准，对 PPP 相关参与主体是否适格问题的负面清单中，对于社会资本方仅提出"未按《关于在公共服务领域推广政府和社会资本合作模式的指导意见》要求剥离政府性债务、并承诺不再承担融资平台职能的本地融资平台公司作为社会资本方的"不再列为备选项目，并未进一步强调本级政府所属国有企业作为社会资本方问题，倒是明确对国有企业或融资平台公司作为政府方即实施机构一方签署 PPP 项目合同持反对态度，认为不能列为备选项目。

显然，对社会资本资格的界定，法规政策给出的界定标准越清晰，越有利于得到落实和执行。对社会资本界定的政策选择上，笔者认为可从以下几个方面加以把握。

（一）区分 PPP 项目和一般特许经营项目对社会资本做不同要求

虽然，基础设施和公用事业建设运营领域的特许经营是 PPP 项目采购招标的主要交易内容，但对财政部门对 PPP 项目的管理需要更多考虑 PPP 项目资金来源和财政负担问题，因此，财政部门需要继续严格界定社会资本，限制当地国有资本的参与。但特许经营本身是基于项目运营的考虑，发展改革部门从社会整体事业发展的角度更多关注特许经营项目成功运作提供更好的公共产品和公共服务，因此不强调对被许可方的资质设置所有制方面的门槛而更欢迎充分的市场公平竞争。PPP 项目的大力推进，并不意味着非 PPP 形式的一般特许经营项目就不能进行了。财政部门等主管部门除了严格把关 PPP

项目外，仍需继续对不采取 PPP 模式的基础设施和公用事业建设运营项目提供支持。这样，在项目论证识别阶段就加以区分：需要防范加重地方政府债务负担，限制或禁止本地控股国有企业进入的项目，纳入 PPP 项目进行管理；预期不会对地方政府债务构成影响，允许本地控股国有企业共同参与的项目，按照一般特许经营权项目进行管理，对其中需要财政投入的项目，仍不排斥采用 BT 等财政全部投资的形式。对于一般特许经营权项目，确定被许可方时，还可基于本地化服务优势对本地企业优先予以考虑。

（二）对市场化运作的本地国有控股企业参与 PPP 项目设置特殊审查措施

对于建立了现代企业制度、市场化运营的地方融资平台和其他控股国有企业积极参加当地 PPP 项目的诉求，应该给予足够的重视和回应。考虑到采取 PPP 模式推进的建设运营项目内容多样，对于在项目识别阶段难以事先清晰区分并设定是否允许本地控股企业参与的 PPP 项目，在项目准备和采购阶段，如具备地方债务风险可控的前提，可以放宽允许具备现代企业制度、实现市场化运作的本地国有控股企业参与公平竞争。这就需要在 PPP 项目社会资本资格预审时给出明确的审查标准要求，如果仅是模糊地要求申请人根据自己的理解提供证明其已实现市场化运作的材料，则难以适用同样的评审标准。

因此，除要求所有申请人提供说明其是否为本地国有控股企业的证明材料外，针对本地国有控股企业，可要求其进一步提供地方政府国有资产管理机构对其参与该 PPP 项目的支持函、本级政府财政部门的无异议函，该支持函应简要说明该申请资格预审企业主营业务情况、开展独立的市场化运营情况及支持其参与该 PPP 项目情况；该无异议函应排查该企业近年来未获得财政补贴、无与财政部门未了结的债务，对其参与该 PPP 项目无异议的情况。

（三）采购评审阶段对不同类型的社会资本予以平等待遇

统计数据显示，2015 年以来，民营企业中标 PPP 项目总投资规模占已落地 PPP 项目总投资规模的比例在不断下滑，并分析认为重要原因在于与中央国企和地方国有企业相比，民营企业整体资信能力偏弱。抛开本地控股企业作为社会资本的问题不谈，仅就央企和外地国企与民营企业共同参与 PPP 项目竞争的情况下，是否有必要从鼓励民营资本进入的角度给民营企业设置更为优惠的待遇？笔者认为，竞争面前市场经营者都应是平等的，如果国有企业已经通过了资格预审，在采购评审阶段再允许给予不同所有制投标人以差别的待遇，会造成更多的执行中的问题。当然，既有的政府采购政策中对小微企业的支持政策、优先采购国内供应商的政策应继续执行。

另外，对目前出现的一些商业银行中标 PPP 项目、事业单位能否参与 PPP 项目的问题，宜应尽量采取一视同仁的采购评审标准，而不因该社会资本的所有制形式、组织形式、行业类别等予以分类对待。如果PPP项目采购评审标准设置科学合理，紧紧围绕PPP项目的需求并严格执行了相关法规政策要求，履行了科学严谨的采购程序，则相信最终会选择出具有足够的履约能力和服务优势的社会资本。

参考文献

1. 吴亚平：《明确PPP项目的社会资本方范围和准入政策》，载于《中国投资》，2016年第5期。

2. 王洁：《PPP的全球发展与经验启示》，载于《中国政府采购》，2014年第8期。

3. 章贵栋、肖光睿：《民营企业参与PPP项目"双降"原因探析及政策建议》，http://www.sohu.com/a/191791853_371746，2018年1月6日。

关于适用政府采购政策若干问题的探讨

王 伟[*]

> **摘 要：** 首先，从将政府采购政策列入招标或采购公告的必要性、重要性与合法性、可行性等方面，提出并论证将政府采购政策信息载入招标或采购公告这一新主张；其次，通过对两种对立的观点的判断与比较，得出了供应商不需提供《小微企业声明函》之证明材料的结论；再次，以《政府采购促进中小企业发展暂行办法》等常用而且在理解和适用上容易产生分歧的六项政府采购政策性文件为研究对象，进行类型化分析，将政府采购政策分为只认产品型、只认企业型与既认企业又认产品型三大类，并探讨了相关政府采购政策的内容及其适用对象与条件；最后，重点从针对性、完整性、条理性与可操作性四个方面，对政府采购政策的表达方式进行了较为深入的讨论。
>
> **关键词：** 政府采购政策 适用 对象与条件 立法建议

全面执行政府采购政策，实行政府采购政策的功能和目标，是我国政府采购工作的重要任务与功能。然而，我国政府采购政策无论是在制度建设方面还是在执行和落实方面均不尽如人意。一方面，我国政府采购政策不够全面、细致；另一方面，在政府采购实务层面许多既有的采购政策远没有落地生花。本文仅就我国政府采购政策适用方面的一些问题进行探讨，以期对我国政府采购政策的执行与落实有所帮助，并提供一些制度建设方面的意见。

一、政府采购政策信息是否需要在招标或采购公告中发布

《政府采购法实施条例》第十五条规定："采购人、采购代理机构应当根据政府采购政策、采购预算、采购需求编制采购文件。"现行的《政府采购货物和服务招标投标管理办法》第二十条规定将十六项内容列为招标文件的主要内容，其中第四项内容即为"为落实政府采购政策，采购标的需满足的要求，以及投标人须提供的证明材料"。《政

---

[*] 王伟：湖北天成建设工程项目管理有限公司常务副总经理。

府采购竞争性磋商采购方式管理暂行办法》第九条规定："磋商文件应当包括供应商资格条件、采购邀请、采购方式、采购预算、采购需求、政府采购政策要求、评审程序、评审方法、评审标准、价格构成或者报价要求、响应文件编制要求、保证金交纳数额和形式以及不予退还保证金的情形、磋商过程中可能实质性变动的内容、响应文件提交的截止时间、开启时间及地点以及合同草案条款等。"《政府采购促进中小企业发展暂行办法》第四条第二款规定："采购人或者采购代理机构在组织采购活动时，应当在招标文件或谈判文件、询价文件中注明该项目专门面向中小企业或小型、微型企业采购。"第五条第一款规定："对于非专门面向中小企业的项目，采购人或者采购代理机构应当在招标文件或者谈判文件、询价文件中作出规定，对小型和微型企业产品的价格给予6%～10%的扣除，用扣除后的价格参与评审，具体扣除比例由采购人或者采购代理机构确定。"

显然，这些规定都是为了落实《政府采购法》第九条、第十条规定而进行的制度性安排，由此也可看出政府采购政策是采购文件不可或缺的内容。招标（政府采购范畴的招标，下同）公告（含政府采购范畴的投标邀请函，下同）、采购公告（包括竞争性谈判公告、竞争性磋商公告、询价通知书以及响应邀请函，下同）置于招标文件、采购文件之首，系采购文件重要的内容之一，也是最先披露的广义上的采购文件。然而，无论是政府采购法及其实施条例，还是财政部单独或与其他部委联合出台的政府采购部门规章或法律性规范文件，均没有将政府采购政策的相关要求列入招标公告或采购公告。在政府采购操作实务层面也鲜见将政府采购政策载入招标或采购公告的。那么，政府采购政策究竟该不该成为招标或采购公告的主要内容呢？对此，笔者的回答是肯定的。其主要理由有以下两点：

（一）将政府采购政策列入招标或采购公告的必要性与重要性

采购公告是与供应商见面的第一份采购文件，是向供应商和社会各界披露政府采购活动重要信息的载体，对于供应商自主决定是否参与该项政府采购活动起着十分重要的导向作用甚至决定性的作用。如果招标或采购公告未将政府采购政策的内容与要求列入其中，供应商也就无从知晓本次政府采购是否给予相关对象以国家政府采购政策的优惠待遇，甚至无法确认自己是否具备供应商的资格条件，从而难以作出符合自己心愿的决策。例如，联合体参与政府采购的问题。从广义的角度而言，支持和鼓励联合体参与政府采购系我国政府采购政策的一项重要内容。《政府采购法》第二十四条第一款规定："两个以上的自然人、法人或者其他组织可以组成一个联合体，以一个供应商的身份共同参加政府采购。"原财政部条法司司长、《政府采购法》起草工作组副组长王家林曾在接受记者采访时明确表示："允许联合体投标这一立法初衷体现了政府采购制度的政策功能，可以说是落实政府采购扶持中小企业的一项重要措施。"

王家林认为，这一政策的核心是扶持中小企业，允许联合体投标至少出于四点考虑：一是考虑到政府采购项目通常为批量性项目，规模较大，一家供应商难以独立完成。二是考虑到让少数供应商通过招标或采购承揽政府采购项目容易形成垄断，造成不公平。因此，希望通过供应商组成联合体的形式，适度分散商业机会，让更多的企业受益。三是考虑到政府采购项目通常为复合型项目，如网络系统建设项目里，既有像软件开发这样的服务类内容，也有像硬件购买这样的货物类内容，需要多个供应商联合完成。四是考虑到对中小企业的扶持，因为中小企业一般很难独立拿到政府采购合同，组成联合体，在能力上形成互补，可以提高竞争能力。

由此可见，联合体参与政府采购当属我国政府采购政策的一项重要内容，也是政府采购的特色之所在，其意义在于，它体现了政府采购的政策功能，它是落实政府采购扶持中小企业的一项重要措施，它的推行可以"以大带小、以强带弱"，从而有效地拉动中小微企业的发展，从而最大限度地推动我国促进中小微企业发展这一基本政府采购政策功能和目标的实现，这一点也正是我们将允许和支持联合体参与政府采购视为广义上政府采购政策的主要依据和重要理由。

然而，由于制度安排上的缺陷，在政府采购的实践中，采购人即使明确欢迎或默示允许联合体参与政府采购，也很少在招标或采购公告中一并写入有关联合体参与政府采购可以享受国家优惠政策的内容及其适用条件，将政府采购政策都留在迟后出笼的、供应商不花钱则看不到的招标文件或采购文件，一些供应商也许由此失去参与政府采购甚至成交的绝佳机遇。当然，也许有人会说，这个事情并不是问题，只要供应商购买采购文件即可知晓。然而，问题在于我国是一个政府采购的大国，在指定媒体上发布的招标或采购公告真可谓浩如烟海、多如牛毛，供应商哪有那么多的功夫去向他们感兴趣的政府采购项目逐个去领买采购文件？这是其一。其二，更为重要的是，这些供应商失去的不仅仅是金钱还有宝贵的时间与稍纵即逝的时机。

与此相反，如果早在招标或采购公告中就载明相关政府采购政策的内容及其适用条件，而不是等到供应商在购买了采购文件之后方才明了相关政府采购的政策，那么，供应商就可以在第一时间知晓本次政府采购要执行的政府采购政策，从而有更为充足的时间自主决定其是否参与相关的政府采购活动。例如，若在非专门面向中小企业的项目的招标或采购公告中言明，诸如依照《政府采购促进中小企业发展暂行办法》与《中小企业划型标准规定》第五条第一款之规定，并结合本采购项目的实际情况，给予小型和微型企业产品的价格8%的扣除、并用扣除后的价格参与评审等内容；根据《政府采购促进中小企业发展暂行办法》第六条、第七条、第七条、第八条之规定，本政府采购项目鼓励大中型企业和其他自然人、法人或者其他组织与小型、微型企业组成联合体共同参加非专门面向中小企业的政府采购活动,在联合协议中必须约定小型、微型企业的协议合同金额占到联合体协议合同总金额30%以上的,将给予联合体2%~3%的价格扣除;联合体各方均为小型、微型企业的,联合体视同为小型、微型企业享受8%的价格扣除的扶持政策;组成联合体的大中型企业和其他自然人、法人或者其他组织,与小型、微型企业之间不得存在投资关系;中小型企业依据《政府采购促进中小企业发展暂行办法》第四条、第五条、第六条规定获取政府采购合同后,小型、微型企业不得分包或转包给大型、中型企业,中型企业不得分包或转包给大型企业;以及《政府采购法》第二十四条第二款规定的以联合体形式进行政府采购的,参加联合体的供应商均应当具备《政府采购法第》二十二条规定的条件,并应当向采购人提交联合协议,载明联合体各方承担的工作和义务;联合体各方应当共同与采购人签订采购合同,就采购合同约定的事项对采购人承担连带责任等;如果政府采购项目执行《政府采购促进中小企业发展暂行办法》第八条、第九条之规定,那么还应在招标或采购公告中增加以下两项内容:本政府采购项目允许获得政府采购合同的大型企业依法向中小企业分包;采购人在与中小企业签订政府采购合同时,在履约保证金、付款期限、付款方式等方面将给予中小企业适当支持,并严格按照合同的约定按时足额支付采购资金。

如此这般,就可以让广大的供应商对本次政府采购的内容做到"早知道"、对是否参与本次政府采购做到"早决策",决定参与本次政府采购的供应商做到"早准备"、打算联合其他企业参与本次政府采购的供应商做到"早联络",从而给予供应商最为广泛的知情权与选择权以及自由思考与自主决定的空间和余地。

(二)将政府采购政策列入招标或采购公告的合法性与可行性

在我国,部门规章与法律性规范文件都是我国法律的渊源,属于广义上的法律。《政府采购非招标采购方式管理办法》《政府采购货物和服务招标投标管理办法》,以及《政府采购竞争性磋商采购方式管理暂行办法》《财政部关于政府采购竞争性磋商采购方式管理暂行办法有关问题的补充通知》四个文件均属于部门规章或法律性规范文件,它们都是我国政府采购法律制度的一部分。由于历史的原因,除《政府采购非招标采购方式管理办法》尚未规定将政府采购政策的相关要求及其适用条件列入采购文件内容外,其余有关政府采购的部门规章和法律性规范文件均将政府采购政策纳入招标或采购文件之中,但这些将政府采购政策纳入招标或采购文件之中的部门规章和法律性规范文件都有一个共同的特点,这就是均未强制性的要求将政府采购政策植入招标或采购公告。

《政府采购货物和服务招标投标管理办法》第十三条规定:"公开招标公告应当包括以下主要内容:(一)采购人及其委托的采购代理机构的名称、地址和联系方法;

（二）采购项目的名称、预算金额，设定最高限价的，还应当公开最高限价；（三）采购人的采购需求；（四）投标人的资格要求；（五）获取招标文件的时间期限、地点、方式及招标文件售价；（六）公告期限；（七）投标截止时间、开标时间及地点；（八）采购项目联系人姓名和电话。"至于投标邀请书则压根儿就没有提及其内容，所以更谈不上载明采购政策的要求。《政府采购竞争性磋商采购方式管理暂行办法》第七条规定："采用公告方式邀请供应商的，采购人、采购代理机构应当在省级以上人民政府财政部门指定的政府采购信息发布媒体发布竞争性磋商公告。竞争性磋商公告应当包括以下主要内容：（一）采购人、采购代理机构的名称、地点和联系方法；（二）采购项目的名称、数量、简要规格描述或项目基本概况介绍；（三）采购项目的预算；（四）供应商资格条件；（五）获取磋商文件的时间、地点、方式及磋商文件售价；（六）响应文件提交的截止时间、开启时间及地点；（七）采购项目联系人姓名和电话。"《节能产品政府采购实施意见》亦仅规定，在政府采购活动中，采购人应当在政府采购招标和采购文件中载明对产品的节能要求、合格产品的条件和节能产品优先采购的评审标准。《关于环境标志产品政府采购实施的意见》第七条规定："在政府采购活动中，采购人或其委托的采购代理机构应当在政府采购招标文件（含谈判文件、询价文件）中载明对产品（含建材）的环保要求、合格供应商和产品的条件，以及优先采购的评审标准。"

此外，还有前面业已提及的《政府采购促进中小企业发展暂行办法》第四条、第五条规定均只提出了在专门面向中小企业或小型、微型企业采购和非专门面向中小企业的采购项目中，采购人或者采购代理机构应当在招标文件或谈判文件、询价文件中载明相关政府采购政策的刚性要求。纵观以上相关部门规章和法律性规范文件的内容，不难发现它们所规定的招标文件和采购文件的内容并非不能增加其他的内容，其表述用法律术语而言就是隐含"包括但不限于"之意，换言之，这些部门规章和法律性规范文件并未禁止在招标或采购公告中写入政府采购政策的相关内容。从法理上来讲，采购人或采购代理机构完全可以在招标或采购公告中写入相关政府采购政策的内容。这是其一。

其二，从形式逻辑和语义学的角度来说，招标文件或采购文件本身就包含了招标公告和采购公告，将这些部门规章和法律性规范文件要求的将政府采购政策作为招标文件或采购文件的必备内容，据此也可理解或解释为应将政府采购政策纳入招标公告或采购公告，因为招标或采购公告是招标文件和采购文件的组成部分，从广义上讲招标或采购公告也是招标文件或采购文件。因此，将政府采购政策列入招标或采购公告应是相关部门规章和法律性规范文件的题中之义。

其三，从操作实务层面上看，在招标公告和采购公告之中植入政府采购政策内容的亦时有所见。

以上所有的一切均为政府采购政策植入招标或采购公告提供了合法性基础与可能

性、可行性。总之，在招标或采购公告中载明相关政府采购政策，既是必要的又是合法的、可能的、可行的。为此，笔者建议，基于政府采购政策的极端重要性，在修改《政府采购法实施条例》以及现行的《政府采购货物和服务招标投标管理办法》《政府采购非招标采购方式管理办法》《政府采购竞争性磋商采购方式管理暂行办法》的时候，应将政府采购政策这一内容增补到招标或采购公告中去，以规制采购人和采购代理机构的随意性。另外，还应将政府采购政策的内容加进《政府采购非招标采购方式管理办法》所涉采购文件应当包括的内容之中，这是因为《政府采购非招标采购方式管理办法》出台的较早，人们对政府采购政策的认识和理解还没有达到后来的水准，以及当时立法技术的限制，导致在相关条款中遗漏了这一相关内容，例如《政府采购非招标采购方式管理办法》第十一条第一款规定："谈判文件、询价通知书应当包括供应商资格条件、采购邀请、采购方式、采购预算、采购需求、采购程序、价格构成或者报价要求、响应文件编制要求、提交响应文件截止时间及地点、保证金交纳数额和形式、评定成交的标准等。"显然，该条规定并未将政府采购政策包括其中。

二、供应商该不该提供《小微企业声明函》的证明材料

老实说，这个问题在笔者以前看来并不是一个问题，在笔者主持的政府采购中，一贯都未要求供应商提供什么《小微企业声明函》。在笔者看来，个中道理也很简单。众所周知，《政府采购法实施条例》第十七条明确规定："参加政府采购活动的供应商应当具备政府采购法第二十二条第一款规定的条件，提供下列材料：（一）法人或者其他组织的营业执照等证明文件，自然人的身份证明；（二）财务状况报告，依法缴纳税收和社会保障资金的相关材料；（三）具备履行合同所必需的设备和专业技术能力的证明材料；（四）参加政府采购活动前3年内在经营活动中没有重大违法记录的书面声明；（五）具备法律、行政法规规定的其他条件的证明材料。""采购项目有特殊要求的，供应商还应当提供其符合特殊要求的证明材料或者情况说明。"很明显，该条规定只要求供应商提供"参加政府采购活动前3年内在经营活动中没有重大违法记录的书面声明"，并未规定供应商提供证明无重大违法纪录声明函的证明材料或情况说明。然而，就在前不久，一位采购代表明确要求我们在采购文件中规定供应商举证证明其小微企业的身份。采购代理机构是为采购人服务的机构，但又不得违反国家的相关规定，对采购人提出的违法、违规、不合理的要求有权而且应当予以拒绝。究竟该不该要求供应商提供《小微企业声明函》？笔者一时没了主张，逼着笔者去学习和研究。于是乎，这个问题真的成了问题，成了笔者要研究的学问。

四川省荣县政府采购中心的毕常彬于2017年6月21日发表的题为《政府采购如何

正确执行小微企业扶持政策》一文中明确提出："采购人和采购代理机构在采购文中应当明确规定供应商提交《中小企业声明函》时，附带提供企业注册地县级以上中小企业主管部门出具的小微企业认定材料。"但并未提供此说的法律和法理依据，令人难以采信。为此，笔者专门找到了这篇答记者问的文章，现将相关内容转述如下。记者问：中小企业参与政府采购活动如何进行资格确认？出现中小企业资格争议时如何解决？答："鉴于目前我国尚无权威部门对中小企业开展资格确认工作，且众多政府采购当事人暂不具备判断企业类型的专业素质，当前采取中小企业自我声明的做法，由参加政府采购活动的中小企业按照《暂行办法》的规定提供《中小企业声明函》，并对其真实性负责。对冒充中小企业参与政府采购活动谋取中标的，将依法予以处理。""政府采购监督检查和投诉处理中需要对中小企业资格进行认定的，由企业所在地的县级以上中小企业主管部门负责。"从这一回答可以看出，政府采购活动中认定投标人、供应商是否属于中小企业，采取的是声明制，即参加政府采购活动的小型和微型企业，只要提供《中小企业声明函》即可享受价格扣除政策，无须提供其他证明声明函内容的材料。这才是推出《政府采购促进中小企业发展暂行办法》的本意。如果招标或采购文件要求中小企业在提供《中小企业声明函》的同时，还要提供相关证明材料，这就加重了中小企业的负担，违背了文件的精神，也不利于促进中小企业的发展。在笔者看来，这一点具有强大的说服力。

在这里，笔者要提出一个问题进行讨论，财政部、工信部联合颁发的《政府采购促进中小企业发展暂行办法》肇始于2011年12月29日，自2012年1月1日起施行；而财政部、民政部和中国残疾人联合会发布的《关于促进残疾人就业政府采购政策的通知》发布于2017年8月22日，自2017年10月1日起执行。两个文件相差几年的时间。财政部和工信部在出台《政府采购促进中小企业发展暂行办法》时相关工作处于起步阶段，政策管理手段有待完善，以致存在一定政策上的漏洞。既然不需要中小型企业提供《中小企业声明函》的证明材料这是两部委的本意，就应当在合适的时候将这一漏洞予以填补，也好让采购人和采购代理机构有法可依，让国家促进中小企业发展这一政府采购政策在真正意义上的制度层面上得以完善。

这样做至少有两个好处，一是让国家关于促进中小企业发展的政府采购政策形成一个整体；二是便于采购人和采购代理机构了解和掌握。循着这个思路，笔者还提出两个建议，一是财政部应当尽快组织力量将现行有效的包括政府采购政策在内的所有政府采购的法律法规，特别是部门规章与法律性规范文件进行梳理编纂；二是在设区的市及以上的政府采购监管部门设立政府采购法律法规和政策咨询机构，为采购人和采购代理机构提供便利的咨询服务，为我国政府采购活动的合法化、合规化提供法律和政策上的保证，同时也可避免采购人和采购代理机构不犯或少犯非故意性的过错，从而极大地减少甚至有效地规避行政或从业风险。

三、《政府采购促进中小企业发展暂行办法》以及其他政府采购政策的适用对象

这个问题的提出，缘于笔者的一段亲身经历。前不久，笔者所在的单位承揽了一个省直行政机关服务类的政府采购项目，采购人明确提出在该项政府采购中务必执行政府采购政策，并根据该采购项目的实际情况欢迎中小企业参与本次政府采购。这就是《政府采购促进中小企业发展暂行办法》第五条规定："对于非专门面向中小企业的项目，采购人或者采购代理机构应当在招标文件或者谈判文件、询价文件中作出规定，对小型和微型企业产品的价格给予6%~10%的扣除，用扣除后的价格参与评审，具体扣除比例由采购人或者采购代理机构确定。"该条仅规定对小型和微型企业的产品价格给予6%~10%的扣除，而笔者单位代理的这家省直机关政府采购的是服务，试问，服务类的政府采购应不应该给予小微企业6%~10%的报价扣除呢？无论是从语义还是形式逻辑的角度来考量，产品价格是绝不等于服务报价的。如果局限于该条款，小微企业供应商无论如何是不能适用这一优惠政策的。然而，适用政策如同人民法院适用法律，不能受制于某一孤立的条款，当适用者对某一条款的要旨把握不准，或者单凭某一条款的字面意义难以作出结论的情况下，就应该打开眼界，放眼法律制度的全文，从该法律文本的立法目的和基本原则上、从法律制度的整体上去寻找答案。按照这个思路，笔者果然找到了解决问题的金钥匙。《政府采购促进中小企业发展暂行办法》第一条明文规定："为了发挥政府采购的政策功能，促进符合国家经济和社会发展政策目标，产品、服务、信誉较好的中小企业发展，根据《中华人民共和国政府采购法》《中华人民共和国中小企业促进法》等有关法律法规，制定本办法。"该条规定置于文本之首，且从内容上看，应当认定是关于制定《政府采购促进中小企业发展暂行办法》的目的与依据之所在。显然，从该条的表述来看，国家对中小型企业给予扶持政策的对象，包括中小企业的产品和提供的服务两大类，而绝不仅仅只局限于中小企业的生产或提供的产品这一单一领域。遵循这一指导思想，对该暂行办法第五条中"对小型和微型企业产品的价格给予6%~10%的扣除"的正确解释就应当是："对小型和微型企业产品的价格或服务的报价给予6%~10%的扣除"，唯有这样的理解才符合立法者的本意。当然，应当指出的是，从立法技术的角度来考量，将该句表述为"对小型和微型企业产品的价格或服务的报价给予6%~10%的扣除"，似乎更为精准与严谨。果如此，笔者建议相关部门在将《政府采购促进中小企业发展暂行办法》转为正式行政规章的时候作出如此或类似的修改。

（一）政府采购中常用政府采购政策的基本内容

《政府采购促进中小企业发展暂行办法》以及其他政府采购政策的适用对象是什么？要回答这个问题，首先就得弄清我国政府采购政策的基本内容。应当说明的是，这里所要讨论的政府采购政策仅仅指的是《政府采购法》及其实施条例以外的那些部门规章和法律性规范文件，因为作为我国政府采购基本法律的《政府采购法》和行政法规的《政府采购法实施条例》，以及国务院及其办公厅发出的通知和提出的意见等，都只是作出原则性的或较为细化的法律和政策性规定，不可能也没有必要作出相对具体、可操作性强的规范性要求，特别是像关涉某一具体的政府采购政策的适用范围和对象这些具体事宜时，唯有相关的部门规章和法律性规范文件方能对号入座、解决问题。这是其一。其二，这里所要讨论的仅仅只是当下我国政府采购活动中运用频率最高而且在理解和适用上又容易产生分歧的几项重要的部门规章和法律性规范文件。

1. 《节能产品政府采购实施意见》

为贯彻落实《国务院办公厅关于开展资源节约活动的通知》，发挥政府机构节能（含节水，下同）的表率作用，根据《节约能源法》和《政府采购法》，2004年12月17日，财政部、国家发展和改革委联合发布《节能产品政府采购实施意见》和首批《节能产品政府采购清单》，即《财政部国家发展改革委关于印发〈节能产品政府采购实施意见〉的通知》，《节能产品政府采购实施意见》要求各级国家机关、事业单位和团体组织用财政性资金进行采购的，应当优先采购节能产品，应当优先采购节能清单所列的节能产品；由财政部、国家发展和改革委员会综合考虑政府采购改革进展和节能产品技术及市场成熟等情况，从国家认可的节能产品认证机构认证的节能产品中按类别确定实行政府采购的范围，并以"节能产品政府采购清单"的形式公布。

该意见还指出"采购人或其委托的采购代理机构未按上述要求采购的，有关部门要按照有关法律、法规和规章予以处理，财政部门视情况可拒付采购资金"。该意见采取积极稳妥、分步实施的办法，逐步扩大到全国范围。2005年在中央一级预算单位和省级（含计划单列市）预算单位实行，2006年扩大到中央二级预算单位和地市一级预算单位实行，2007年全面实行。在实施中，各级政府和预算单位可以根据实际情况，提前执行本意见相关要求。

2. 《关于环境标志产品政府采购实施的意见》

为贯彻落实《国务院关于加快发展循环经济的若干意见》，积极推进环境友好型社会建设，发挥政府采购的环境保护政策功能，根据《政府采购法》和《环境保护法》，2006年10月24日，财政部、环保总局联合印发《关于环境标志产品政府采购实施的意见》，该意见采取积极稳妥、分步实施的办法，逐步扩大到全国范围。2007年1月1

日起在中央和省级（含计划单列市）预算单位实行，2008年1月1日起全面实行。这一法律性规范文件规定，各级国家机关、事业单位和团体组织即采购人用财政性资金进行采购的，要优先采购环境标志产品，不得采购危害环境及人体健康的产品，决定采用"环境标志产品政府采购清单"的形式按类别确定优先采购的范围并适时公布，要求采购人采购的产品属于清单中品目的，在性能、技术、服务等指标同等条件下，应优先采购清单中的产品。还公布了首批《环境标志产品政府采购清单》。

自此后，节能、环保清单管理不断优化，相关部委定期调整更新两大清单，推动节能减排的采购政策成效初显，强制采购节能产品制度基本建立。

3.《关于印发中小企业划型标准规定的通知》

为贯彻落实《中华人民共和国中小企业促进法》和《国务院关于进一步促进中小企业发展的若干意见》，工业和信息化部、国家统计局、发展改革委、财政部研究制定了《中小企业划型标准规定》并报经国务院同意，于2011年6月18日，联合印发了《关于印发中小企业划型标准规定的通知》，《中小企业划型标准规定》对中型、小型、微型三种类型企业的划分标准进行了界定，该规定自发布之日起执行，原国家经贸委、原国家计委、财政部和国家统计局2003年颁布的《中小企业标准暂行规定》同时废止。

4.《政府采购促进中小企业发展暂行办法》

为贯彻落实《国务院关于进一步促进中小企业发展的若干意见》，发挥政府采购的政策功能，促进中小企业发展，根据《政府采购法》和《中小企业促进法》，2011年12月29日，财政部、工业和信息化部发出《关于印发〈政府采购促进中小企业发展暂行办法〉的通知》，推出《政府采购促进中小企业发展暂行办法》，首次对中型、小型、微型企业的概念和构成条件作出了规定，明确提出我国政府采购制度将结合国内实际，采取预留采购份额、降低门槛、价格扣除、鼓励联合体投标和分包等具体措施促进中小企业发展，并将通过政府采购计划管理、合同管理、报告和公开制度、信息化建设等措施保证该项政策落实，这是首个政府采购扶持中小企业发展的细化政策，还作出了禁止性的规定："政府采购活动不得以注册资本金、资产总额、营业收入、从业人员、利润、纳税额等供应商的规模条件对中小企业实行差别待遇或者歧视待遇。"《政府采购促进中小企业发展暂行办法》自2012年1月1日起施行。

5.《关于政府采购支持监狱企业发展有关问题的通知》

为进一步贯彻落实国务院《关于解决监狱企业困难的实施方案的通知》，发挥政府采购支持监狱企业发展的作用，2014年6月10日，财政部和司法部联合发布《关于政府采购支持监狱企业发展有关问题的通知》，从监狱企业的界定及其认定条件、预留份额、评审中价格扣除等政府等多个方面，对监狱企业享受小型、微型企业政府采购政策等方面作出了具体的规定。

6.《关于促进残疾人就业政府采购政策的通知》

为了发挥政府采购促进残疾人就业的作用，进一步保障残疾人权益，依照《政府采购法》《残疾人保障法》等法律法规及相关规定，2017年8月22日，财政部、民政部、中国残疾人联合会联合发布《关于促进残疾人就业政府采购政策的通知》，对残疾人与残疾人福利性单位进行了界定，要求在政府采购活动中，残疾人福利性单位视同小型、微型企业，享受预留份额、评审中价格扣除等促进中小企业发展的政府采购政策，还特别规定，符合条件的残疾人福利性单位在参加政府采购活动时，应当提供本通知规定的《残疾人福利性单位声明函》，并对声明的真实性负责。任何单位或者个人在政府采购活动中均不得要求残疾人福利性单位提供其他证明声明函内容的材料。本通知自2017年10月1日起执行。

按照《政府采购法》及其实施条例的相关规定，可将以上六项政府采购政策性文件归结为节约能源与保护环境、促进中小企业发展两大类。其中，《节能产品政府采购实施意见》《关于环境标志产品政府采购实施的意见》此两个文件属于节约能源与保护环境大类；《关于印发中小企业划型标准规定的通知》《政府采购促进中小企业发展暂行办法》《关于政府采购支持监狱企业发展有关问题的通知》《关于促进残疾人就业政府采购政策的通知》，此四个文件则属于促进中小企业发展大类。

（二）政府采购中常用政府采购政策的适用对象

从适用范围和对象上，可将上述六项政府采购政策性文件分为三大类，一是只认产品；二是只认企业；三是既认企业又认产品。

1. 只认产品型政府采购政策

这类政府采购政策包括《节能产品政府采购实施意见》《关于环境标志产品政府采购实施的意见》两项政策性文件。

《节能产品政府采购实施意见》明确规定，各级国家机关、事业单位和团体组织用财政性资金进行采购的，应当优先采购节能产品，逐步淘汰低能效产品；财政部、国家发展和改革委员会综合考虑政府采购改革进展和节能产品技术及市场成熟等情况，从国家认可的节能产品认证机构认证的节能产品中按类别确定实行政府采购的范围，并以"节能产品政府采购清单"的形式公布；节能清单中新增节能认证产品，将由财政部、国家发展和改革委员会以文件形式确定、公布并适时调整；政府采购属于节能清单中产品时，在技术、服务等指标同等条件下，应当优先采购节能清单所列的节能产品。值得注意的是，这里两次使用了"应当优先采购"这个概念，一个是"应当优先采购节能产品"，另一个是"应当优先采购节能清单所列的节能产品"。这两个优先是有层级关系的，后者要优先于前者。

《关于环境标志产品政府采购实施的意见》明确规定，各级国家机关、事业单位和团体组织用财政性资金进行采购的，要优先采购环境标志产品，不得采购危害环境及人体健康的产品；财政部、国家环境保护总局综合考虑政府采购改革进展和环境标志产品技术及市场成熟等情况，从国家认可的环境标志产品认证机构认证的环境标志产品中，以"环境标志产品政府采购清单"的形式，按类别确定优先采购的范围；财政部、国家环境保护总局将适时调整清单，并以文件形式公布；采购人采购的产品属于清单中品目的，在性能、技术、服务等指标同等条件下，应当优先采购清单中的产品。该政策性文件同样强调，优先采购环境标志产品，应当优先采购清单中的产品。

值得注意的是，这两项政策性文件仅仅只适用于政府采购活动的货物购买领域。例如，某国家机关面向社会购买某一土地规划课题研究服务，有人认为该项政府采购同样适用这两项政府采购政策，其理由是：成交供应商在土地规划时要使用相关的仪器和设施，而部分仪器和设施又有可能被列入节能产品或环境标志产品清单，因此应当将节能产品和环境标志产品的优惠政策适用于该政府采购项目，其可表述为：供应商因满足本次政府采购需求而购买且使用的节能产品或环境标志产品可享受相应的政府采购政策。那么，这种观点对不对呢？回答应是否定的。因为《节能产品政府采购实施意见》《关于环境标志产品政府采购实施的意见》均明文规定，各级国家机关、事业单位和团体组织（以下统称采购人）用财政性资金进行采购的，应当优先采购节能产品，要优先采购环境标志产品。该项规定即为《节能产品政府采购实施意见》《关于环境标志产品政府采购实施的意见》所含政府采购政策的适用对象，换言之，《节能产品政府采购实施意见》《关于环境标志产品政府采购实施的意见》所含政府采购政策只适用于政府采购活动的第一手买卖而不关涉其他环节。这是其一。其二，也是更为重要的是，从《节能产品政府采购实施意见》《关于环境标志产品政府采购实施的意见》所含政府采购政策的本意而言，只是要求各级国家机关、事业单位和团体组织用财政性资金进行采购优先采购环境标志产品，换言之，用财政性资金进行采购的国家机关、事业单位和团体组织才是《节能产品政府采购实施意见》《关于环境标志产品政府采购实施的意见》所含政府采购政策适用的主体。其三，从情理上来讲，即使供应商为完成这次采购任务而专门购买的环境标志产品且使用于该项采购活动，这也会带来一系列无法解决的问题，比如，该产品是不是一次性产品？它在完成该项采购活动之后还没有使用价值？剩余的价值又是多少？又该怎样去评价？早在采购之初采购合同签订和履行之前，供应商有什么理由去及早购买这些仪器和设施呢？供应商没有购买仪器和设施又有拿什么证明材料提供给评委考察和审核呢？缺乏证据的投标文件或响应文件又如何去评审？没法评审的投标文件或响应文件又怎样去确定成交供应商或中标人？因此，笔者认为上述两项政策性文件仅仅适用于有关货物项目的政府采购领域。

2. 只认企业型政府采购政策

这类政府采购政策包括《关于印发中小企业划型标准规定的通知》《政府采购促进中小企业发展暂行办法》两项政策性文件。

根据《中小企业促进法》和《国务院关于进一步促进中小企业发展的若干意见》，《中小企业划型标准规定》将中小企业划分为中型、小型、微型三种类型，并制定了根据企业从业人员、营业收入、资产总额等指标，结合行业特点具体的划分标准，同时将适用该划分标准的行业划分为农、林、牧、渔业，工业（包括采矿业，制造业，电力、热力、燃气及水生产和供应业），建筑业，批发业，零售业，交通运输业（不含铁路运输业），仓储业，邮政业，住宿业，餐饮业，信息传输业（包括电信、互联网和相关服务），软件和信息技术服务业，房地产开发经营，物业管理，租赁和商务服务业，其他未列明行业（包括科学研究和技术服务业，水利、环境和公共设施管理业，居民服务、修理和其他服务业，社会工作，文化、体育和娱乐业等）十六个行业。《中小企业划型标准规定》的出台，为《政府采购促进中小企业发展暂行办法》的适用奠定了基础。

《政府采购促进中小企业发展暂行办法》首先对中型、小型、微型企业的构成要件进行严格的界定，同时提出中型、小型、微型企业享受政府采购政策的产品包括货物、工程和服务三大类，规定国家促进中型、小型和微型企业发展的方法包括预留采购份额和价格扣除两种，具体分为三种情形。一是负有编制部门预算职责的各部门，应当加强政府采购计划的编制工作，制定向中小企业采购的具体方案，统筹确定本部门面向中小企业采购的项目。在满足机构自身运转和提供公共服务基本需求的前提下，应当预留本部门年度政府采购项目预算总额的30%以上，专门面向中小企业采购，其中，预留给小型和微型企业的比例不低于60%。二是对于非专门面向中小企业的项目，采购人或者采购代理机构应当在招标文件或者谈判文件、询价文件中作出规定，对小型和微型企业产品的价格给予6%~10%的扣除，用扣除后的价格参与评审，具体扣除比例由采购人或者采购代理机构确定。三是对于与大中型企业和其他自然人、法人或者其他组织组成联合体共同参加非专门面向中小企业的政府采购活动的小型、微型企业，在联合协议中约定小型、微型企业的协议合同金额占到联合体协议合同总金额30%以上的，可给予联合体2%~3%的价格扣除。

3. 双认型政府采购政策

这类政府采购政策包括《关于政府采购支持监狱企业发展有关问题的通知》《关于促进残疾人就业政府采购政策的通知》两项政策性文件。

《关于政府采购支持监狱企业发展有关问题的通知》第二条规定，在政府采购活动中，监狱企业视同小型、微型企业，享受预留份额、评审中价格扣除等政府采购促进中小企业发展的政府采购政策。显然，该条的适用对象是监狱企业。《关于政府采购支持监狱企业发展有关问题的通知》第三条、四条规定所适用的对象则为监狱企业生产的产品，总的原则是要求各地区、各部门要积极通过预留采购份额支持监狱企业，预留采购份额的产品包括四大类。一是制服类产品。要求有制服采购项目的部门，应加强对政府采购预算和计划编制工作的统筹，预留本部门制服采购项目预算总额的30%以上，专门面向监狱企业采购。二是试卷类产品。要求省级以上政府部门组织的公务员考试、招生考试、等级考试、资格考试的试卷印刷项目原则上应当在符合有关资质的监狱企业范围内采购。三是免费教科书类产品。要求各地在免费教科书政府采购工作中，应当根据符合教科书印制资质的监狱企业情况，提出由监狱企业印刷的比例要求。四是服务类产品。要求各地区可以结合本地区实际，对监狱企业生产的办公用品、家具用具、车辆维修和提供的保养服务、消防设备等，提出预留份额等政府采购支持措施，加大对监狱企业产品的采购力度。

《关于促进残疾人就业政府采购政策的通知》对残疾人福利性单位提出了五项认定标准，并对残疾人的概念进行了严格的界定，规定国家既对残疾人福利性单位提供的产品和服务予以政策扶持，同时又对残疾人辅助性就业机构给予扶持政策的待遇，具体规定有四项。一是在政府采购活动中，残疾人福利性单位视同小型、微型企业，享受预留份额、评审中价格扣除等促进中小企业发展的政府采购政策。二是对于满足要求的残疾人福利性单位产品，集中采购机构可直接纳入协议供货或者定点采购范围，各地区建设的政府采购电子卖场、电子商城、网上超市等应当设立残疾人福利性单位产品专栏，鼓励采购人优先选择残疾人福利性单位的产品。三是采购人采购公开招标数额标准以上的货物或者服务，因落实促进残疾人就业政策的需要，依法履行有关报批程序后，可采用公开招标以外的采购方式。四是省级财政部门可以结合本地区残疾人生产、经营的实际情况，细化政府采购支持措施。对符合国家有关部门规定条件的残疾人辅助性就业机构，可通过上述措施予以支持。

最后，需要特别指出的是，本人虽然只是就上述六项政府采购政策性文件进行的分类，但推而广之，我国所有的政府采购政策均可分为上述三大类。

四、在采购文件中如何表达政府采购政策的相关内容

（一）现状及其成因

为撰写本文，笔者专门在中国政府采购网及其各省、市、自治区政府采购网做过粗略的调查，发现了两个问题，一是绝大多数的招标或采购公告上都没有相关政府采购政策的内容，这一点前面已经谈过。二是绝大多数的采购文件没有政府采购政策的内容或

者是内容不完整、表述不规范,具体表现为,一是根本就没有政府采购政策的内容;二是蜻蜓点水,一笔带过;三是内容不够完整,表达不够规范。究其成因有三,一是相关知识欠缺,一些采购代表或采购代理机构对政府采购政策不知晓,存在盲点;二是认识不足,一些采购代表或采购代理机构尚未认识落实和执行政府采购政策的极端重要性,存在误区;三是不知道如何去表达,有的采购代表或采购代理机构的工作人员不是不知道政府采购政策,也不是不知道政府采购政策的非常重要性,而仅仅只是受自身表达能力的局限,在尚无示范文本的情况下,不知道怎样去正确表达,内容上存在欠缺,表述上存在缺陷。

当然,在以上三种情形之外,也许还存在另外一种可能性,这就是采购人或采购代理机构为了自身的利益而明知故犯。在笔者看来,这种情况即使存在也只能是极少数,且性质与前者完全不一样,故不在本文的讨论之列。针对前述三种情况,受篇幅之限,特别是受制于本文的题旨之局限,笔者只想强调是,一是政府采购政策的存否是区别于普通招标的一个非常重要的分水岭,缺乏政府采购政策的采购就不成为其政府采购;二是政府采购政策是每一个采购代表和采购代理机构从业人员的必须掌握的知识,否则就不是一个合格的采购代表或采购代理从业人员,甚至不配从事政府采购工作。下面,笔者将重点谈谈如何正确表达的问题。

(二) 政府采购政策的正确表达方式

1. 要具有针对性

部分采购代理机构知道政府采购政策对于政府采购的极端重要性,但不想下功夫去学习和钻研,相关政府采购政策的知识储备不足,但又不想违规操作,于是便想出了一个办法,这就是将自己所知道的政府采购政策悉数搬进采购文件之中,令阅者眼花缭乱,不得要领。我们说政府采购政策的表达要有针对性,采购文件所表述的政府采购政策要因具体项目而异,要有的放矢。例如,在一个课题研究类的政府采购项目中,充其量可能涉及的仅仅只是小微企业、监狱企业和残疾人福利性单位的优惠政策,而绝不可能关乎优先采购节能产品和环境标识产品这一类政府采购政策,如果将优先采购节能产品和环境标识产品的政府采购政策也一并写入招标或采购公告、写入招标或采购文件,那就是百分之百的张冠李戴,名不符实。

2. 要具有完整性

所谓完整性包括三层含义,一是指采购文件所援引的政府采购政策的项数不能缺少;二是指所关涉的每一项数的政府采购政策的数量一个也不能少;三是就政府采购政策的整体表述而言其内容也要完整,既要有政府采购政策的完整内容,又要有该项政策的适用对象与条件。

例如，如果在某项采用竞争性谈判方式政府采购项目中存在适用联合体投标或参与采购的情形，那么就应当在招标文件或采购文件中至少载入以下内容：（1）两个以上的自然人、法人或者其他组织可以组成一个联合体，以一个供应商的身份共同参加政府采购。以联合体形式进行政府采购的，参加联合体的供应商均应当具备《政府采购法》第二十二条规定的条件，并应当向采购人提交联合协议，载明联合体各方承担的工作和义务。联合体各方应当共同与采购人签订采购合同，就采购合同约定的事项对采购人承担连带责任（该条的法律依据是《政府采购法》第二十四条规定）。（2）联合体中有同类资质的供应商按照联合体分工承担相同工作的，应当按照资质等级较低的供应商确定资质等级。以联合体形式参加政府采购活动的，联合体各方不得再单独参加或者与其他供应商另外组成联合体参加同一合同项下的政府采购活动（此条的法律依据是《政府采购法实施条例》第二十二条规定）。（3）支持和鼓励大中型企业和其他自然人、法人或者其他组织与小型、微型企业组成联合体共同参加非专门面向中小企业的政府采购活动。联合协议中约定，小型、微型企业的协议合同金额占到联合体协议合同总金额30%~40%的，可给予联合体2%的价格扣除；联合协议中约定，小型、微型企业的协议合同金额占到联合体协议合同总金额40%以上的，可给予联合体3%的价格扣除。联合体各方均为小型、微型企业的，联合体视同为小型、微型企业享受《政府采购促进中小企业发展暂行办法》第四条、第五条规定的扶持政策。组成联合体的大中型企业和其他自然人、法人或者其他组织，与小型、微型企业之间不得存在投资关系（此条的法律依据是《政府采购促进中小企业发展暂行办法》第六条规定）。（4）中小企业依据《政府采购促进中小企业发展暂行办法》第四条、第五条、第六条规定的政策获取政府采购合同后，小型、微型企业不得分包或转包给大型、中型企业，中型企业不得分包或转包给大型企业（此条的法律依据是《政府采购促进中小企业发展暂行办法》第七条规定）。（5）鼓励采购人允许获得政府采购合同的大型企业依法向中小企业分包（此条的法律依据是《政府采购促进中小企业发展暂行办法》第八条规定）。（6）采购人在与中小企业签订政府采购合同时，在履约保证金、付款期限、付款方式等方面将给予中小企业适当支持。采购人将按照合同约定按时足额支付采购资金（此条的法律依据是《政府采购促进中小企业发展暂行办法》第九条规定）。（7）参加政府采购活动的中小企业应当提供本办法规定的《中小企业声明函》（该条的法律依据是《政府采购促进中小企业发展暂行办法》第五条第一款规定）。（8）供应商为联合体的，可以由联合体中的一方或者多方共同交纳保证金，其交纳的保证金对联合体各方均具有约束力（该条的法律依据是《政府采购非招标采购方式管理办法》第十四条第一款规定）。

3. 要具有条理性

政府采购政策的内容及其适用条件的表述要有逻辑性，让人一目了然。一般的顺序为，政府采购政策的内容在先，政府采购政策的适用对象与条件在后。

4. 要具有可操作性

政府采购政策内容的表述要让供应商知道政府采购政策怎样操作，又如何计算，其计算规则是什么，让供应商心中有底，这样才能吸引更多的供应商前来参与投标或其他形式的政府采购。

综上所述，政府采购政策的表达是一项细致的工作，采购人和采购代理机构工作人员务必持十分谨慎的态度，只有做到以上"四性"才有可能做到内容全面完整，表达明白清晰，合法合规合逻辑。为了让大家对此有一个完整的了解和全面的把握，这里试举一例。

例如，一项支持小微企业参与的政府采购项目，其采购公告和采购文件对相关的政府采购政策的表述应当包括但不限于以下内容。

采购公告

8. 相关政府采购政策及其适用对象与条件

8.1 促进中小企业发展的政府采购政策及其适用对象与条件

《中小企业促进法》第四十条第一款规定："国务院有关部门应当制定中小企业政府采购的相关优惠政策，通过制定采购需求标准、预留采购份额、价格评审优惠、优先采购等措施，提高中小企业在政府采购中的份额。"《政府采购促进中小企业发展暂行办法》第五条规定，对于非专门面向中小企业的项目，采购人或者采购代理机构应当在招标文件或者采购文件中作出规定，对小型和微型企业产品的价格给予6%~10%的扣除，用扣除后的价格参与评审，具体扣除比例由采购人或者采购代理机构确定；参加政府采购活动的中小企业应当提供本办法规定的《中小企业声明函》。《政府采购促进中小企业发展暂行办法》第六条规定："鼓励大中型企业和其他自然人、法人或者其他组织与小型、微型企业组成联合体共同参加非专门面向中小企业的政府采购活动。联合协议中约定，小型、微型企业的协议合同金额占到联合体协议合同总金额30%以上的，可给予联合体2%~3%的价格扣除。""联合体各方均为小型、微型企业的，联合体视同为小型、微型企业享受本办法第四条、第五条规定的扶持政策。""组成联合体的大中型企业和其他自然人、法人或者其他组织，与小型、微型企业之间不得存在投资关系。"《政府采购促进中小企业发展暂行办法》第七条规定："中小企业依据本办法第四条、第五条、第六条规定的政策获取政府采购合同后，小型、微型企业不得分包或转包给大型、中型企业,中型企业不得分包或转包给大型企业。"《政府采购促进中小企业发展暂行办法》第八条第一款规定:"鼓励采购人允许获得政府采购合同的大型企业依法向中小企业分包。"《政府采购促进中小企业发展暂行办法》第九条规定:"鼓励采购人在与中小企业签订政府采购合同时,在履约保证金、付款期限、付款方式等方面给予中小企业适当支持。采购人应当按照合同约定按时足额支付采购资金。"据此,结合本项政府采购项目的实际情况,对参加本次采购的小微和微型企业的最后报价在评定时将给予8%的扣除,用扣除后的价格参与评审;对联合协议中约定小型、微型企业的协议合同金额占到联合体协议合同总金额30%~40%的,给予联合体2%的价格扣除,对联合协议中约定小型、微型企业的协议合同金额占到联合体协议合同总金额40%以上的,给予联合体3%的价格扣除;参加本项政府采购的小微企业将享以上列举的《政府采购促进中小企业发展暂行办法》其他政策;参加本项政府采购的小微企业应当严格遵守以上列举的《政府采购促进中小企业发展暂行办法》禁止性规定,否则,将不得享受以上列举的《政府采购促进中小企业发展暂行办法》相关政府采购政策;参加本次政府采购活动的中小企业应按照《政府采购促进中小企业发展暂行办法》的规定提供《中小企业声明函》,并对其真实性负责;对冒充中小企业参与政府采购活动谋取中标的,将依照《政府采购法》第七十七条第一款的规定,处以罚款、列入不良行为记录名单、在一至三年内禁止参加政府采购活动等处罚。

根据财政部、工业和信息化部有关负责人就《政府采购促进中小企业发展暂行办法》答记者问的相关内容,参加政府采购活动的小型和微型企业,只要提供《中小企业声明函》即可享受价格扣除政策,无须提供其他证明声明函内容的材料。

8.2 支持监狱企业发展的政府采购政策及其适用对象与条件

《关于政府采购支持监狱企业发展有关问题的通知》规定,在政府采购活动中,监狱企业视同小型、微型企业,享受预留份额、评审中价格扣除等政府采购促进中小企业发展的政府采购政策;监狱企业参加政府采购活动时,应当提供由省级以上监狱管理局、戒毒管理局(含新疆生产建设兵团)出具的属于监狱企业的证明文件。据此,监狱企业参加本次政府采购活动的,其最后报价在评定时将给予8%的扣除,用扣除后的价格参与评审,但监狱企业未能提供由省级以上监狱管理局、戒毒管理局(含新疆生产建设兵团)出具的属于监狱企业的证明文件的除外。

8.3 促进残疾人就业的政府采购政策及其适用对象与条件

《残疾人保障法》第三十六条第三款规定,政府采购,在同等条件下应当优先购买残疾人福利性单位的产品或者服务。《残疾人就业条例》《国务院关于加快推进残疾人小康进程的意见》和《"十三五"加快残疾人小康进程规划纲要》均明确要求,政府采购应当优先购买残疾人集中就业单位的产品和服务。《关于促进残疾人就业政府采购政策的通知》明文规定，在政府采购活动中，残疾人福利性单位视同小型、微型企业，享受预留份额、评审中价格扣除等促进中小企业发展的政府采购政策；残疾人福利性单位属于小型、微型企业的，不重复享受政策；符合条件的残疾人福利性单位在参加政府采购活动时，应当提供《残疾人福利性单位声明函》，并对声明的真实性负责；任何单位或者个人在政府采购活动中均不得要求残疾人福利性单位提供其他证明声明函内容的材料。据此，参加本次政府采购的残疾人福利性单位享受与小型、微型企业同等的8%的报价扣除政府采购政策待遇，残疾人福利性单位需提供《残疾人福利性单位声明函》，并对声明的真实性负责；残疾人福利性单位系小型、微型企业的则不重复享受报价扣除政策。

最后，笔者还提个建议，财政部在加快包括政府采购政策内容在内的相关部门规章和法律性规范性文的修改和完善的同时，应当组织相关专家、学者和实务工作者，尽快编制包括招标或采购公告在内的招标文件和各类采购文件的示范文本，将政府采购政策的相关内容及其适用对象与条件以及其他内容纳入其中，向全国推行，以促进我国政府采购法治化、标准化与规范化建设。

政府采购的法治化之路

——读《制度是如何形成的》有感

刘 涛[*]

> **摘　要**：政府采购法治化的进程任重道远，从立法层面而言，其制定和修改要保持审慎、适度原则，在稳定性和时代性之间做好平衡；要从更宏观的角度看待政府采购的立法问题，始终注意与其他法律规范的配套衔接；妥善解决法律移植及其本土化问题。就法的实施来说，司法者、执法者及政府采购从业者的法律素养问题对法能否实现其立法目标至为关键，法律知识获取、运用能力的培养及法律思维、法治意识的养成缺一不可。
>
> **关键词**：政府采购　法治化　法的修改　法的实施

《政府采购法》于2003年正式实施，至今已走过了十五个年头，这十五年里，中国的政府采购事业取得了长足发展，当然也出现了不少的问题，很多问题也亟须我们的立法者、执法者以及其他政府采购的参与者予以回应。对于任何一项法律制度的形成、演进而言，十五年的时间都不算长，政府采购制度能够取得如今的成绩殊为不易，但是如果我们就此认为政府采购制度已经深深地根植于我们的意识、习惯、文化、制度体系、法律传统之中，这样说也不客观。正如苏力教授在他的《制度是如何形成的》一书中指出的那样，"制度形成的逻辑更多是历史性的，制度的发生、形成和确立都是在时间的流逝中完成，在无数人的历史活动中形成，是人类行动的产物、演化的产物。"简而言之，任何制度的形成都是一个缓慢的、渐进的过程，不可能一蹴而就。

苏力教授在书中深入探讨了影响制度形成的诸多要素，对法的起源、本质、特点、法律移植、法治意识养成等问题进行了系统分析和论述，这些问题看似宏大无比，实际上是任何一个部门法及其组成的具体法律规范制定及实施要解决的首要的、基础性的问题，民法如是、刑法如是、行政法如是，作为中国公共采购法基石之一的政府采购法也是如此。

---

[*] 刘涛：工作单位是新华通讯社办公厅。

现在政府采购领域中存在的诸多问题以及由此产生的争议都深刻表明，我们的政府采购制度的演进、完善及成熟还有很长的一段路要走。以现在的标准来看，政府采购法立法及实施的问题还是不少的，比如它没有对政府采购的性质作出清晰界定，也没有明确政府采购合同的属性，对采购人与评审专家的关系到底为何语焉不详，回避与《招标投标法》《反不正当竞争法》《合同法》等法律的冲突与竞合问题，很多条文没有秉持统一的价值取向左右摇摆，救济制度的设计没有在采购效率和公平问题上做出合理平衡等。我们立法、执法、司法经验及技术的不足是造成以上问题的重要原因之一，但是更多的原因在于我们所处的时代环境。同时，我们也应该看到，作为一部有志于规范公共资金使用、提高政府采购透明度的法律，政府采购法在其实施的十五年时间里，已经使得依法采购成为行业共识，并且至少在形式上扭转了以往暗箱交易盛行的采购格局，逐步规范了政府采购市场，单从这一点而言，政府采购法的立法目的已经初步实现。

一、政府采购法的修订思路及其原则

就当前情况而言，对政府采购法进行适当修改是很有必要的，也列入了财政部今年的立法工作安排。我们要正视政府采购法的问题，要不断地根据情况的变化来修改它，但是并不代表我们就此抛弃了法律修改的审慎、适度原则，法的修改务必要在稳定性与时代性之间找到平衡点。作为成文法系国家，法律的滞后性是毋庸讳言的，这是制定法的固有缺陷，实际上普通法系也有这个问题。但是法律的滞后性或者说保守性在很多时候是必要的，甚至可以说是法之所以成为法的必要条件之一。我们说法律的基本功能在于保持社会秩序和行为规则的稳定性，有了稳定才有预期，有了预期法才能发挥指引、预测、评价的作用，人们才能据此判断今天、明天、此地、彼地的他人行为，才有可能形成一个稳定有序的规则体系，我们现在很多诸如遵循先例、法不溯及既往的原则都来源于此。法律的稳定性当然不是说它不用呼应、回答现实中出现的新问题，但是法律的变化从来都是自我克制的、缓慢的变化，一般来说，只有当社会多数人的行为方式以及相应的社会生活的实际规则都发生变化时，法律的变化才会"千呼万唤始出来"。所以，从这个意义上说，法的本质或者其生命力从来不在于所谓的创新、实验、新颖这些方面，古罗马时期创立的很多法律规则一直沿用至今，美国宪法颁布200多年了，其基本框架和原则也没有改动过。

有关政府采购法修改的思路和原则问题，现在有很多观点和主张，有人认为政府采购法既然要改，就要保持一定的超前性，免得将来再落伍；有人认为把政府采购法搞好就行了，涉及其他法律规范的事无须关注；有人认为应借GPA谈判之机，实现我国的采购规则与国际全面接轨。有关法律修改应考虑的因素及其前提条件，相关的学术文章有很多，但是根本上的一点是共同的，那就是法的修改必须考量其所根基的现实情况，根基于它所处的时代、国家、地区的法律体系和传统，根基于当世大部分人的认识水平和行为习惯。法的适当超前并无不可，但是一定要注意，法从来不能也不应该规定当世的人们做不到的事。现在备受诟病的评审委员会制度，有人就批评它过于前卫，既没有考虑我们个人信用制度和人才评价机制的现状，也没有顾及与其他法律规范的衔接问题，自身也没有形成一个行之有效、严谨精细的规则体系，其结果就使评审委员会这一制度设计在我们现有的法律语境中显得独树一帜，成为纯粹的逻辑推演的产物，这个批评还是很中肯的。我们说法是实践理性，是世俗和功利的学问，强调的就是法律的现实性，法要解决人们所关心的现实问题，就不能脱离它所处的时代基础，关于这一点，在本文谈到法的滞后性、稳定性问题上也有论及。

局限于政府采购法去谈政府采购问题，现在看来也行不通。我们始终不能忘记的一点是，也是苏力教授在书中反复强调的，那就是任何社会、任何领域，都不可能只依赖某一种制度来规范，需要的是一整套相互制约、相互补充的制度体系，这些制度不仅包括宪法和法律明确规定的，可能更重要的是包括了社会中不断形成、发展、变化的惯例、习惯、道德、风俗这样一些非正式的制度。实际上，政府采购绝非政府采购法的专属领地，这其中涉及民法、刑法、行政法、诉讼法、商法、经济法等多个部门法，所有的这些法律规范及其相应的习惯、惯例等非正式制度，彼此联系、互为支撑，共同构成了政府采购的制度框架。比如，现在经常出现的中标通知书发出后不签署合同问题，政府采购法规定有行政责任、民事责任，但是此处的民事责任是缔约过失责任还是违约责任？中标通知书的效力如何界定？这些都需要民事法律规范予以回答。同样的，政府采购合同是否可以变更如何变更，首先就要回答政府采购合同的属性是什么，是行政合同还是民事合同，这当然就涉及行政法律规范和民事法律规范的理解和适用问题。

政府采购法现在面临的诸多问题和困境，其产生的原因和解决之道只能也必须在政府采购制度的大框架中去讨论，而不能拘泥于政府采购法本身。一个很明显的例子是政府采购法中有关串标、围标的规定已经相当明确具体，违法者视情形需要承担行政责任、民事责任、刑事责任，但是实践中能予以认定并承担责任的微乎其微，其他的诸如恶意低价中标、供应商的虚假要约等问题，都不是单单修改政府采购法就可解决的。

法的移植及其本土化问题，一直是法学界争论不休的焦点之一，肯定者有之，反对者也很多。苏力教授认为，法律移植从来不是把人家的制度、规则拿来为我所用那么简单，水土不服是常有的事，并且即使个别的法律或制度能够成功移植，在一个其他法律不配套的法律体系中的实际运作效果也必定不同，"二战"后西欧很多国家借鉴并引入了美国的司法审查制度，但是始终都没有确立本国司法审查的权威性，我们经常说的南生为桔、北则为枳即是此意。

囿于当时立法经验和基础的不足，我们的政府采购法立法大量借鉴和引入了国外的采购制度和规则，例如，联合国的采购示范法、WTO 的政府采购协议、世行亚行的采购指南等，近年来颁布实施的政府采购法实施条例及大量的部门规章、规范性文件，也都能看到国际通行的采购规范的影子。就采购的核心原则和规则体系而言，我们的政府采购法实际上早已并且一直在与国际接轨，即使是将来加入 GPA，政府采购法的修改也只需要一些技术层面的修改完善，并不存在重新接轨的问题。

我们现在面临的主要问题不是应不应该接轨，而是接轨后的本土化问题。法律移植在很多时候是必要的，也是后进国家或地区加速实现本国本地区法律制度、法律体系现代化的必由之路。全球化的迅猛发展和人类社会的大融合，法律规范的"普适性"和"普世性"的特点日益明显，规则体系的互为借鉴和移植，本就是当今社会政治、经济、文化交流的有机组成。苏力教授虽然是法律移植的否定论者，但是他的主要担忧在于法律移植后与本国本地区的生产生活方式、社会结构、行为习惯、司法传统的融合度及由此产生的实用性问题。任何法律概念、原则和与之相关的法律实践说到底是与人们的生产生活状态密切相连的，其作用完全是功能性的，而不是概念本身固有的，法律制度要实现真正有意义的移植，需要同时引入与之相适应的生产方式及与之相适应的文化和制度。我们的政府采购法与国际规则并无本质区别，但是实施效果却不尽如人意，很大一部分原因即在于此。此前引发社会热议的低价中标问题，很多人都在说这个规则有问题，应该取消，但是我们怎么去解释这一规则很多国家、地区、国际组织都在使用，实施效果也不错，为何我们出现这样那样的问题？我们多年来一直在工程建设领域推行国际通行的 FIDIC 条款，为何实践中还是出现大量的违约索赔现象？我们设置了大量的法律条文来保证竞争的公平、透明，为何围标串标、挂靠转包仍屡禁不止？要回答这些问题，只能从我们自身找原因，到我们的法治环境中去探寻，而不是移植几个概念、几个条文就能解决。

加入 GPA 利弊如何，现在还有很多争议，但是它促使我们有必要也有义务重新审视政府采购法的移植及本土化问题，法治无法完全通过书面文字来移植，其所依赖的法治系统及其实际运作是我们首先要了解和掌握的，已经形成文字的成功经验要了解，那些非言辞的隐藏在人们的行为习惯和意识深处的经验也要了解，所谓世道人心，正是我们需要下大力气研究的法律制度得以形成并发挥作用的基础。在未来的很长一段时间里，我们对国外采购法律规则的移植是确定的、必需的，但是如何实现外国法与本国法的兼容和同构、如何在一个法治土壤不尽相同甚至是迥然有别的所在培育好移植而来的法律之树并开花结果，则是一个长期的艰巨的任务。

二、政府采购法实施的影响因素及其解决方向

我们在关注政府采购立法问题对其法治化进程影响的同时，同样不能忽视法律制定

后的实施问题，"法治的含义就是制定好的法律，并严格实施这种法律。"现在政府采购领域的诸多问题与其说是立法问题，不如说是实施问题。法之生命在于实施，但是实践中法实施的效果与立法者所期望的立法目标存在偏离的情况极为普遍，甚至南辕北辙的情况也不少，并非政府采购法所独有。

《环保法》的限期治理制度就是典型例子，最高法婚姻法司法解释（二）第24条也是如此。产生此类情况的原因极为复杂，涉及守法、执法、司法各个层面，包括人们的守法意识、法律文化、执法机制、司法传统等多种因素，司法层面的诸多问题比如法院独立性不足、司法权威性不够、弹性司法运动式司法等当然是造成政府采购法实施效果不佳的重要原因，但是这些问题是我们现在的法治建设面临的共同问题，它更宏观，也更具话题性，不是我们这里讨论的重点。政府采购法实施的问题现在主要集中在守法和执法层面，就法的遵守和执行而言，影响法律实施的因素我们可以列举出很多，比如体制的问题、机构的问题、政策和导向的问题等，但是在所有这些法律实施所依赖的条件和基础当中，人始终是最关键最核心的因素，法律实施总是要内化于心并最终转化为人的行动，人的法律素养包括对待法律的态度、理解及运用法律的能力和水平等，直接决定着法律实施的效果。

我们不得不承认，法在很多时候只是看起来很美，法的概括性、抽象性及其追求的世俗化、功利化目标之间始终存在着距离感，这一点在制定法中体现得尤为明显。众所周知，法是从现有的社会实践中抽离出来的带有普遍性、共同性的行为规则，但是法所要规范的社会生活又是如此鲜活万变、纷繁复杂，如何在一个高度概括有时候甚至是"似是而非"的规则体系内解决所有这些问题，这就对我们的司法者、执法者和该领域的从业者的专业素质提出了很高的要求，我们要认识、判断、处理、解决实践中的具体问题，需要我们正确理解和掌握法的基本原则、价值取向、法条内涵及其逻辑关系，需要我们熟练掌握和运用法律推理、法律解释、法律论证等法律方法。实际上，法律从来都是一门艰深复杂的学问，有其特有的话语体系和逻辑结构，在很多国家或地区，法律职业资格取得的艰难程度已经很好的证明了这一点。我们当然不能要求政府采购的从业者都具有法学背景或取得法律职业资格，但是基本的法学基础知识应该有，这是正确理解和运用政府采购法解决实际问题的基础和前提，否则就会出问题甚至是闹笑话。

例如，有的政府采购监管机构就认为，供应商委托开、评标代表只能是本单位在职员工，其他人不行，如果我们了解代理制度的基本含义及其原理，就不应得出这一结论；再如有的采购人以公共利益为借口擅自终止履行合同，但是对何为公共利益及其判断标准模棱两可，常年涉诉无法脱身就属情理之中；因为对政府采购的性质认识不清，我们很多管理部门出台的规章、规范性文件过分剥夺采购人的权利（现在又在大量的无限制的放权），诸如此类不胜枚举。

不可否认的一个严重事实是，虽然依法采购已经成为行业共识，但是政府采购从业者法律素养不足的问题日益凸显，正在越来越强烈的影响或者说破坏政府采购法的实施效果，法的实施最终是人在实施，人的素质和能力是法能否实现其立法目标的基础性、决定性因素，我们多年来一直在构建法律职业共同体，强调法律人职业素质、思维方式、法律意识的趋同化，目的就在于此。政府采购职业共同体的建设当然不限于也不应限于法律知识的获取和法治意识的养成，但是法律素养的有无、强弱，直接关系到政府采购法能否实现其立法价值及目标，其重要性不言而喻。

就现阶段调查掌握的情况来看，法律素养不足问题在采购人和政府采购监管机构中体现的比较明显、也更具有普遍性，供应商因为自身利益所系，很多时候反而对法律法规的运用和掌握更为重视。法律素养不足的具体表现有很多，这其中法律教条主义和法律虚无主义是尤其需要注意并加以纠正的。

实践中我们发现，部分采购人和政府采购监管机构在采购实务和监管工作中对法条的理解和运用过于简单、教条，主观上认为法条的每个字、每句话我都看得懂，法条所要表达的意思并不难理解，我只要根据一般的常识判断就可以掌握。但是我们之所以说法律是一门独立的学科，其中一个很重要的原因就是它有其固有的表达方式和逻辑，我们常说的"法言法语"就是此意。同样的话语和表述，在法律语境下所要传达的含义与一般人的通常理解往往不尽相同甚至是背道而驰，并且法条的字面含义与其背后的立法原意、立法逻辑以及与其他法条及相关法律规范紧密相连，要真正理解其含义实际上远没有看起来那么简单，由此造成了采购人和政府采购监管机构的很多观点和做法看似依法依规毫无破绽，实际上可能谬以千里，比如，有的采购人认为政府采购合同不得擅自终止履行，意思就是说只要合同双方不能达成一致就无法终止，单方终止即构成擅自终止，但是我们的政府采购法已经明确政府采购合同适用《合同法》，合同法的法定解除制度并不需要双方协商一致。有的政府采购监管机构要求所有的采购项目不论性质如何，其评审因素都要量化，不允许出现主观分数，但是我们法条所要求的"量化"本意是限制评审专家的自由裁量权，督促采购人把采购需求和评审标准做得更为精细具体，从来不是说采购人要事先把所有的需求和标准都指标化、量化，它在部分项目中属于硬性约束，在部分项目中只能是指导原则。对很多服务类特别是创意类，比如软件开发、广告设计项目而言，"量化"是不可能完成的任务，因为你采购的本来就是智力劳动及由此凝结而成的智力成果，是现实中并不存在的东西，采购文件发出之时，采购人可能对项目未来做成个什么样子都只有一个大概框架，何来量化之说？

与此相反的是，部分采购人和政府采购监管机构认为既然现行的政府采购法律法规问题多多，我当然可以无视它，采用我认为的合理规则来规避它或完善它，并且自认为这是对法的创新和漏洞补充。比如，现在很多地方为了解决无处不在的围标、串标问题，苦于依据现有法律规范对此类违法行为认定和取证难度太大，因此就另辟蹊径，通过摇号、抽签等方式确定中标人，它本质上是符合政府采购法所一贯倡导的"三公"原则的，但是只要我们细加推究就会发现，这种所谓的创新，无法在现有法律规范内证明其合法性，本质上属于违法行为。

再如，有的政府采购监管机构认为采购人代表在评审现场经常主导评审、影响专家，于是就发出"通知"，规定评审委员会只能由外聘专家组成，采购人不能派代表参加评审，这很明显违反了我们《立法法》有关立法权限的规定。我们说法治实现的基础之一当然是精良立法，但是这里所说的精良立法从来不是说法律没有缺陷，实际上，法从来不是完美的而是有诸多瑕疵的，因为法毕竟是人制定的，立法者也是凡人，他并没有超出常人的智慧和能力，能够洞察、预测我们现世的所有问题，同时基于社会现实的复杂性，法本身就是利益平衡和妥协的产物，"顾此失彼"的情况俯拾皆是。

所以，卢梭才会说"要为人类制定法律，简直是需要神明。"也就是从这个意义上说，我们的每一部法律都有问题，都有着这方面或那方面的缺陷与不足，但是这并不意味着我们就可以随意曲解甚至是无视它，漠视规则的最终结果是损害我们所有的人。很多开车的人都在抱怨我们的道路交通法规有问题，它也确实有问题，但是我们能不能因为它有问题就可以按照自己的理解在路上随便开车？相信没有人愿意看到这样的局面。法的权威性是必须予以维护的，这是法治社会的一个基本要求，是法发挥其规范作用的前提，是法的稳定性、安定性的内在逻辑，其权威性表现在多个方面。比如，除非法定机关经过法定程序不得对法律进行制定、修改和废止，对法律的正式解释只能由立法、行政、司法机关通过法定程序做出，所有组织和个人都要在法律规范范围内活动，违法行为必须承担法律责任等。

在我们讨论政府采购法实施中的诸多问题及其表现的时候，有一个问题需要特别注意，那就是相较于采购人的守法行为而言，政府采购监管机构执法行为的合法性、正当性问题对政府采购法治化的影响更为深远，其通过行政执法行为传导出来的有关法的理解及适用的原则、标准等，在一定时期及范围内具有普遍的指导意义，很多时候也是司法机关裁判案件的重要参考。

当前行政执法的一个突出问题就是执法标准不一，弹性执法、选择性执法现象严重，执法行为缺乏统一性、稳定性。比如，如何认定采购人代表在评审现场发表倾向性言论？有地方认为采购人代表最好一句话也不要说，说了就有倾向性要处罚，有地方认为采购人代表如果只是就供应商递交的响应文件进行客观评议并不当然构成倾向性。有的地方今天认为供应商提交的投标文件有50%雷同即构成异常一致视为串标，后天又说30%雷同就是异常一致。所有这些问题的出现与我们执法人员的法律素养不足密切相关，当然，还有许多其他深层次的因素。

近年来，财政部在统一政府采购法的适用方面做了大量工作，针对有关问题出台了相应的部门规章或规范性文件、通过发布指导性案例就具体法律适用问题予以解释说明等，极大的规范了政府采购监管机构的执法行为，但是由于我们的行政体制、管理效能、人员配备等多方面原因，上述问题在很多地方仍然不同程度的存在。

采购人和政府采购监管机构从业者法律素养的养成教育问题已经迫在眉睫，政府采购法的立法再怎么精良，总需要人去实施，学法、懂法，才能正确地守法和执法，政府采购法要学，其他相关的民法、商法、经济法、行政法也要学，法律解释、法律推理等基本的法律方法也要掌握，但是更为重要的是我们要始终保持对法律的信仰、始终怀有一颗对法的敬畏之心。我们说要加强法律素养的养成，除了法律知识的理解和掌握，它更多的或者说更为重要的是一个法律意识、法律思维、行为习惯养成的问题，如果说法律知识的获取和运用可以在短时间内通过培训、自学等方式解决，那法律意识、法律思维、行为习惯的养成则是一个漫长的过程，特别是在我们这样一个法治传统并不浓厚的国家，要人们真正信仰法律、把法治意识融入自己的日常生活并最终形成习惯，任务极为艰巨，也就是从这个意义上说，我们的政府采购法治之路既阻且长，需要我们一代乃至数代人的艰辛努力才可完成。

参考文献

1. 苏力：《制度是如何形成的》，北京：北京大学出版社2007年版，第53页。
2. 亚里士多德：《政治学》，吴寿彭译，北京：商务印书馆1965年版，第199页。
3. 卢梭：《社会契约论》，何兆武译，北京：商务印书馆2003年版，第50页。

金融机构向 PPP 项目提供融资的顾虑及相关建议

朱春华[*]

> **摘　要：** 自 2014 年 PPP 提出以来，我国 PPP 快速发展，但也存在不少障碍，在项目方案设计、招投标过程、物有所值评价和财政承受能力论证、项目本身环保等方面可能存在不合规问题，导致融资无法及时到位。从 2017 年下半年开始，管理部门在不断规范 PPP 业务，集中清理了一大批不规范项目，从长期看有利于 PPP 业务发展，但导致金融机构对 PPP 项目融资有着更大的顾虑，从而短期内可能恶化融资环境。因此，建议目前正在征求意见的各项政策能进一步考虑金融机构的融资顾虑，并尽快出台正式的文件，提升 PPP 项目落地效率。
>
> **关键词：** PPP 融资　合规性　政府债务　项目库

规范的 PPP 项目，并且中标方为具备较强运营能力的社会资本、项目所在地方政府财政承受能力足以支撑，同时各方均能严格遵守相关协议约定，对于银行等金融机构而言应当属于优质的资产。当前国家要求银行保险机构加大基础设施领域补短板的金融，银行陷入相对的"资产慌""投放不足"等困境，而大部分 PPP 项目却面临融资难问题。本文将从 PPP 项目推进过程中融资难的原因进行阐述，希望能消除部分的信息不对称问题，提高项目落地效率。

一、PPP 项目开工率回升，但融资仍是"老大难"

2018 年财政部 PPP 项目二季度简报显示："项目开工创新高：二季度新开工 PPP 项目 309 个，环比增 43%；累计开工率 45.9%，单季度开工数、累计开工率在一季末短暂回落后亦创新高，一定程度上反映了项目质量回升和融资状况改善的趋势。"截至 2018 年 7 月底，全国 PPP 综合信息平台项目库累计入库项目 7867 个、投资额 11.8 万亿

---

[*] 朱春华：招商银行福州分行投金直营一部总经理。

元。其中，已签约落地项目3812个、投资额6.1万亿元，已开工项目1762个、投资额2.5万亿元。

上述统计中的落地是以签署PPP合同为标准，由于项目实际操作、后期融资等原因，项目在最终实施方面还是存在很大难度。据部分机构统计，目前全国以取得融资为标准统计，PPP项目落地率不足15%，甚至有的省份在个位数。根据四川省财政厅发布的《政府与社会资本合作（PPP）项目融资成本信息（第二期）》显示："截至2018年2月28日，全省PPP项目库（综合信息平台）内处于执行阶段的192个项目中，已签订融资协议的项目93个，总投资1153.95亿元，完成融资金额483.00亿元。"可以看出，签订融资协议项目占执行阶段项目比例不到50%，这其中还可能由于项目本身要素调整，导致金融机构需要重新批复等情况，因此实际融资到位的项目占比应该会更低。

二、PPP项目不断规范化，但融资环境尚未改善

自2014年PPP提出以来，我国PPP快速发展；2016年财政部建立项目库后，发展更为迅猛，目前已成为我国基建投资的主流模式。在快速发展的同时也暴露了诸多问题，如重建设轻运营、PPP使用范围泛化、地方政府变相举债融资、政府行为影响民间资本权益等，为PPP项目后期正常运行埋下隐患。为此，国家及相关部委出台了一系列规章制度进行规范，其中层级最高的为国务院办公厅于2018年8月14日印发的《全国深化"放管服"改革转变政府职能电视电话会议重点任务分工方案的通知》明确了2018年底前制定出台基础设施和公共服务领域政府和社会资本合作条例。

近两年关于PPP项目的管理在不断规范化，有助于PPP项目长远发展，但尚未能有效改善PPP项目整体融资环境。因为PPP项目不仅受制于PPP相关规章制度约束，同样受制于项目本身所属行业规范要求，更加受制于金融监管机构出台的政策。财政部陆续推出的规范措施在短期内甚至可能导致融资环境恶化。例如，财政部印发《关于规范政府和社会资本合作（PPP）综合信息平台项目库管理的通知》，统一新项目入库标准，集中清理"僵尸"项目和违规项目，各地累计清理退库项目2148个，涉及投资额2.5万亿元；印发《关于规范金融企业对地方政府和国有企业投融资行为有关问题的通知》，规范国有金融企业参与PPP项目融资行为，确保项目资本金来源合法合规。上述两项措施一度导致不少金融机构全面暂停受理PPP项目。

2017年11月17日，央行发布《关于规范金融机构资产管理业务的指导意见（征求意见稿）》以来，金融机构几乎暂停表外融资，尤其是对期限超过两年的项目。2018年4月27日，中国人民银行、中国银行保险监督管理委员会、中国证券监督管理委员

会以及国家外汇管理局联合发布《关于规范金融机构资产管理业务的指导意见》（以下简称"资管新规"）及7月各部门出台的业务细则均未改善上述情况。资管新规在"期限不得错配""不得多层嵌套"等方面"一刀切"的限制，严重压缩PPP项目融资渠道。

三、PPP项目融资难的主要原因

（一）项目合规性存在较大不确定性

1. 入库无法规避合规问题

目前，PPP领域尚无高位阶的法律作为指引，这几年来各部委从各自监管的角度密集出台监管政策，使PPP项目政策呈现文件多、杂、乱的态势。PPP政策的明确性和稳定性，将直接决定金融机构对PPP业务的信心，从而影响项目的可融性。在此情况下，金融机构大多将是否入选国家PPP项目库作为融资准入条件。虽然，目前有国家发改委和财政部两个项目库，但根据《关于规范政府和社会资本合作（PPP）综合信息平台运行的通知》第8条及《政府和社会资本合作（PPP）综合信息平台运行规程》第19条，未入选财政部项目库将导致：（1）无法编入各地PPP年度规划和中期规划；（2）无法入选国家级和省级示范项目；（3）不得列入各地PPP项目目录，原则上不得通过财政预算安排支出责任。其中第3项后果尤为严重。根据《国务院关于加强地方政府性债务管理的意见》第3条第（3）项，将政府与社会资本合作项目中的财政补贴等支出按性质纳入相应政府预算管理，一旦项目未能入财政部项目库，政府付费以及可行性缺口补助类项目的项目回报机制将不具有可行性，进而导致项目无法实施。而即便是使用者付费类项目，由于政府方在项目全周期内无法履行支出责任，项目的正常开展也极有可能受到影响。因此，金融机构更倾向选择财政部PPP项目作为评审标准。

入选财政部PPP库的项目，尤其是示范项目均是经过PPP专家库成员评审过，其中第三批政府和社会资本合作示范项目为财政部联合教育部、科技部等20个部门发布。然而，财政部于2017年11月发布的《关于规范政府和社会资本合作（PPP）综合信息平台项目库管理的通知》，于2018年4月发布的《关于进一步加强政府和社会资本合作（PPP）示范项目规范管理的通知》对入库项目进行重新审查，自2017年12月至2018年3月末，财政部综合信息平台已累计清理管理库项目1160个，累计清减投资额1.2万亿元；示范库项目被清理金额约940亿元，其中30个项目被调出示范项目名单，并清退出全国PPP综合信息平台项目库；54个项目被调出示范项目名单，保留在项目库，继续采用PPP模式实施；89个项目要求6月底前完成整改，逾期仍不符合相关要求的，调出示范项目名单或清退出项目库。2018年9月14日，财政部PPP中心发布《前三批PPP示范项目整改情况通报》（以下简称《通报》）显示，尚有6个项目正在落实整改措施或优化整改方案；2个项目因程序不合规被调出示范项目名单；4个项目因不再继续采用PPP模式实施或不符合PPP模式要求被调出示范项目名单，并清退全国PPP综合信息平台项目库。

虽然被清理出库大部分项目尚未进入执行阶段，但进入执行阶段被移除出项目库的项目，将无法列入各地PPP项目目录，在运营期间，实施机构不得通过财政预算安排支出责任，项目公司在运营期间的收益将得不到保障，这对金融机构来说无疑是重大风险事件，对于社会资本方也是巨大损失。实际上自2017年11月起，银行对PPP项目态度已经逐渐转为谨慎；退库在短期内使融资环境更加恶化。

2. 项目出库后尚无完善的解决方案

银行一般要求选择入库财政部PPP项目库的项目作为合作目标，优先支持示范项目库，但PPP规范文件，清理退库力度使金融机构措手不及。虽然不少专家很好地分析了PPP退库后的合同效力等问题，并且针对出库后项目的应对提出一系列解决方案，但由于主要侧重点在社会资本方需要与各方谈判的主要要点，尚未能有效消除金融机构融资顾虑。根据商业银行监管机构规定，只要项目出现还本付息困难信号，需立即将融资人列为预警客户。项目出库后，社会资本方与政府谈判必将是个长期曲折的过程，出现未及时还本付息情况则需调为违约贷款，导致经办的金融机构在绩效考评上面临巨大压力。

3. PPP项目行业合规性的不确定性

PPP项目除了要求在PPP方案、招投标、两论测算等方面需要合规外，项目本身合规性也面临一定压力。项目在执行阶段可能由于环保、医疗、教育等行业政策调整，导致项目无法推进。2015年底，中央环保督察组进驻河北开展督察试点，随后，环保风暴不断推向全国。在两年多的时间内，环保风暴已经无死角覆盖31个省份。笔者曾参与的环保类PPP项目正因为大检查，要求项目环保手续得重新申报，导致项目进度严重落后原计划，而政府方恰恰由于环保督查的压力要求该项目加快进度，但由于环保审批手续尚不完善，项目无法及时获得融资。

2018年8月，湖北省宜城市襄大农牧有限公司因违反项目环评报告和批复规定，被福建绿家园起诉，两家银行由于向其提供贷款，作为共同被告参加诉讼，三被告赔偿款或达3800万元，目前该案仍在受理阶段。此次环境公益诉讼案是银行第一次被要求承担环境法律责任，环境风险演化成了金融风险。此事件属于具有重大影响力的诉讼，预示着贷款人环境法律责任可能终将到来，为银行类金融机构敲响了警钟。因此，金融机构必将更为严格审查项目环保合规问题，也需要PPP所在地方政府积极配合。该问题不仅是金融机构关心的问题，更是社会资本方关注的重点，如果没有解决，无法有效激发社会资本方投资积极性。

(二) 政府举债的高压政策影响 PPP 项目正常推进

中央一直将化解地方政府隐形债务风险作为打好防范化解重大风险攻坚战的重要工作。2017 年以来，各部委下发了一系列规范政府融资的规章制度，2017 年 5 月财政部、发展改革委、司法部、人民银行、银监会、证监会联合印发《关于进一步规范地方政府举债融资行为的通知》，进一步规范地方政府举债融资行为，依法明确举债融资的政策边界和负面清单，严禁地方政府利用 PPP、各类政府投资基金等方式违法违规变相举债。

事实上由于部分地方政府将 PPP 作为一种融资手段，导致审计署等机构检查时将当地所有 PPP 项目中政府的支出责任纳入隐性债务，使当地政府及相应金融机构均需要被问责。当前，无论是地方政府还是金融机构均处于强监管态势，对所发现问题的处罚力度空前，为避免合规风险，地方政府及金融机构大多只能采用"一刀切"的方式应对，严重影响规范 PPP 项目的推进。

(三) 不少基层政府缺乏必要的专业知识

部分地方政府出于政绩等考虑，热衷上项目、投资拉动，但在推选 PPP 项目时不愿意提供投资回报率高的项目，或者强行搭配大量基础设施项目；在做"两论"时未能考虑当前经济形势，过于乐观测算未来财政收入增速。有的地方政府在推动 PPP 项目时，甚至完全不了解中央部委及金融监管部门对项目融资的规定，前期基本只与咨询机构沟通，但有的中介机构为了争抢项目迎合基层政府需求进行方案设计。社会资本方中标后才与金融机构联系，发现大部分项目存在瑕疵，而政府方大多将融资责任全推到社会资本方，不愿意配合整改，导致项目无法取得融资。

此外，部分项目的中标社会资本方为地方国有企业，该类企业未能根据金融市场实际形势调整对融资成本的控制，一味追求低成本，个别金融机构无序竞争通过低价取得项目。后期由于信贷资金成本上涨，无法及时投放，导致融资无法按时到位。还有一种情况为当地基层金融机构不了解 PPP 业务，但通过低价取得项目，后续因专业知识不足未能设计出合理的融资方案。

(四) 实施主体资质及动机也将影响融资

目前中标项目主体国有企业占比过大，尤其是建设施工类企业，导致重建设轻运营。央企早期为降低集团整体债务率不仅集团层面不提供担保，项目资本金也需要进行融资，实现项目贷款出表。该类企业参与 PPP 项目基本是看中施工利润，整个项目自身出资比例过低，甚至可能出现施工利润超过出资金额。这类项目在大多数金融机构风险评审时，都将被否决。但在2017年以前金融过度创新的情况下，不少金融机构为了抢夺业务，可以提供资本金及项目贷款两端融资。

民营企业作为社会资本方将承担更大压力，未上市的民企资质较弱，需联合央企等大型机构参与投标，中标后由于政策形势变化、央企管理人员调整等导致前期商定协作机制无法推进。上市公司同样陷入困境，2018年5月，东方园林原本计划发行的10亿元公司债券，实际募集到位资金仅0.5亿元。随着这一消息流传，在债券违约频现的情况下，市场对于高投资、高负债PPP公司偿债能力及现金流等担忧骤起，导致PPP概念股集体跳水。这不仅影响其中标的PPP项目融资，还进一步影响公司本身的正常经营。

四、相关建议

（一）对已入库尤其示范库项目合规性进行权威认定

虽然国务院办公厅于2018年8月14日印发的《全国深化"放管服"改革转变政府职能电视电话会议重点任务分工方案的通知》明确了2018年底前制定出台基础设施和公共服务领域政府和社会资本合作条例，但该条例尚未出台，无法确定能解决哪些"疑难杂症"。建议财政部PPP中心借助同年8月印发的《关于进一步规范管理PPP咨询机构库入库机构的公告》加强中介机构管理，把好项目入口关、社会资本遴选关、履约监管关，加强规范运作，杜绝无法实现物有所值、财力无法承受、不具可融资性的项目，最好能确保至少示范项目不再被退库。

（二）提前与金融机构沟通，设计符合融资风险控制要求的方案

建议地方政府职能部门，例如，财政局PPP中心在初选可采用PPP模式的项目基础上，选择2~3家在PPP项目方面具备专业能力的金融机构在方案设计时与咨询机构同步推进，各方应进行充分交流及论证。这可以大幅提高项目的可融性，也解决了社会资本的"后顾之忧"。相信大部分商业银行愿意配合政府推进该类合法合规的项目融资。因为PPP项目周期基本上都比较长，政府需授予配合的银行优先合作权，提高金融机构配合的积极性。

（三）明确管理部门，建立统一协调机制

目前，金融机构为PPP项目提供融资后，需要面临财政部专员办、省财政厅、银保

监会、发改委、金融办、审计署等监管机构及其相关下属单位各种调研、检查，而且各方检查口径不一致，导致金融机构疲于奔命。建议相关部门能够建立协调机制，共享数据，在对具体项目的判断上能达成一致意见，缓解金融机构或基层政府报送工作压力。除了优化材料报送机制外，更需要明确的是项目合规性，比如规范 PPP 项目形成的财政支出是否属于政府隐形债务，目前多地审计署检查时均把所有 PPP 项目中的政府支出认定为政府隐形债务。

2018 年 9 月，财政部向各省财政部门发出了《关于规范推进政府与社会资本合作（PPP）工作的实施意见（征求意见稿）》，该征求意见稿明确指出，规范的 PPP 项目形成中长期财政支出事项不属于地方政府隐形债务，同时提出原则上不再开展完全政府付费项目。希望该文件尽快正式发布，并且能取得其他部门的共识。

（四）对退库项目安排适当保障机制

2018 年 8 月，银保监会下发《加大信贷投放力度，对基础设施领域补短板的金融支持》，要求引导银行保险机构加大资金投放力度，保障实体经济有效融资需求。指导银行保险机构准确把握促进经济增长与防控风险的关系，正确理解监管政策意图，充分利用当前流动性充裕、融资成本稳中有降的有利条件，加大信贷投放力度，扩大对实体经济融资支持。指导银行按照市场化原则，保障在建项目融资需求，加大对基础设施领域补短板的金融支持。该文件要求保障在建项目融资需求，是否包括前期银行已提供融资但被退库的项目？金融监管部门是否可以针对该类由于政策变化等原因出现的风险项目给予配套的支持政策，而非按一般融资项目进行监管。

五、结论

推广 PPP 模式在当前形势下具有十分重要而迫切的现实意义。国家仍在继续推动基础设施建设，而地方政府债务压力较大，除了政府专项债外，更需要 PPP 模式的支持。国家各部委正在加强 PPP 项目管理，但更多的是从 PPP 项目本身进行完善，希望能进一步考虑金融机构的融资顾虑，推出更多规范的、具备一定商业价值的 PPP 项目，提高 PPP 项目可融性。

参考文献

1. 巴曙松、马亚东、朱虹：《基础设施融资中 PPP 模式进入规范监管时代》，今日头条，2018 年 4 月 1 日。

2. 财政部PPP中心:《前三批PPP示范项目整改情况通报》,http://www.cpppc.org/,2018年9月。

3. 吉富星:《新形势下PPP融资困境与出路》,载于《银行家》,2018年第4期,第40页。

PPP 项目模式特质分析：
定义观点与法理阐析

任 际 曹 荠[*]

> **摘 要**：2014 年以来，PPP 作为一类建设项目模式被集中推广，出现了数量大、问题多，特别是政策多类以及与法律不衔接等情况；而且宣传多但理论研究少，特别是基础分析和重大问题缺乏法理学分析。所以，加强 PPP 项目模式特质的深入研究是理论研究和实践运作 PPP 项目模式的当务之急，因为明辨 PPP 项目模式特质内涵与定位以及通过法理基础范畴阐释，有益于 PPP 建设项目的科学化、规范化，从而实现公共利益的获益性及一般项目高质量发展。
>
> **关键词**：PPP 项目特质 主体两重性 客体专有性

目前，我国的 PPP 项目模式已经大量开展，如有新的数据显示"我国 PPP 综合信息平台项目累计入库 8287 个，入库资金为 122998 亿元"。实际上自 2014 年开始，PPP 项目的数量在我国就呈现出了几何式的增长状态。与此同时，PPP 项目模式也取得了一些实践经验和运作基础，而且针对 PPP 项目模式中的问题，财政部也在近期出台一些措施对 PPP 项目模式进行了一定的指导和控制。不过，PPP 项目模式是可以作为一类或一种长期发展的经济行为或方式，因而它还需要更加清晰的特质、边界、规范认识。对此，本文提出 PPP 项目模式特质的分析观点以及从法理范畴对其予以基础解析，以期益于实践中加强 PPP 项目模式的法律规范建设工作。

一、PPP 建设项目特质分析

PPP（Public – Private Partnership）主要是一种建设项目模式，即是在一定的基础设施中的特有项目运作模式，但需要强调的是，这种基础设施的项目运作，应当是政府和社会资本的合作方式，并且，在该模式下主要是进行公共基础设施的建设。之所以允许

---

[*] 任际：辽宁大学教授，博士生导师，辽宁大学财税法研究中心主任，辽宁省财税法学研究会会长；曹荠：辽宁大学财税法研究中心研究员，法学博士。

社会资本进入PPP建设项目，主要是由于这种社会资本具有一定的投资、运营、管理能力。

在国外，PPP项目方式出现的较早，而且分类已经十分明确。例如，在1997年，世界银行即从投融资、使用权属、风险分配、所有权属和合同期使用长短等方面和因素加以分别，将PPP分为了特许经营、租赁、外包、服务外包、BOT/BOO和剥离六种主要模式。在欧洲，欧盟委员会是按照参与方的角色、地位等将PPP模式分为：综合性开发及经营、传统承包、结伙开发三大类。

在国内，对PPP项目模式有一些不同的说法，可以将这些说法直接归分为两大类：广义说和狭义说。本文认为所谓广义说，是认为政府或者公共部门与非公共部门（即私人或私营部门，以下同）的建设项目合作，不论其合作的程度、范围、方式等，只要是两者之间共同参与了该类建设项目，在合作过程中非公共部门的资源参与提供了公共产品和服务，就属于PPP项目模式。这主要是从合作各方的合作方式而言的基本看法，在这种观点中，主要强调了通过合作达到比单方或一方的建设行动更为有利的结果；而所谓狭义说，主要是认为政府与非公共部门的建设项目合作，有明确的阶段或具体内容，主要是通过合同更加细致地约定政府或者公共部门与私人或私营部门等非公共部门的权利与义务，狭义PPP的主要特点是政府或者公共部门对建设项目的参与更具体、更直接，更特定化。

笔者认为，所谓PPP项目最重要的指向是PPP建设项目主要是反映在公共服务领域而依法设立的合同项目方式，这类合同方式具有其自有合作内容，即它是政府或公共部门与私人或私营部门针对公共基础设施项目，进行设计、融资、运营、管理等而依法确定的合同合作方式。由此，PPP建设项目具有其自身表现特征。笔者认为，第一，必须注意明晰由社会资本提供的公共服务有投资、运营管理，并非是政府或者公共部门没有做任何项目上的工作，通常在公共服务建设项目上，政府或者公共部门都会依据公共服务建设项目的需要，进行一定的前期调研、立项评价、风险绩效等工作，而且，在一些项目中政府或者公共部门是实际上向社会资本支付合同成本议价内容的，这在法律上即称之为"合同对价"。甚至在PPP建设项目的中期、后期的建设管理运营过程中政府或者公共部门也可能依法承担合同义务。第二，社会资本主要是私人或者私营部门（包括私企）的资本，其参与PPP项目是因为具有投资、运营、管理资本或者能力参与公共服务提供，因此，政府或者公共部门应当通过鼓励竞争的方式公开选择这些社会资本，并应当依据公共服务绩效结果向这类资本支付合同约定的对价。第三，在理论上不必局限于PPP项目的广义或者狭义之分，不妨更加深刻分析PPP项目之特质形态，进而把握PPP项目的特征表现，解决其本质与边界问题进而实现法律化。

根据以上分析，PPP项目模式还具有以下特质：

（一）PPP 项目主体的两类性

PPP 项目主体，主要是指 PPP 项目的参与方。尽管 PPP 项目的建设内容各有不同，但是，它的主要主体或者参与方是两大类：一类是政府或者公共部门；另一类是私人或者私营部门（包括私企）。

首先，政府或者公共部门是 PPP 建设项目的重要参与方。2014 年，财政部在《关于中央和地方预算草案的报告》中提出了推广运用 PPP 模式支持建立多元可持续的城镇化建设资金保障机制，提出在加快推进在城市基础设施建设、公共租赁住房领域及地方融资平台公司项目转型中开展 PPP 示范项目建设，有效释放社会投资潜力。PPP 建设项目首次在财政行政部门予以肯定，而且同年 7 月，财政部《关于推广运用政府和社会资本合作模式有关问题的通知》中再次强调运用政府和社会资本合作模式的重要意义。[①] 国务院法制办、国家发展改革委、财政部等部门还共同起草了《基础设施和公共服务领域政府和社会资本合作条例（征求意见稿）》，2014 年 12 月，国家发展改革委员会对加强政府和社会资本合作也公布了指导意见，在此，国家发展改革委员会的指导意见更具体一些[②]，例如，提出了政府和社会资本合作的主要原则、资本合作工作机制、资本合作的项目范围及模式、资本合作项目的规范管理、资本合作的政策保障等方面，突出了扎实有序开展政府和社会资本合作的鼓励指导意见。2017 年发改委又从九个方面对于加强政府和社会资本合作提出了强化要求。在国民经济和社会发展"十三五"规划纲要（2016 年）提出"创新财政支出方式，引导社会资本参与公共产品提供"，也是对 PPP 建设项目提出新的要求，也可以理解为 PPP 建设项目作为社会资本参与公共产品提供的方式，已经是我国财政体制改革创新的一个基本内容。这些文件规定或行政制度等，都对 PPP 建设项目的推广予以了充分鼓励，也都十分明确地提出了政府可以与社会资本开展 PPP 建设项目合作。

首先，就法律而言，政府参与 PPP 项目，其主体身份是有法律要求的，但这可以在《政府采购法》中予以了解，我国《政府采购法》第二条规定，政府采购是指"各级国家机关、事业单位和团体组织，使用财政性资金采购依法制定的集中采购目录以内的或者采购限额标准以上的货物、工程和服务的行为"。在该法条中，政府采购的主体主要被设定为国家机关、事业单位和团体组织。虽然"政府采购所表现的是政府及政府有关部门作为采购主体，为实现政府职能或公共服务需要，使用公共资金在市场购买货物、服务、工程等行为"，但是"政府和社会资本合作模式是在基础设施及公共服务领域建

[①] 在《财政部关于推广运用政府和社会资本合作模式的通知》中，从积极稳妥做好项目示范、切实有效履行财政管理职能、加强组织和能力建设等方面工作再次强调了推广运用政府和社会资本合作模式。

[②] 国家发展改革委印发《关于开展政府和社会资本合作的指导意见》。

立的一种长期合作关系。通常模式是由社会资本承担设计、建设、运营、维护基础设施的大部分工作，并通过'使用者付费'及必要的'政府付费'获得合理投资回报；政府部门负责基础设施及公共服务价格和质量监管，以保证公共利益最大化。"这说明这一方式仍然是政府支出形式的一个种类，而 PPP 项目也就是政府为增强公共产品和服务供给能力、提高供给效率，通过特许经营、购买服务、股权合作等方式，与社会资本建立的利益共享、风险分担及长期合作关系。所以，在没有新的法律出台的情况之下，参与 PPP 项目的政府主体应当遵守《政府采购法》中关于主体的相关规定。

其次，私人或私营部门（包括私企）是 PPP 项目主要参与方。

如上分析，政府是 PPP 项目的重要参与者，而 PPP 项目模式中的另一个主体是私人或者私营部门（包括私企），在我国的有关政府文件中，这一主体被通称为社会资本方，因此也才可以说是社会资本方（私人或者私营部门、包括私企）是 PPP 建设项目模式另一重要主体。政府或公共部门往往是通过一定的竞争方式选择具有 PPP 项目的投资、运营、管理能力的社会资本，双方或者多方按照平等协商原则订立合同。笔者认为私人或者私营部门（包括私企）作为 PPP 项目主要参与方，主要具有以下几点特征：（1）应当具有投资、运营、管理 PPP 项目的能力；（2）必须具有参加公平公开的招投标进入形式的资格；（3）应当具有依照合同规定承担权利与义务的法律资格；（4）可以与政府或者公共部门等主体约定合作方式等。

从一般理论上，政府与公共部门参与 PPP 项目是在于公共利益或社会提供；而从市场规律而言，必须看到的客观规律是私人或私营部门（包括私企）更多的是关注投资效率、投资收益等。即使是在这种情形之下，PPP 项目并非没有社会意义，无论是财政部抑或发改委等机构，提倡和主张这类建设项目，是在于对社会资本流动方式的创新，还在与通过政府与社会资本的结合，为社会资本提供进入建设项目的不同机会、条件、环境等。实际上，尽管现阶段私人或者私营部门（包括私企）参与 PPP 项目的具有很多复杂问题，但其作为社会资本的广泛特征将会带来不同的社会融资模型，因而应当鼓励私营企业、民营资本与政府进行合作参与。

（二）PPP 项目所涉项目客体的专有性

PPP 项目是由政府或者公共部门参与私人或者私营部门（包括私企）与参与的项目模式，但是它已经并非传统意义上的政府采购模式。PPP 项目所涉项目客体的专有性是强调，政府或者其他公共部门在 PPP 项目中所指向的客体"对象物"，并非一般意义上的由政府或公共部门的"购买物"，在此其"物"的内容主要是基础设施建设项目，这类项目基本排除政府或公共部门自用。政府或其他公共部门等也可以"为社会公众提供的服务"采购具体的建设项目，2015 年《政府采购法实施条例》就将"为社会公众提供的服务"纳入了政府为服务而采购的范围。

在实践中,对 PPP 项目存在着客体"对象物"不明确的现象和问题,例如,将 PPP 项目简单地作为一般融资项目,例如,实际上 PPP 所建设的项目与 BOT 等融资建设项目是有不同的,在 PPP 项目中,"对象物"内容主要是特定的基础设施建设项目,而更加关键的是,该"对象物"内容不仅排除政府或公共部门自用,而且在建设运营中接受政府或其他公共部门参与方的监督,它还不是一般法律限定的"交钥匙工程"的"物",在 PPP 项目上,政府与社会资本方可以发行债券,形成资产证券化。所以,PPP 项目所涉项目客体具有其专有性。

一般情况下,PPP 项目所涉及的"物"是特定的建设项目,这一项目是具有一定属性要求的,一般的由开发商进行的商业性质地产开发并不属于 PPP 的这一类建设项目;涉及国家安全和重大公共利益的项目也不适宜采取 PPP 项目。而且,"地方政府不得以借贷资金出资设立各类投资基金,严禁地方政府利用 PPP、政府出资的各类投资基金等方式违法违规变相举债,除国务院另有规定外,地方政府及其所属部门参与 PPP 项目、设立政府出资的各类投资基金时,不得以任何方式承诺回购社会资本方的投资本金,不得以任何方式承担社会资本方的投资本金损失,不得以任何方式向社会资本方承诺最低收益,不得对有限合伙制基金等任何股权投资方式额外附加条款变相举债。"

同时,PPP 项目所涉项目的客体范围又是十分广泛的。2018 年 9 月,中共中央、国务院即提出了"通过政府和社会资本合作(PPP)模式、社会领域产业企业专项债券等方式,鼓励支持社会理想参与文化、旅游、体育、健康、养老、家政、教育等领域基础设施建设。"

(三)PPP 项目模式的形式可表现为合同约定

党的十八大、十九大都强调积极鼓励民间资本和私营企业参与到公共基础设施建设和公共服务产品提供领域。具体在《基础设施和公用事业特许经营管理办法》出台后,各个政府部门积极参与了众多的 PPP 建设项目模式。

PPP 项目模式是通过合同形式明确参与各方各自的权利义务,PPP 项目的法律形式是合同约定的结果,只是关于 PPP 合同的法律性质在法学界和实践中争议颇多,我们通过文献梳理将其概括为三种观点:一是主张 PPP 项目合同为行政合同;二是认为应当将 PPP 项目定性为民事合同;三是认为 PPP 项目为复合型法律关系,兼具民事性质和行政性质。

2017 年 7 月,国务院法制办曾经主导起草《基础设施和公共服务领域政府和社会资本合作条例(征求意见稿)》,在该意见稿中将"仲裁"作为 PPP 项目的争议解决方式。笔者认为从这一形式上看,PPP 项目合同是体现为一类可以约定的法律性质而被予以确定。但对于争议解决，在不同的国家是有不同规定和不同做法的，一如联合国《私人融资基础设施项目法律指南》指出的，"在多数大陆法系国家，项目协议由行政法管辖，而在另一些国家，此种协议原则上由合同法管辖，并有针对提供公共服务的政府合同而制定的特别规则作为补充。这种制度可能关系到项目协议当事方商定的争端解决机制。"

二、PPP项目的法理阐释

2017年11月27日，亚洲开发银行发布了其成员国的政府和社会资本合作监测报告即《PPP监测》认为，我国拥有最多融资已到位的PPP项目，并通过吸引更多私营部门企业参与，在PPP领域将大有作为。所以，严格兑现合法合规的政策法律承诺或者规定，依照法理阐明建设条件，构建合理清晰的PPP建设项目的权、责、利关系，极其重要。

其一，从理论而言，本文认为PPP项目是合同项下的建设模式和内容，它具有合同之中的权利与义务，即在PPP项目模式中，作为参与方的政府或者公共部门与私人或者私营部门（包括私企）是合同中的当事人的关系，在法理上，这实质上是一种合同项下协商合作的平等关系，这种协商合作的平等关系是平等主体之间的合同法律关系，具体说，是两个或两个以上的法律主体针对某一种、某一项的权利义务内容，通过意思自治而自愿达成的建设项目契约或者合同，从而形成契约关系或者合同关系。所以，就法理意义而言，它也是法学语境中的民事内容。故而有一些学者将其称为"公私合作的契约表现"，认为这是着眼于一种"公私合作"。

在这种法律关系中，PPP项目的法律定位是明确的，PPP项目的表现目的是双方或多方合作关系，在这种合作关系中，政府作为平等主体是建设项目建设的共同参与者，政府以共同协商、风险共担、利益共享的基本目标来参与PPP项目，由此PPP项目模式中的社会资本不是单一的执行政府的行政命令，而是在PPP项目履行合同中的当事人之义务，同时享受当事人之权利。所以，在这类在合同中，往往规定了共同提供公共产品和服务等内容的基本条款，例如，由社会资本方、主要是私人或者私营部门（包括私企）在项目建设、投融资方面需要承担的重要责任。而作为政府一方的当事人也是在"公共领域"实现公共利益的最大化，例如，财政部提出的"推广运用PPP模式，支持建立多元可持续的城镇化建设资金保障机制"。PPP项目合同的双方当事人合作目的，应当在保证公平正义的前提下实现社会效益、投资效益。

其二，就PPP项目合同而言，该种类的合同性质值得分析的。该问题实质是，PPP项目合同是行政合同、民事合同或者其他合同类型。

如上分析所言，PPP 项目是具有合同当事人关系的，这一语境体现出的是当事人基本边界，而其核心意义还是合同当事人的权利义务平等。值得讨论的是，PPP 项目中的政府并非一般条件下的合同当事人，政府在 PPP 项目中的法律定位是复杂的，政府除了与其他当事人共同协商、风险共担、利益共享，还具有监督责任，由于 PPP 项目往往是公共领域的公益建设项目，这种公益建设项目基本上都事关社会公共利益的重大问题，政府对该类项目的监督责任是其公共利益维护者的一种职责。我们将这一职责的行为过程与监督基本过程进行了分析归纳，认为至少应当具有以下过程形态：（1）事前监督—审批阶段的审查监督；（2）事中监督—运行过程的质量监督；（3）事后监督—项目建成后的监督等。在这一监督形态上，它又是特许经营协议。这种情况下，PPP 项目合同就不仅具有民事性，而且具有一定的行政性。

在法律依据上，在国务院部门的规范性文件中，例如，财政部《政府和社会资本合作项目政府采购管理办法》第二十二条，就规定了双方在 PPP 建设项目履约过程中发生纠纷、并且不能协商解决的，可以提起民事诉讼或者仲裁。财政部《关于规范政府和社会资本合作合同管理工作的通知》中，也规定了政府与社会资本在 PPP 建设项目上的平等法律地位。在相关的法律法规中，《政府采购法》以及《政府采购法实施条例》（2015 年）也有相关的可以仲裁的规定。这些更多的是体现民事权利，在这一主导中，PPP 建设项目合同的政府行为主要是合同行为，主要针对的可能是不履行合同或是民事违法。

根据 2015 年最高人民法院《行政诉讼法解释》第十一条规定，特许经营协议是行政协议，并且规定特许经营纠纷作为行政案件处理，这又更加突出体现了此类 PPP 建设项目合同的行政性，也可以理解为针对 PPP 建设项目的政府作为，将这一作为视为是一种行政作为，既然是行政作为，对该行为应当加以约束，行政诉讼法及其司法解释的重点也就主要在于对行政权力的规范。

显然，在我国法律法规政策上，不同的法律法规政策之间对于政府等主体在 PPP 建设项目合同中的行为出现了不同的法律定位。因而统一法律规范内容已经成为 PPP 立法的重要任务。

三、PPP 项目基本保障与方法

鉴于 PPP 项目的特质特征与范畴问题，它十分需要在保障环境中运作和实践，对它的分析和阐明并不是简单地用单一的立法观或者解释观即可以实现和完成，它需要法律法规政策的配套整合，包括现行法律法规政策的配套整合以及新的法律法规政策的配套整合。

（一）构建 PPP 项目法律体系

法律法规是 PPP 保障项目参与者及利益相关者的基本权益的基础条件，所以，所谓 PPP 法律并不能仅仅是一部法典的编纂，它需要有相关的不同的法律法规加以配套，而相关职能机构在 PPP 法律体系建设中会具有很大的推动作用，但是，PPP 法律体系的建立不是仅仅由相关职能机构来推动的，它还需要社会参与，尤其是还需要有专门机构作为文件的提供者。当前，PPP 项目模式的专门法目前还未形成，因此，需要建立承担 PPP 立法工作的专门机构，推动 PPP 立法工作展开，制定相关法律并完善相关法律制度。在立法过程中，明确 PPP 模式规范发展目标、PPP 项目的法律属性，不同法律文本应当对矛盾的内容进行调整，相交叉的内容进行整合，协调统一。

现在有关 PPP 项目模式的规定大都出自国务院、发改委、财政部、住建部等国家部门以及地方政府部门。不过，例如，财政部 2017 年 1 月公布的《政府和社会资本合作法（征求意见稿）》与国务院法制办 2017 年 7 月公布的《基础设施和公共服务领域政府和社会资本合作条例（征求意见稿）》之间，是存在着一些矛盾的。这些行政文件、地方文件可以先做配套整合工作。

（二）理顺各方主体责任统一监管

政府在 PPP 项目中是与私人部门或者私营部门（包括私企）、或称之为社会资本等通过协商成为合同的方式来建立一定的法律关系，这一法律关系的建立首先是在公开公平的原则下进行的项目建设行为，但是，政府或者其他公共部门为了公共利益仍然会对 PPP 项目进行监管，如前所言，对于公共领域的公共服务项目建设，政府等会进行项目建设前、项目建设中、项目建设后的监管。

PPP 模式项目在建设过程中，政府或者公共部门承担着监管者与合作者两种法律身份，这两种法律身份的重叠也可以使政府或者公共部门的具体行为属性较为模糊，反而可能导致公共利益难以得到有效保障。为此，在价值平衡前提下，对政府公共部门所承担的合同的"合作者"与项目的"监管者"的法律应当明确，这是制定 PPP 法律制度的重要内容。

（三）明确合同性质完善争议解决机制

PPP 项目模式中的法律关系需要明确主体、客体及适用范围等，在主体方面，PPP 项目合同所涉及的法律主体涵盖面广和利益方多。在此，政府与其他公共部门以及私人部门或者私营部门是 PPP 合同关系的关键主体；并且由于 PPP 项目合同具有特殊性，在对该类合同性质有充分了解的基础上，才可以构建起高效的争议解决机制。为此，在立法过程中应当进行具体界定，使具有法律特质的不同法律主体在法定范围以合同的方式合作并解决争议，使 PPP 建设项目的科学化、规范化，从而实现公共服务的公共利益的获益及 PPP 项目高质量发展。

参考文献

1. 财政部政府和社会资本合作中心：《PPP 模式融资问题研究》，北京：经济科学出版社 2017 年版。

2. 任际：《政府采购进口法律规制：法律宗旨与评价》，载于《中国法学》，2004 年第 3 期，第 113~119 页。

体育场馆 PPP 项目咨询服务工作要旨探究

——以杭州奥体 PPP 项目为例

崔宏伟　骆珉[*]

> **摘　要：** 本文以财政部第四批示范项目——杭州奥体中心主体育馆和游泳馆、综合训练馆 PPP 项目为例，对项目全流程咨询工作进行详细的分析和解读，拆解项目实现多方共赢的核心要素和关键节点，来探究咨询服务成功操作的路径，以期对同类项目的咨询工作带来帮助和启发。
>
> **关键词：** 体育场馆 PPP 项目　可用性服务费静态回收　创新投资回报机制　可持续发展　多方共赢

杭州奥体中心主体育馆和游泳馆、综合训练馆 PPP 项目（下称杭州奥体项目）是杭州 2022 年第 19 届亚运会的主场馆，由杭州市萧山区政府发起，经各方共同努力于 2017 年 10 月成功落地，并入选财政部第四批 PPP 示范项目。杭州奥体项目静态总投资约 45.88 亿元，建设内容包括主体育馆（18000 座）、游泳馆（6000 座）以及综合训练馆（含五大中心），总建筑面积约 58 万平方米，是杭州市奥体博览城的核心建筑群，也是杭州城市新地标。上述体育场馆类 PPP 项目往往投资大，合作期长，涉及公众及多方核心利益，具有自身显著的特性和发展规律。在该类 PPP 项目中，咨询团队如何建构一套合法、合理、结构优化，符合行业特征及发展规律的交易结构体系，是项目顺利实施的根本前提，更是关乎项目成败的决定性要素。下文将就此展开深入的分析和论证。

一、夯实咨询工作的基础

本项目咨询团队选取多家有代表性的体育场馆实地调研，利用 PPP 项目大数据分析来论证 PPP 模式操作的可行性，通过梳理相关领域的政策、把握国家政策的导向，并在

---

[*] 崔宏伟：国家发改委 PPP 入库专家，作为咨询团队项目总监、具体负责领导和执行团队的全部咨询工作，工作单位是深圳市瑞致咨询有限公司；骆珉：工作单位是北京市工程咨询公司。

此基础上充分论证和研究，为后续咨询工作的展开夯实基础，提供有力支撑。

（一）大型场馆实地调研

为了解国内同类大型体育场馆的现状，汲取教训，总结经验，咨询团队[①]多点出击，在全国范围内选取 11 家举办过大型赛事、具有代表性的大型体育场馆并逐一进行现场调研，为后续工作展开夯实基础。在业主的协助和相关方的配合下，咨询团队与这 11 家场馆的运营方通过面对面访谈、实地考察、问卷调查等方式，对其建设、投资及经营情况进行了全面的调查，同时也和项目方就运营中的难点、痛点进行了深入的沟通，并根据调研情况将国内体育场馆的运营模式进行了深入研究以及类型化的分析。

1. 传统模式

传统模式是由政府主导体育场馆的设计、投资、建设，负责赛事服务期的服务管理和赛后运营期的运营维护工作的投资模式。该模式可进一步细分为纯粹的传统模式和改良的传统模式，纯粹的传统模式是指场馆建设全部由政府投资，运营由政府下属事业单位进行，项目的收益绝大多数来源于政府补贴，没有附加商业配套设施收益。改良的传统模式是指场馆由政府投资、建设完成后，先交给政府下属的事业单位负责运营管理；后经"两权分离"改革，由政府平台公司负责运营，以公益化和全民健身为主，市场化为辅助的传统运作模式。改良的传统模式的营收主要来自大型活动，酒店，体育培训和商铺出租等领域。传统模式的优势是可以集中资源办大事，有利于全民健身运动的推广；其劣势主要包括行政管理机制僵化，管得过多、过死，这些缺陷给市场化开发带来很大的障碍，也会给政府财政带来沉重的负担。

2. "公益性 + 市场化"的运作模式

该类模式是指大型体育场馆的设计、投资、建设以及赛事期的服务和管理由政府主导和负责；赛事结束后，场馆交由专业的运营管理公司负责赛后运营的一种模式。此模式的最大特点是：既承担全民健身等公益性职能；又在一定程度上进行市场化开发，创造可观的营收，进而做到政府不补贴或少补贴。

3. 市场化的运作模式

市场化的运作模式是指将运营为核心的理念贯彻于全部合作期内，实行以运营理念为导向的设计、建设和投资一体化的模式。该模式在项目设计阶段就充分考虑运营需求，并提前制定出全面、多样化的运营方案，以实现项目运营收益最大化。市场化模式

[①] 崔宏伟，国家发改委 PPP 入库专家，作为咨询团队项目总监、具体负责领导和执行团队的全部咨询工作；王少华和刘世坚为咨询团队总牵头人，负责指导团队的咨询工作，孙丕伟为项目副总监，骆珉、郝春水、黄山、陈其、严衍、郭飚以及杨少丽等 20 余名团队成员参与项目咨询工作。团队成员专业背景横跨项目管理、法律、金融和财务等多个学科领域，囊括了多名财政部和发改委 PPP 专家库成员，并最终完成了令各方满意的集体工作成果。本文的写就即基于上述集体工作成果而来，仅用于公益性质的研究、交流和学习。

优势是可将运营为核心的理念一以贯之,为体育场馆赛事结束后的市场化运作奠定基础,创造显著的经济效益,大大减轻政府负担;该模式的缺点是社会公益效应不足,弱化了体育场馆的公益性质,不利全民健身的推广。

杭州奥体项目是为亚运会赛事而建的大型体育场馆,纵观全生命周期,要经历建设期、赛事服务期和运营期等几个阶段;在前述调研的成果和国内外的场馆的运营经验的基础上,咨询团队结合本项目的特点以及现实情况分析认为,传统模式或者完全市场化的模式与本项目的契合度不高,建议本项目选取中间道路——"公益性+市场化"的运作模式。有如下三点理由:第一,传统模式下,项目前期需要投入巨额的建设资金,融资的压力会给政府财政带来巨大的负担。如若沿用某些场馆的"类BT+委托运营"的模式,政府前期的债务压力有增无减,同时BT模式也是被当下的政策所禁止的,实施风险很高,也不符合本项目的需求。第二,采用完全市场化的模式可以充分实现商业化,商业模式成熟的体育场馆具有较大的市场潜力,进而减轻政府财政的负担;但该模式的负面作用是过度商业化,不利于公建场馆全民健身的开展,大大弱化了场馆的公益性,故此,该模式并不适用于本项目。第三,"公益性+市场化"的运作模式既能满足大型赛事与全民健身对于体育场馆的要求,又能发掘市场潜力,激发社会资本主观能动性,有效减轻政府财政负担。因此,咨询团队建议本项目采用"公益化+市场化"的模式。

(二) PPP项目的大数据分析

PPP模式是当前我国政府推进基础设施建设的主要模式,是社会力量投资、建设和运营大型公共基础设施的重要路径。在"十三五"期间,体育场馆建设也将大量运用PPP模式。杭州项目发起时,我国已有部分新建场馆采取PPP模式建设运营。财政部PPP中心发布的《全国PPP综合信息平台项目库季报第1至6期》的数据显示,截至2017年3月31日,体育类入库项目已经达223个,投资额1583亿元。相比于2016年3月31日的入库项目数据,数量和投资额分别增加了82个和724亿元。从入库项目内容来看,主要集中在大型体育场馆建设项目,例如,湖北省黄石市奥林匹克体育中心、江苏省如东县文体中心等。可以看出,PPP模式正越来越多地被新建体育场馆所采用。从行业内部的纵向比较来看,体育类项目的入库数量及总投资额都呈现出快速增长的趋势。截至2017年3月底,新增体育类PPP项目数量15个,增速为6.73%。在投资额方面,2017年3月底,新增投资178亿元,增速为11.24%。另外,从行业间的横向比较来看,尽管体育类项目在数量和投资规模上均不如文化产业和教育产业,但过去一年平均增速均远超二者,尤其是2016年前三季度,增速始终保持领先。从实践中看出,PPP模式是促进体育产业发展的重要推动力。

从场馆建设历程来看,国内第一次体育场馆PPP模式探索是在北京2008年奥运会筹备时期，以国家体育场"鸟巢"为代表的一批场馆率先在国内采用 PPP 模式建设。但由于缺乏经验，2009 年 8 月，"鸟巢"的社会资本投资方中信联合体宣布放弃 30 年特许经营权，转为永久股东。但是基于前期市场积累和鸟巢 PPP 项目的经验，社会资本参与体育场馆建设运营的趋势已不可逆转，新的突破口出现在我国改革开放的前沿阵地——深圳。2015 年 7 月，国家发改委公布 13 个 PPP 项目指导案例，其中《案例八：深圳大运中心项目》振奋了体育界。深圳大运中心由政府投资兴建，赛后交由佳兆业集团运营管理，运营期限为 30 + N 年。深圳大运中心项目的成功之处在于，在政企合作中详细列明了双方的权利、责任、义务、利益分配、运营要求、商业模式选择、财政扶持政策、绩效考核机制等条件，奠定了双方合作的基础，并成为项目成功的保证。

（三）国家的政策导向

近年来，国务院及相关部委连续出台鼓励 PPP 模式的政策文件：《国务院关于加快发展体育产业促进体育消费的若干意见》《国务院关于创新重点领域投融资机制鼓励社会投资的指导意见》《国务院办公厅转发财政部发展改革委人民银行关于在公共服务领域推广政府和社会资本合作模式指导意见的通知》和《国务院办公厅关于加快发展生活性服务业促进消费结构升级的指导意见》等，鼓励社会资本参与教育、医疗、养老、体育健身、文化设施建设。

国家体育总局也在《体育发展"十三五"规划》和《体育产业发展"十三五"规划》中提出：推广运用政府和社会资本合作模式（PPP），加大财政金融扶持力度，支持社会力量进入体育产业领域，建设体育设施，开发体育产品，提供体育服务。在已经发布政府和社会资本合作实施意见的 31 个省和 60 余个地市级中，均有推广运用"政府和社会资本合作模式（PPP），支持社会力量进入体育产业领域"的表述。显然，PPP 模式已经成为新建体育场馆项目的首要选择。

二、核心理念纵贯始终

通过调研发现，"运营难"是大型体育场馆面临的共同难题，体育场馆建成即亏损的案例也并不鲜见，"运营难"也是杭州奥体项目面临的最大难点和痛点。本项目不仅要承载亚运赛事功能，还要承担一定的全民健身需求，为解决大型体育场馆的收益问题，做好项目的运营工作，又能够让大型体育场馆服务于大众实现其公益价值，是本项目咨询工作的主要方向和目标。在调研成果的基础上，结合行业专家论证意见，咨询团队确立了运营为主导、全生命周期运营和建设有机结合的核心理念，并在全流程咨询服务过程中贯彻始终。具体有如下措施。

（一）运营理念前置

在调研中获知，在为大型赛事而建的体育场馆项目中，绝大多数的项目没有将运营理念前置，这就使建成的场馆只关注赛事服务功能而忽略赛后运营的使用需求，导致赛事服务期结束后，运营商无法充分实现其商业目的和市场开发，最终多以失败收场，这也是许多体育场馆"运营难"题的问题根源。故此，在赛事期到运营期的转换阶段，相关方面有必要对前期的设计"回头看"，并进行二次优化，在二次优化设计中，融入先进、专业的运营理念，为后续运营的模式培育创造良好的条件，这也是未来运营能否成功的关键问题。

（二）强化运营商的主导地位

体育场馆类项目对社会资本的要求很高，需要同时具备建设施工能力，运营管理能力，投资能力以及资源整合能力；根据以往的经验，单独的一家企业很难同时满足上述要求，故此，类似项目往往允许联合体投标。一般来说，联合体成员中负责项目建设和项目运营的公司，在专业化属性和利益诉求大多有所不同，为了在较长的运营期内充分发挥运营商的专业能力，咨询团队建议对运营商的责任和主导地位进行强化。具体措施为：

一是在招标过程中，招标文件应加强对联合体成员的运营能力和业绩的考量；在评标时，也要加大运营方案分数权重，并将双方一致同意的运营方案的重要边界条件写入《PPP合同》（但要充分尊重社会资本方股东在运营管理方面的决定权）；

二是在优化设计环节，相关方面要积极发挥运营方股东的作用，在优化设计阶段重点考虑未来的运营便利，以避免后期大额的改造投资；

三是在公司法人治理结构方面，项目公司应根据建设期、赛事服务期、赛后运营期的不同诉求进行灵活处理，分阶段给予运营方股东相应的决策权；

四是建议在项目公司之下设立运营分公司（或事业部，下同），交由运营分公司来统筹项目建成后的日常运作和市场开发，亦可包含对2022年第19届亚运会赛事的服务与支持。

（三）围绕核心理念进行配套制度设计

PPP项目的交易结构设计是咨询工作的核心和灵魂，坚持运营主导，从全生命周期视角来构建制度架构和体系，促使运营和建设的有机结合，是咨询团队需要重点考量的。下文对此将深入展开论述。

三、创新投资回报机制——可用性服务费的静态回收

PPP项目财务模型及回报机制的设计工作是项目咨询服务的核心和灵魂，财务测算

精准的交易结构方能真正优化,编制的实施方案才会真正具有较大的吸引力,进而招来最有实力的社会资本方。杭州奥体项目在设计咨询方案阶段,汲取了国内大型体育场馆建设的经验,也对PPP项目主流的财务测算方式进行了梳理,结合项目实际情况,确定本项目采用"可行性缺口补助"的方式进行。在此前提下,咨询团队对于政府如何补、怎么补的问题也做了大量工作,并和业主进行了充分的沟通,并在调研及专家论证的基础上,结合本项目特点,根据可行性缺口补助支付方式的不同,提出下述三个方案供选择:

(一) 仅提供建设期投资补助

该种方案指政府仅在建设期给予项目公司投资补助(社会资本投标时竞争标的为政府方补助支付比例),项目合作期内的全部资金需求(包括但不限于建设投资缺口、运营改造费用、日常运营成本等)由项目公司自行解决,通过运营期的经营收益平衡。北京2022年冬奥会国家速滑馆PPP项目使用了该方式。该种方案具有如下优点:一是操作较为简单,竞争标的明确;二是权责边界明确,政府仅承担建设期内的支出义务,在运营期内,项目公司按照市场机制承担全部风险并享受收益;三是政府在运营期内没有补贴压力、全生命周期的支出总额最小。该种方案亦具下述缺点:一是政府前期一次性投资压力较大;二是运营期内难以对项目公司提供的公共服务产出形成有效的经济约束手段,不利于公益性目标的合理引导;三是在较长的运营期内,项目公司承担了所有的市场风险,不利于实现风险的合理共担和风险分配的最优化,增加了社会资本方潜在的风险,会降低项目的吸引力。

(二) 传统的"可用性+运营绩效付费"方式

该方式是指政府在项目合作期内逐年向项目公司支付项目的可用性服务费(符合验收标准的公共产品),并根据绩效考核结果向项目公司支付与考核结果挂钩的较为稳定平滑的运营绩效服务费(社会资本投标时竞争标的为可用性服务费和运营服务费)。此种方式在没有经营收入或者经营收入难以达到投资回报要求的非经营性和准经营性项目中常被使用。

采用该种方案具有下述优点:一是风险在项目合作的全生命周期内都得到了较为合理的分担,有利于项目的长期可持续合作;二是社会资本方的风险成本相对较为可控,增加了项目对社会资本方的吸引力;三是政府支出责任主要体现在运营期内,有利于对项目公司形成绩效约束和激励;四是支出责任较为平滑,能够实现代际公平,有利于政府在中长期财政预算中进行规划。该种方案亦具如下缺点:一是从资金的时间成本考量,政府方在全生命周期内的累计投入较大;二是该种方式和体育场馆项目经营收益的特点（市场培育期较长，稳定后收益将逐步增长）匹配度不高；三是风险分担机制更倾向于对社会资本方的保护，不利于激发社会资本方的主观能动性。

（三）以运营为导向的"可用性＋运营绩效付费"方式

与方案二类似，方案三的补助方式是指政府同样需向项目公司支付可用性服务费和运营维护服务费，但该方式与方案二最大的区别是——创造性地采用了可用性服务费静态回收机制，此机制的创新是本项目交易结构设计的最大亮点之一。具体来说，可用性服务费静态回收是指政府向项目公司支付的可用性服务费仅考虑前期投资的静态回收，不考虑投资的时间成本，可用性服务费的静态回收的投资额根据竞争后的下浮工程造价确定，投标人可在6%～10%区间内投报工程造价下浮率（至少下浮6%）。如果建设期内发生工程变更导致工程造价增长，增长幅度不超过5%时，将增长部分计入前期投资，通过可用性服务费静态回收；增长幅度超过5%时，超过上述额度的费用按照本区现行的项目投资、工程变更管理办法执行，5%以内的增长部分计入前期投资，通过可用性服务费静态回收。另外，可用性服务费静态回收额的20%将与赛后运营期内可用性绩效考核的结果相挂钩；预期的投资回报鼓励社会资本方通过高水平的商业运营来实现。此举是本项目交易结构设计的第二大亮点。

在运营维护服务费部分，根据体育场馆类项目的经营收益特点，咨询团队将上述服务费分为固定绩效服务费和可变绩效服务费两部分，其中固定绩效服务费不进行竞争，逐年支付，用于支付项目公司根据政府方要求进行的公益性活动支出；可变绩效服务费，仅在项目运营期的前八年内支付（竞争标的可为可变绩效服务费的折现值），八年之后不再支付。同时，政府方向项目公司最终支付的可用性服务费的一部分和运营维护服务费金额均要和项目公司的运营绩效相关联。

该方案具备以下显著优点：一是风险分担较为合理，既对社会资本方前期投资的回报有一定的保障机制，又要求社会资本方承担一定的投资风险；二是有利于促成建设和运营部分的有机结合，为了获得预期回报，社会资本方必须充分发挥其主观能动性，通过提高运营服务水平来实现预期收益，促使建设商和运营商为了一致的商业目标而形成合力；三是通过固定绩效服务费的设置，有利于引导大众体育健身、公益活动、体育产业发展等公共利益目标的实现；四是通过可变绩效服务费的设置，有利于支持项目公司做好赛后运营改造工作，使其度过较为艰难的市场培育期，尽快进入良好运营的快速发展轨道，坚持运营主导的理念，激发社会资本的主观能动性，充分进行运营的市场化开发。该种方案的不足是社会资本方对前期投资承担了一定的风险，咨询团队在结构设计时对保障机制也做了相应的制度设计，确保该风险被控制在合力的范围内。

综上所述，基于对降低政府财政支出压力、提高项目的吸引力、激发社会资本方主观能动性以及风险合理分担等因素的综合考量，咨询团队建议本项目采用以运营为导向的"可用性+运营绩效付费"的可行性缺口补助方式。

四、项目咨询工作其他要点解析

以运营为导向的"可用性+运营绩效付费"的投资回报机制为核心，咨询团队进行了相应的运作模式、合作周期、财务模型搭建、风险分担机制落位、监管架构、采购安排、绩效考核指标以及确定各方权利、义务的PPP合同设计等工作，在坚持运营为导向的同时，通过良性的机制设计，成功地将项目的运营和建设进行了全生命周期的有机整合，实现了体育类PPP项目的优质落地。现就交易结构体系中的其他关键制度及设计亮点做简要分析。

（一）合理的风险分担机制

PPP模式的优势之一就是在全生命周期之内，对项目风险进行合理的分担，这也是PPP制度的核心要素之一。在遵循风险分担的基本原则的基础上，咨询团队没有将本项目的风险粗线条的、笼统地划分，也未利用政府方的强势地位将一些共担的风险强加于社会资本和项目公司，而是追求真正意义上的风险的合理分担：咨询团队在对风险谨慎识别的基础上，对各项风险进行详细分析与拆解，并通过不同层级合同的不同条款分别落实到本项目各方，进而实现科学、合理、符合各方共同利益的风险分担效果。

（二）合作周期的选择

咨询团队为本项目提供三种模式的合作期限，以供择优选择：分别为20年、25年和30年，其中包括3年建设期、2年赛事服务期，余下为运营期。合作期的设定主要从以下几方面因素考虑。

（1）场馆项目的特点。一般场馆项目从正式投入商业运营开始，要经历5~8年的培育期，才能实现盈亏平衡，进入一个收入稳定增长的投资回收阶段。因此，一般社会资本（尤其是场馆运营商）都希望合作期限尽量延长，减小投资回收难度。

（2）财政支出压力。合作期越长，项目盈利时间越长，可回收投资也就越大，相应的，政府补贴的额度也会随之减小。较长的合作期可以有效减轻财政支出压力。

（3）合作年限延长的边际效益。由于资金的时间价值原因：相同数额的盈利，发生的年度越靠后对投资回收的作用越小。因此，随着合作期逐渐延长，其对项目产生的边际效益是逐年递减的。因此，一味延长合作期限并不一定产生最大效益，甚至可能增加不必要的风险成本。

基于对上述因素的综合考量，建议本项目采用25年的合作期为宜。

（三）体系完备的合同安排

PPP项目合同是PPP项目的重中之重，它是PPP项目交易结构、风险分配机制、各方商业计划和具体利益的最终落实，是各参与方主张权利、履行义务的根本依据，也是PPP项目全生命周期顺利实施的重要保障。在首先确保合同内容合法的基础上，咨询团队参照财政部和发改委下发的相关文件的体例予以编制合同，主要内容包括总则、双方的一般义务、项目投融资管理、前期工作和项目建设等十六章内容，合同在全面落实了政府常务会议批复以及联审会议审批通过的工作成果中的实质内容，也对风险分担的动态调节机制进行了制度设计，确保项目执行的动态公平；同时，在双方当事人对非实质要件进行多轮磋商并平等、自愿达成一致的前提下，确立合同文本并指导双方正式签署，最终实现项目优质落地和可持续发展。

（四）务实的绩效考核机制

绩效考核机制是衡量PPP项目是否达标、产生良好实效的重要制度，是PPP项目执行质量检验的试金石，也是PPP机制设计的重中之重。实践中，很多项目的绩效考核机制设置都是走过场、走"务虚"路线，对关键考核指标模糊处理，为后续的考核执行埋下诸多不确定的隐患，这也是许多项目"一地鸡毛"的主要原因。简而言之，一切"务虚"的绩效考核都是浮云。

本项目在前期充分调研的基础上，举行多轮了体育行业专家论证会，对关键指标逐一征询。在遵循国家法律、法规及相关政策的基础上，咨询团队响应权威专家的倡导，从基础考核、行业属性、当地情况以及社会公益价值等多个维度，并结合本项目特点，对绩效考核指标进行系统化的设置，坚定地走"务实"路线。咨询团队在认真研究的基础上，不但对绩效付费进行逐一考核，而且可用性服务费的静态回收额的20%，也要与绩效考核的指标挂钩。此为一项创新举措，当时绝大多数的PPP项目的可用性服务费与绩效付费是完全割裂的。此举既保障了项目实施的质量，也有益于根本解决全生命周期运营商和建筑商利益取向双向性问题。上述可用性服务费静态回收额的20%与绩效考核挂钩的创新机制也给国家PPP政策制定起到了重要的先导性和指引性的作用：其后，财政部《关于规范和社会资本合作（PPP）综合信息平台项目库管理的通知》、国资委《关于加强中央企业PPP业务风险管控的通知》、国家发改委《关于鼓励民间资本参与政府和社会资本合作（PPP）项目的指导意见》等系列重磅政策、文件相继出台，对绩效考核相关问题做了有力的发声；尤其是《关于规范政府和社会资本合作（PPP）综合信息平台项目库管理的通知》规定了入库项目的政府付费与绩效考核必须挂钩，而且建设成本考核比例不低于30%，进而从顶层设计对此领域进行严格的规制，引导PPP项目的规范和良性发展。

五、科学的咨询工作机制

2017年6月，杭州奥体项目咨询团队入场开工，9月份启动社会资本方招标，10月23日政府和社会资本方举行PPP项目合同（草签版）签约仪式，双方于12月22日正式签署PPP合同。虽服务工期很紧，但经各方共同努力，成果卓著，获得各方一致赞誉。短时间内取得上述成果，主要得益于该项目所建立的科学、高效的咨询工作机制。具体包括以下方面。

（一）专业高效的咨询团队

根据杭州亚运会的赛事周期的安排，作为核心比赛场馆的杭州奥体项目必须要在2017年10月落地开工，且亚组委的开工仪式要在项目所在地召开。据上述要求，咨询服务时间仅剩短短的三个月，这与6个月的常规工作周期相比，整整缩短了一半。在"工期紧、任务重、要求高"的背景下，咨询团队面临着巨大的压力和挑战。咨询团队立即倒排工期，制定详尽的工作计划（每项计划精确到"天"，责任落实到具体人）；整个团队近乎开启了全天候的工作模式，20余名团队成员紧张有序，多点出击。在工作过程中充分尊重政府部门及行业专家意见，并开展了广泛细致的调研工作，确保咨询工作成果扎实、可行；团队在最终方案确定之前，多次聘请业内知名专家、学者对本项目的核心边界条件进行论证、优化，将核心财务数据进行反复计算和讨论，对合同文本的起草和修改精益求精，最终将本项目打造成了行业标杆，不仅得到了业主及投标人的充分肯定，也获得了良好的社会效益。

获取上述成果主要有以下三点经验：一是专业化，首先指本项目的实施机构专业素养高，对咨询团队充分信赖、严格要求，并全力配合与支持咨询团队的工作；其次，本项目的咨询团队全力以赴，充分发挥自身的专业优势，调动一切条件和资源，按期交出优质的工作成果；经过双方的共同努力，在基于实证分析的基础上，对边界条件进行反复专业的论证和优化，使本项目实现了"物超所值"的结果。二是务实和严谨，主要体现在本项目运作的各个环节：咨询团队从脚踏实地的项目调研，边界条件的不断优化与调整，直到澄清谈判阶段的共识达成。三是良好的沟通和互动机制的建立，该机制主要体现在本项目的实施机构与咨询团队之间的互动：双方反复磨合的过程，就工作成果文本反复讨论、修改与完善的过程，也是本项目精益求精得以优质落地的过程。

（二）项目联审机制和绿色审批通道

本项目得以优质和顺畅推进的另一个主要因素是项目联审机制和高效的绿色审批通

道的设立，该机制也是项目实现多方共赢的重要的机制保障。PPP 项目联审小组是由杭州市萧山区政府牵头建立的，成员单位包括区财政、发改、法制办、审计局、等多个相关的局委办，杭州奥体项目每个工作成果提交的节点，都会召开专门的联审会，各成员单位的主要负责人均需参加，参会单位就工作成果发表意见和建议并联合审议意见。本项目咨询工作过程中，萧山区牵头召开了多次联审会议，每次会议都能及时、权威地做出审议决策，对项目顺畅推进发挥了巨大作用。另外，本项目两评一案上午提交萧山区常委会审议，下午常委会即对相应工作成果做出批复，效率十分惊人，上述绿色审批通道的设立，同样为项目顺利推进提供了强有力的支撑和保障。

六、实现多方共赢的目标

PPP 领域的权威专家，清华大学建设管理系王守清教授曾言，"PPP 项目参与方众多，不共赢是无法成功的！"杭州奥体项目通过系统化的交易结构体系建构，充分践行了 PPP 的真谛，最终实现了多方共赢的目标。

（一）政府方：预期可减少 30 亿元的财政支出

本项目创新地采用可用性服务费静态回收的投资回报机制，建构起以运营导向的"可用性＋运营绩效付费"方式，较采用传统的投资回报机制的 PPP 项目相比，全生命周期内，预期可以为政府方减少约 30 亿元的财政支出，充分实现了 PPP 模式的"物超所值"。目前，绝大多数体育场馆 PPP 项目均采用传统的"可用性＋运营绩效付费"方式，该模式虽然财政支出较为平滑，但缺点也十分明显：一是鉴于资金的时间成本计入可用性付费，政府方在全生命周期内的累计支出较大；二是和体育场馆项目经营收益的特点（市场培育期较长，稳定后收益将逐步增长）匹配度不高；三是风险分担机制更倾向于对社会资本方的保护，不利于激发社会资本方的主观能动性。

因此，在深度调研和市场测试的基础上，咨询团队创新性地提出了可用性服务费静态回收的投资回报机制——建构起以运营为导向、全生命周期内使运营和建设有机结合的付费机制。该方式具有如下优势：一是风险分担较为合理，既对社会资本方前期投资的回报有一定的保障机制，同时要求社会资本方承担一定的投资风险；二是有利于促成建设和运营部分的有机结合，为了获得预期回报，社会资本方必须充分发挥其主观能动性，社会资本必须依靠提高运营水平来实现前期投资的回报，促使建设商和运营商为了一致的商业目标而形成合力，以解决运营和建设双向性的问题，并根本解决"运营难"；三是通过固定绩效服务费的设置，有利于引导大众体育健身、体育培训、公益活动、体育产业发展等公共利益目标的实现；四是通过可变绩效服务费的设置，有利于支持项目公司做好赛后运营改造工作，使其度过较为艰难的市场培育期，尽快进入良好运营的快速发展轨道，进而坚持运营主导的理念，激发社会资本的主观能动性，充分进行运营的市场化开发。

另外，咨询团队将可用性服务费静态回收额的20%将与赛后运营期内可用性绩效考核的结果相挂钩，以此鼓励社会资本方通过高水平的商业运营来实现预期利润，进而通过制度体系的建构，促成运营和建设在全生命周期内的有机整合。在上述投资回报机制的创新的基础上，可用性服务费静态回收总额亦被设置为招标标的之一，通过公正、公开和公平的竞争程序进行良性竞争，在上述制度合力的基础上，大大减轻了政府的财政支出负担。

（二）社会资本方：获得发挥专业能力的广阔舞台

体育场馆"运营难"是世界性的问题，在许多国家同类的项目中普遍存在。咨询团队在调研中发现，多数市场化开发较好的体育场馆会将运营为核心的理念贯穿始终：运营理念在项目规划设计和立项准备阶段，就已植入到前期的各个环节，以使前期工作与后续的运营展开进行无缝对接，可大大提高工作效率。根据杭州奥体项目的实际情况，结合PPP模式运作的交易安排，咨询团队确立了"运营主导，全生命周期内运营和建设的有机结合"的核心理念。

该理念是指，在PPP项目全生命周期内，每个阶段的工作开展都要坚持运营方主导，并通过配套制度的体系化建构，使运营和建设有机结合。该理念必须贯穿咨询工作始终：从前期规划、设计到项目建设以及赛事服务期，再到赛事和运营期的转换，都以该理念为核心做配套制度安排，同时咨询工作的核心——交易结构设计也坚持以该理念为基本原则进行逐层建构，以从根本上彻底解决"运营难"的问题，进而为场馆运营实现"专业的人做专业的事"扫清最大障碍，并提供广阔的舞台和空间。社会资本方可以充分发挥主观能动性，利用其运营管理的专业优势，培育先进的商业运营模式，发掘市场潜力，最终获取其预期的投资回报。

（三）公众利益：增加公共供给，促进全民健身

通过调研发现，合作期为25年的、为大型赛会而建的体育场馆的运营商业模式发展大体要经历三个阶段：一是市场培育期，发生在运营期开始5到8年的期间，此阶段场馆运营大多入不敷出，要从办赛到运营的转换，很多设施需要改建，投入巨大，迫切需要政府的扶植；二是平稳发展期，一般发生在运营期开始的8到13年期间，此阶段运营基本可以达到营收平衡；三是成熟收获期，多发生在运营期开始13年到运营期结束，该期间运营商业模式日趋成熟，大多体育场馆可以实现盈利，一些场馆的收益也非

常可观。但是，运用传统投资回报机制的 PPP 项目与上述的发展阶段明显形成错配，不但加重了政府财政的支出负担，也不利项目长久和可持续发展。

在深入研究的基础上，咨询团队就本项目确立了固定绩效和可变绩效组合的绩效付费模式：政府只补贴前八年的可变绩效付费，且折现值进入竞争标的；政府每年固定补给项目公司 2000 万元的固定绩效付费，用于场馆全民健身的成本支出，以促进场馆的公益效用的实现。上述模优势显著：一是匹配体育场馆类项目商业模式发展周期，更好地帮助运营商渡过难关，激发运营方的主观能动性，同时可大大减轻政府财政负担。二是可以增加公共供给，促进全民健身，实现社会效益的最大化，进而实现 PPP 项目的最初目标，产生良好的社会实效。

（四）项目本身：实现可持续发展

PPP 项目的核心要素之一即是风险合理分担，本项目咨询团队在谨慎识别风险的基础上，对各项风险进行详细分析与分解，并通过不同层级合同的不同条款分别落实到本项目各方，真正实现了科学、合理、符合各方共同利益的风险分担。同时，咨询团队对本项目的融资安排采用了多元化的融资手段，为发债、资产证券化、增资等二次融资方式预留了接口，并做了相应的制度安排。另外，交易结构中通过专业务实的绩效考核制度的设置，来确保项目执行阶段的质量符合项目目标。因此，整个制度设计从体系上形成合力，以确保杭州奥体项目具有长久和旺盛的生命力，实现 PPP 项目可持续发展的目标。

（五）对国家政策制定：示范和引领作用

本项目在交易结构设计的一大亮点就是将可用性服务费静态回收总额的 20% 部分与赛后运营期内可用性绩效考核的结果相挂钩，以此激励社会资本方前期投资要通过高水平的商业运营来实现，而非只专注于施工利润。同时，通过制度体系的建构，促成运营和建设在全生命周期内的有机整合。之前的绝大多数的体育场馆 PPP 项目是将可用性服务费与绩效考核完全割裂开来的，这也是此类项目不可持续性的问题根源。上述具有前瞻性和战略性的创新设计，对后续的国家政策制定起到了重要的先导和引领作用：财政部发布财金 92 号文，对上述问题做出强有力回应。另外，在成功入选财政部第四批示范项目后，杭州奥体项目将会对同类型 PPP 项目发挥重大的示范和辐射作用，以使其在操作过程有的放矢，少走弯路。

在专业、高效的咨询团队、高素质的项目实施机构及相关各方共同努力推动下，杭州奥体项目最终实现多赢，达至高效和优质的统一，并成功入选了财政部第四批 PPP 示范项目。咨询服务的成功虽然来之不易，但成功的路径却很明晰：服务团队通过扎实的调研和分析，在征求各方意见的基础上，结合项目自身特点，从全生命周期视角出发，秉持运营为导向、运营和建设有机结合的理念并一以贯之；以创新、精准的投资回报机制为核心，建构整个项目的交易结构体系；同时，聘请国内权威的PPP专家及体育运营行业专家，进行了多轮的专家论证，会诊项目实施方案等工作成果，查缺补漏，以确保咨询工作万无一失，做成精品。本项目竞争充分、程序正当，实现了全生命周期内的风险的合理分担，在采购阶段，国内顶级的体育运营商几乎全部参与投标、亦有多家央企和实力民企积极参与竞争；在大幅度减少政府财政支出的同时，通过让"专业的人做专业的事"，充分实现了PPP模式的应有之义。

论混合所有制改革背景下我国国家特殊管理股制度的构建

吴刚梁[*]

> **摘　要：** 国家特殊管理股制度是我国国企混合所有制改革的配套政策之一。它与西方国家的双层股权结构以及金股制度密切相关。本文在阐述特殊管理股的基本理论和国外实践之后，分析了我国引入特殊管理股制度所面临的政治条件、法律实践和商业环境，并结合新一轮国企改革的现状，提出构建符合中国国情的国家特殊管理股制度的基本思路。
>
> **关键词：** 国家特殊管理股　国企　混合所有制改革　类别股

一、背景与问题

"国家特殊管理股"是随着我国国企混合所有制改革（以下简称混改）进一步深入而提出的新概念。中共十八大以来，混改已经向纵深发展。截至 2016 年底，央企集团及下属企业混合有所制企业（含参股）的数目占比达 69%，省级国资委所出资企业及各级子企业（合并报表范围内）的占比则达 47%。理论上，在投资者多元化的混合所有制企业里，国有股东的独特资源和非国有股东的经营机制可以形成优势互补，从而产生协同效应，提高绩效水平。

但股权的简单混合并不必然带来预期的协调效应，20 世纪 90 年代开始推行的国企股份制改革（以下简称股改）就是例证。股改的核心是实现股权多元化，建立现代企业制度。围绕这个改革目标，很多国企引入了民营资本和外资，有些还被改组成上市公司。但一项针对 451 家竞争性企业的实证研究表明，其业绩在股改后（1994～1999 年）并没有得到明显改善。究其原因，主要还是股改过多地强调国家控股和"一股一权"原则，不可避免地出现了"一股独大"的问题。表面上，股改后的国企也建立了现代企业制度，股东（大）会、董事会、监事会一应俱全。但实际上这些机构并不能发挥应有的作用，因为非国有股东的股份太少，不能提名代表自己利益的董事，在股东大会

---

[*] 吴刚梁：工商管理硕士，律师，特许金融分析师（CFA）三级候选人，具有经济师职称。现任中国企业联合会企业研究中心特约研究员。

上的话语权也微不足道。股改后公司的董事会成员和高管主要由政府任命,经营管理模式与股改前无实质性改变,公司治理水平没有显著提高,协同效应也无从谈起。

如果仅从股权多元化的角度看,本轮混改并无新意,即使按今天的标准,股改也完全符合混改的官方定义。因此,可以说股改其实就是早期版本的混改,只是当时没有特别强调"混合所有制"。既然如此,推行混改的意义何在?作为新一轮国企改革的重要突破口,混改最重要的突破就是要解决国企长期存在的一股独大的问题。改革的基本思路是进一步降低国有股权的比例,使其达到一个最优水平,从而形成合理的股权结构和相互制衡的治理机制,吸引较大规模的非国有资本以及负责任的、积极的非国有股东。在这个过程中,放弃国有资本在混合所有制企业中的控股权(包括绝对控股权与相对控股权)将在所难免。但是,这将引起另一个问题:如何确保国家安全、公共利益不受损害?这种担心并非多余,因为目前能够吸引社会资本参与混改的国企,大都处于重要行业和关键领域,它们与国家安全和公共利益息息相关。如果把它们交给民营资本控股和经营,它们在追求利润最大化的过程中将可能损害公共利益。

那么,有没有一种国有股权形式,它既能使社会资本获得混改企业的经营管理权,从而提高治理效率,又能使政府保留对某些特别事项的控制,确保混改后的国企不至于偏离社会目标?国家特殊管理股将是一种有益的尝试。2013年11月,十八届三中全会通过《关于全面深化改革若干重大问题的决定》,首次提出要探索实行特殊管理股制度。此后,中央陆续出台了一系列关于国企改革的行政法规和政策指引,又多次提及国家特殊管理股制度。但对于什么是"国家特殊管理股",即使在学术界也是个比较陌生概念。考虑到它是在当前国企混改的语境下被提出来的,学界很容易联想到金股(Golden Share)或双层股权结构(Dual Class Structure)是其"原型"。

近年来,国内有学者介绍了一些境外特殊股权制度的理论与实践,以及我国引入这些制度的意义,但对于法律移植和制度创新所依赖的国情和时机等因素,以及如何设计具有中国特色的特殊管理股制度,缺乏深入的研究。此外,多数文献发表在本轮混改推行之前,针对性不强,没有落脚点;或者仅针对传媒行业,不具备普遍的参考价值。有鉴于此,本文拟从法学和金融学的双重视角审视类别股制度,并结合当前混改背景,提出构建我国国家特殊管理股制度的基本思路。

二、国家特殊管理股的理论

(一)国家特殊管理股的官方表述

当"国家特殊管理股"这个名词首次被官方提出时,主要是针对"按规定转制的重要国有传媒企业",因为传媒具有很强的意识形态属性,经过转制和引入社会资本之后,国家仍需要通过特殊管理股对其实施控制。对于这种新的股权形式，2013年第十八届三中全会起草组对此有较为详细地表述："设置特殊管理股是通过特殊股权结构设计，使创始人股东（原始股东）在股份制改造和融资过程中，有效防止恶意收购，并始终保有最大决策权和控制权。具体是将公司股票分为A类股和B类股两种，二者拥有同等的经营收益权，但创始人股东的股票（B类股）具有特别投票权，包括董事选举和重大公司交易的表决等。这种办法为国外很多公司所采用。"此外，2015年国务院颁布的《关于国有企业发展混合所有制经济的意见》提出，"在少数特定领域探索建立国家特殊管理股制度，依照相关法律法规和公司章程规定，行使特定事项否决权，保证国有资本在特定领域的控制力。"

根据上述表述，可以看出国家特殊管理股与美国资本市场广泛采用的双层股权结构以及起源于英国私有化改革的金股制度在股权设置、权利分配、实施目的等方面都非常接近。不过，前后两次官方表述存在细微变化，一是实行特殊管理股制度的企业不再限于传媒行业，而是延伸到"少数特定领域"；二是股东权利由原来的"保有最大的决策权和控制权"变更为"行使特定事项否决权"。这说明我国的特殊管理股制度还未成形，它将适用于哪些类型的国企，如何具体实施，还存在较大变数。另外，值得注意的是，保有决策权和控制权是双层股权制度的特征，而否决权常见于金股制度，可见未来我国的特殊管理股制度可能会兼具双层股权结构和金股制度二者的优势和特征。

（二）特殊管理股的基本理论

严格来说，"特殊管理股"并不是一个法学概念。在学理上与之比较对应的是"类别股"。类别股制度，简单而言，就是指在公司的股权设置中，允许存在两个以上不同类型的股份，分别对应于不同的收益权、投票权或其他权利。类别股是相对普通股而言的，普通股是指传统的、完整具有股权各项权能的股份，而类别股则是股东权利在某些方面有所扩张或限制的股份类型[①]。在资本市场上，常见的类别股包括优先股、金股以及双层结构股权当中的超级表决权股（Super Voting Shares），它们各自对应的股东类型及其收益权、表决权见表1。

表1　　　　　　　　　　　　　股票类型及股东权利

股票类型	股东	收益权	表决权
超级表决权股	创始人或管理层	按持股比例	每1股拥有N份表决权，例如N=5，10
金股	政府及其代表	无，或按持股比例	一票否决权
优先股	偏债型投资者	优先分红，优先受偿	无表决权，特殊情况除外

资料来源：作者根据相关资料整理。

[①] 朱慈蕴、沈朝晖：《类别股与中国公司法的演进》，载于《中国社会科学》，2013年第3期。

类别股是对传统公司制度"一股一权"这一核心原则的背离。所谓一股一权，又称"同股同权"，是指同一股份无差异地享有同等的股东权利，包括同等的收益权和表决权。一股一权制度在一定程度上体现了公平交易的原则，长期以来被社会广泛接受，也是企业契约理论的基础。但是，一股一权制度建立在股东同质化的假定之上，即假设全体股东的风险偏好和效用函数无差异，这种假设显然并不符合现实。现实中有些股东只想获得满意的投资收益，而对参与公司管理的兴趣不大，因而他们只注重收益权而不注重表决权；也有股东希望能够长期获得对公司的控制权，还有股东（例如，政府）则更注重社会效益，他们甚至愿意为控制权而牺牲部分收益权。除了持股目标不同外，不同股东的决策水平、参与公司管理的条件也存在较大差异，因此投票权对他们的意义不尽相同。

鉴于一股一权制度无法满足多样化的投资需求，于是人们将公司股东的各项权利进行分离和重新组合，创设出能够满足不同投资主体的风险偏好和收益要求的新股份类型，其中最常见的是将股东的投票权与现金流收益权进行分离和组合，从而创设出优先股、超级表决权股、金股等类别股。因此，类别股是人们对股东权利进行差异化设计的成果，是公司制度演化的产物。

（三）国家特殊管理股的定义

目前，国内学界尚无"国家特殊管理股"的统一定义，本文试从三个角度给出它的定义。首先，通过本文对类别股理论的分析可以看出，国家特殊管理股属于类别股而不是普通股，因为其股东享有的权利与普通股股东不同。其次，根据中央相关文件的表述，它具有"管理"职能。一般来说，股东的管理职能是通过参与公司重大事项的表决来体现的，其实现工具是投票权。不难发现，金股和双层股权结构中的超级投票权股的表决权都得到了特别地增加，扩大了股东的管理权，因此都是"管理股"，而没有表决权的优先股不属于管理股。最后，从持股主体及其目标看，国家特殊管理股要体现国家意志，而不是创始人股东或管理层的意志，这点与金股类似。

需要特别强调的是，国家特殊管理股制度的"管理权"不是企业的经营管理权，而是对特别事项的管理权。国家特殊管理股的"特殊"之处，就在于将企业的控制权进一步分解为经营管理控制权与特别事项控制权两部分。政府可以降低国有资本的股份比例，放弃经营管理权，但保留对特别事项的控制权，以维护国家安全和公共利益。从这个意义上来说，中央相关文件提出要在处于重要行业和关键领域的国企中"保持国有资本控股地位"，此处所谓的"国有资本"不应局限于普通股，还应包括国家特殊管理股。

综上，我们可以将"国家特殊管理股"定义为：作为一种特殊的制度安排，政府为履行公共管理职能而持有混合所有制企业具有某些特别表决权的股份。

三、特殊管理股的实践、问题与挑战

(一) 美国的双层股权结构制度

通常做法是公司创始人股东设计和发行两个或多个类型的股份,对于创始人或管理层持有的股份,由公司章程赋予其特殊表决权,以保证他们对公司重大事项拥有控制权。理论上,这种安排有助于形成一种"多方共赢"的格局:(1)对创始人股东来说,可以防止未来因募资导致其股权稀释,从而能够保留对公司的控制权;(2)对管理层而言,可以防止门外"野蛮人"入侵,抵制敌意收购,而不必担心被集体解聘;(3)对普通投资者来说,由于创始人股东和管理层的任期比较稳定,普通投资者有机会分享创始人股东和职业经理人的战略眼光、企业家精神给公司带来的长期业绩增长;(4)对资本市场而言,这种制度可以打消创始人股东因害怕其原始股份被稀释而不敢上市的忧虑,从而有利于吸纳优质的、高成长的创业公司前来上市。

正是因为这些优势,美国法律允许存在双层股权结构制度。那些盈利前景好、创始人股东较为强势的创业型公司尤其偏好这种模式,其中包括谷歌、脸书等著名上市公司。这种模式也深受中国企业家的偏爱,根据律师事务所 Ropes & Gray 的统计,2013年1月以来在美国上市的中国企业,几乎都采用双层股权结构。2014年在美国纽交所(NYSE)上市的阿里巴巴集团也实行了合伙人制度和双层股权结构,以保证创始人股东马云及其团队的控制权。

(二) 英国和欧洲的金股制度

为振兴日渐衰弱的老工业帝国,英国在20世纪80年代提出了"二次工业化"口号,国企私有化成为一剂"良药"。金股制度是私有化改革的产物。具体而言,国企被私有化之后,政府往往会在企业里保留一小部分股份或者仅仅一股,称"金股"。在涉及国家安全与公共利益等特殊情况下,金股通常享有一票否决权。此外,在国企私有化的过程中,政府对单个投资者和外资的持股比例、表决权、提名董事人数等方面,均可能做出限制性的规定(见表2),未经金股持有者(政府)同意,企业不得违反这些限制。

表2　　　　　　　　英国政府对投资的限制情况

公司名称	比例限制			对提名董事人数的限制
	投票权	持股量	外资投资额	
英国石油公司	无	无	无	2人
英国宇航公司	无	无	15%	1人

续表

公司名称	比例限制			对提名董事人数的限制
	投票权	持股量	外资投资额	
英国电信公司	15%	无	无	2人
英国航空公司	无	15%	25%	无
英国燃气公司	15%	无	无	无

资料来源：Nomura, 1991, pp. 34~37。

金股的经典案例是1984年英国电信私有化。该公司总股本为60亿股，政府仅持有1股。但政府的这1股可以在英国电信损害公众利益时，例如，公司装机费和通话费该下调而不下调时，有权推翻董事会决定，迫使其价格下降。此外，金股并无其他方面的特权，也不得干预英国电信正常的经营活动。

随着英国私有化改革取得巨大成功，法国、德国、意大利、西班牙、波兰等国家也纷纷引入金股制度。根据欧盟2004年调查显示，欧盟范围内至少有141家私有化了的企业设置了金股或者"政府特殊权利"。表3列举了若干欧洲国家对企业控制的方式。

表3　　　　　　　　　　欧洲部分国家对公司的控制方式[①]　　　　　　　　单位：%

公司	国家	行业	直接限制	间接控制	政策目标	国有股权比例
Cimpor	葡萄牙	水泥	有	有	维护本国经济利益	0
Volkswagen	德国	汽车	无	有	保护小股东、国家和地方利益	20
Repsol YPE	西班牙	油气	有	有	确保战略性行业服务的连续性	0
KPN	荷兰	电信	无	有	确保提供普遍服务	14
Portugal Telecom	葡萄牙	电信	有	有	维护本国经济利益	>0[②]

资料来源：作者整理。

（三）特殊管理股制度存在的问题

1. 增加公司代理成本

现代公司制度的一个显著特征是所有权与经营权相分离。因此，在股东和管理之间存在一层代理关系并产生相应的代理成本。在实行特殊管理股制度的公司，持有超级表决权的股东享有其股份数倍（通常5倍或10倍）的表决权，实际上等于普通股股东将

[①] 直接控制和间接控制：直接控制是指政府有权直接控制和影响公司的股权结构，包括限制外资占股的比例、限制单一最大股东的占股比例以及对股权转让的限制；间接控制是指政府通过影响管理层的决策来对公司施加影响，包括否决董事会的决议（内容可能涉及公司并购、创设新的股权类别、重大资产处置）、对管理层的任命等。

[②] 总共500股特殊股，主要由政府持有。

其拥有的部分管理权让渡给特殊管理股股东，形成了另一层委托代理关系。由于偏离了一股一权原则，股东的剩余索取权、剩余控制权与持股数量不是呈正比例关系，从而导致利益和风险不匹配，某些拥有控制权的股东倾向于做出有利于自己、但可能损害他人利益的决策。例如，创始人股东为保持控制权，阻挠有利于提升公司价值的并购交易机会；政府为追求社会效益而否决有利于公司商业利益的决策。因此，在所有权与经营权相分离的基础上，公司剩余索取权与剩余控制权进一步分离，在特殊管理股股东与普通股东之间又增加了另一层代理成本，理论上会降低公司的治理水平。

2. 降低公司估值水平

根据股权定价原理，对于同一公司发行的现金流完全相同的股份，如果控制权或流动性不同，投资者会更偏爱有控制权或流动性好的股份，因此，这类股份的市场价值就会更高。同理，缺乏控制权或流动性弱的股份就会出现折价。美国CFA（特许金融分析师）协会认为，在股权估值时应考虑缺乏控制权的折扣率（DLOC）和缺乏流动性的折扣率（DLOM）[1]。进而，如果一项股权既缺乏控制权，又缺乏流动性，那么总折扣率是两个折扣率相乘，而不是相加。计算模型为：

$$\text{Total Discount} = 1 - [(1 - \text{DLOC})(1 - \text{DLOM})]$$

理论上，DLOC与DLOM通常介于0和1之间。不过在现实世界中，控制权溢价和流动性溢价很难精确估计，它们可能受投资规模、时机、交易对手以及法律等因素影响。一项针对欧美证券市场的实证研究表明，控制权溢价在 -2.88% ~ 48%，其中英国及北欧国家在10%左右。从总体上看，特殊管理股制度扩大了创始人股东、管理层或者政府的控制权，削弱甚至剥夺了普通投资者的投票权，同时由于限制敌意收购等条款的存在，会导致股份的流动性变差。上述两个因素往往会造成普通股既缺乏控制权，又缺乏流动性，因此，其估值需要打折扣。不可否认，特殊管理股可能存在控制权溢价，但该溢价会因其自身缺乏流动性而被抵销或部分抵销。值得一提的是，特殊管理股的股份比例一般会远远小于普通股。综合考虑上述各项因素的影响，我们不难得出结论：在其他条件相同的情况下，有特殊管理股的公司其整体估值水平通常会低于一股一权的公司。2012年一项针对S&P 1500上市公司的研究表明，具有超级表决权股份的公司业绩表现不如普通公司，前者近10年带给股东的回报率是7.5%，而后者为9.8%。

格罗斯曼和哈特（Grossman - Hart，1988）也通过实证研究表明，公司偏离一股一权原则会对普通股股东的价值产生负面影响[2]。他将上市公司的价值划分为归属于普通股股东的"公共价值"（public value）以及创始人股东的"私人价值"（private value）

---

[1] CFA Institute, CFA Level II Vol. 4：Equity [M], 2016. pp. 580~587.
[2] Guido Ferrarini. One Share - One Vote：A European Rule [R] Institute for Law and Finance, JOHANN WOLFGANG GOETHE - UNIVERSITÄT, NO. 4, 2006, pp. 7~15.

两部分,在潜在的被收购机会面前,两者因利益不一致会出现相互博弈,同时由于普通股东缺乏一致行动,因此会出现"囚徒困境"现象,结果是公司被收购的溢价比一股一权下公司被收购更低。

（四）特殊管理股制度面临的挑战

总体上来说,美国对双层股权结构是严格限制的,一方面是因为这种制度破坏了一股一权原则,剥夺了普通股东参与公司管理的权利。美国资本市场曾长期奉行一股一权的原则,直到19世纪末连优先股都与普通股享有同等的表决权。但到1925年,一些著名公司,例如道奇兄弟（Dodge Brothers）开始发行没有表决权的股份,在社会上引起强烈反响。哈佛大学经济学家威廉（William）认为这等于是让银行来掌控工商企业的经营。1926年纽交所不允许发行无投票权的股份,认为这"破坏了公司应该长期恪守民主精神",但纳斯达克（NASDAQ）和美国证券交易所（AMEX）两家交易所没有响应,反而利用双层股权结构来争夺纽交所的客户资源。于是纽交所在20世纪80年代也允许发行没有投票权和超级投资权的股票。最后,美国证监会（SEC）出台Rule 19c-4,企图限制双层股权结构的滥用,对类别股的持股时间、投票权等设置了上限。但随后该条款被哥伦比亚区上诉法院（District of Columbia Court of Appeals）推翻。不过,上述三家交易所都不同程度地自愿遵循了Rule 19c-4的相关原则。

目前,美国一般只允许公司在上市前建立双层股权结构,并要求公司加强信息披露制度,将这一结构的特点与风险都告知普通投资者,让投资者自愿接受。已经上市的公司则不允许采用双层股权结构,因为这样会破坏投资者的预期,或者说,这相当于将公司股权制度转换的成本转嫁给普通投资者。目前,美国大约有7%的上市公司采用双层股权结构。

长期以来,欧盟委员会认为金股制度与欧盟条约的内容相冲突。意大利于1994年出台了关于碳化氢（ENI）和意大利电信的私有化的相关法规。2000年,欧洲法院发现,这些法规将使意大利无法兑现自己对欧盟条约的承诺。从2002年6月开始,欧洲法院以金股涉及限制资本在欧盟自由流动、歧视外国投资者为由,对葡萄牙、法国、比利时、西班牙等国的金股制度提起了正式诉讼,并做出了一系列标志性的判决：

（1）2013年欧洲法院对西班牙做出了不利的判决,因为西班牙规定某些公司的董事会的决议（如合并或分立）需要事先征得政府批准；

（2）判决英国限制投资者购买英国机场（BAA）具有表决权的股份以及处置资产需要获得政府批准的条款违法；

(3) 2015 年判决意大利限制外国投资者进入能源类公司的法律违法①。

但欧盟也没有完全禁止金股制度。在 BAA 案以后，欧洲法院表示，成员国如果能证明政府对企业施加影响符合公共利益，或者具有战略性意义，则是可以允许的②。但法院的认定标准比原先更加严格。此后，各成员国根据欧洲法院的判决对本国的金股制度做了相应的修订，主动放弃了一些特别权利。总体上，欧盟国家含有金股的企业数目在减少，英国目前只剩下 24 家。

四、我国实行特殊管理股制度的条件分析

（一）政治与意识形态因素

混改作为新的"重要突破口"，在新一轮国企改革中被寄予厚望。根据中央相关文件的要求，与原来的股改相比，混改无论是在形式上还是实际效果上，都要有新突破：

一是形式上突破各种"禁区"，敢于突破国有资本最低持股比例限制、行业限制以及国企层级的限制。

（1）长期以来被认为必须由国家垄断的行业，例如电力、石油、铁路、民航、电信、军工等七大行业被要求率先进行混改试点；

（2）国企集团公司层面也可以直接引入社会资本；

（3）混改之后国有资本在国企的占股比例可以低于 51%，甚至放弃相对控股地位。

二是从实际效果上看，混改要引入具有协同效应和领先优势的战略投资者，他们是积极的股东，而不是仅仅是想来"分一杯羹"的财务投资者。政府希望通过社会投资者倒逼国企建立权责对等、相互制衡、高效运转的治理结构。从具有示范意义的混改试点企业——中国联合网络通信股份有限公司公布的混改方案来看，上述"新突破"正在逐步成为现实。表 4 列举了中国联通混改方案部分具有突破意义的改革内容。

表 4　　　　　　　　　中国联通混改方案要点与重大突破

改革涉及的对象或内容		重大突破
行业	通信	通信业处于关系国家安全、国民经济命脉的重要行业和关键领域，具较强的国家垄断性。此前，国企产权改革很少涉及垄断性行业

---

① Guido Ferrarini. One Share – One Vote：A European Rule ［R］ Institute for Law and Finance，JOHANN WOLFGANG GOETHE – UNIVERSITÄT，NO. 4，2006，pp. 7 ~ 15.

② Joanna Morris. Golden shares：Getting tarnished. See https：// uk. practicallaw. thomsonreuters. com/4 – 102 – 3471？transitionType = Default&contextData = （sc. Default）&firstPage = true&bhcp = 1.

续表

改革涉及的对象或内容		重大突破
层级	央企上市公司，是联通集团公司最核心的资产	央企最核心的上市公司一般由集团公司绝对控股，在管理上与集团公司通常是"两块牌子，一套人马"。上市公司虽然是央企二级公司，但比其他非上市的子公司具有更高的地位。此前，没有直接针对大型央企上市公司进行实质性的产权改革
持股比例	联通集团持股 36.7%，战略投资者 35.2%，公众股东 25.4%，员工股权激励 2.7%	央企集团公司已经放弃了绝对控股地位
股东性质	新引入的战略投资者主要包括互联网公司、垂直行业公司、金融机构、产业基金四类股东。前两类股东主要为民企，后两类股东以国企为主	联通集团、中国人寿、国企结构调整基金等作为国有资本，合计持股比例高于51%；民营大股东主要有腾讯（5.18%）、百度（3.30%）、京东（2.36%）、阿里（2.04%）、苏宁（1.88%）等。此前，一般由央企集团控制上市公司并形成一股独大。本次改革国有资本由三家以上国企分别持有，相互之间有一定的抗衡
董事会	民营企战略投资者将有3个董事席位，政府代表3位，联通集团2位，国企战略投资者1位	央企集团公司放弃对上市公司的绝对控制，社会投资者将获得董事席位。此前改革没有出现过类似情况

资料来源：作者根据中国联通的公告内容整理。

中国国企改革经历了一个非常漫长的探索过程，最终不得不落到产权改革上来。中国不可能像东欧与俄罗斯那样搞激进的国企私有化，但如果不触及产权，国企改革不可能取得实质性突破。在这种背景下，符合中庸之道的渐进式产权改革方式成为化解国企难题的现实选择[①]。股改与混改都是国企渐进式产权改革进程不同阶段的产物。混改可能会被认为过于激进，有人担心它将降低国有经济比重，削弱公有制主导地位。此外，国家特殊管理股起源于金股，而金股则是英国与欧洲国企私有化运动的重要工具，因此，它容易被一些人联想为借机搞私有化。如果在实行混合所有制的企业中仅保留"黄金一股"或少量股份，将其他国有股权全部出售；或者退一步，在国企里保留原有的国有资本不变，但同时引进大量的社会资本，这两种混改方式都将不可避免地导致国有股份被急剧稀释，有人担心国企将名存实亡，指责混改会造成"国有资产流失"。

在这种背景下，国企改革的设计者和实施者将面临一定程度的政治风险，背负一定思想包袱，导致其在混改进程中裹步不前。国家特殊管理股制度有助于他们克服意识形态上的障碍。如前所述，国家特殊管理股制度的核心思想是将国有资本的控制权进一步

---

① 赵春雨：《混合所有制发展的历史沿革及文献述评》，载于《经济体制改革》，2015第1期，第52页。

分解为经营管理权和特别事项的控制权。如果有这种制度相配套，通过混改虽然会减少国企股份，但政府仍掌握着控制权，这样既能提高国企的经营效率，又能实现国家意图和政府目标，不必担心放弃控股权会冲击国民经济和影响社会稳定。相反，通过混改可以从国企释放出更多的国有资本，用于投资更多的领域，从而放大国有资本的杠杆作用，提高国有资本对国民经济的控制力和影响力。因此，混改有利于健全国有资本有进有退、合理流动机制，符合国企改革的总体目标。

从英国和欧洲的实践来看，政府对国企私有化的同时保留特别事项的控制权，这种方案总体上是成功的。博德曼和罗琳（Boardman and Laurin，2000）对99个样本公司1980~1995年的业绩进行了实证分析，发现大多数国有股权被出售、但保留金股的公司前三年的投资收益率出现大幅增长，表现最佳的是英国公用事业类，其中电力公司增长116%，自来水公司76%，非公用事业以及英国以外的公司增幅也超过了50%。

综上，作为混改的重要配套制度，特殊管理股制度能够为混改提供合法性与正当性。因此，随着混改的进一步深入，探索实行国家特殊管理股制度势在必行。

（二）法律实践基础

国内有不少经济界的学者认为我国现行公司法没有规定类别股制度，从而断定中国法律不允许实行双层股权结构或金股制度，这是一种误解。事实上，我国的公司法将公司划分为股份公司和有限责任公司两种组织形式。在股东权利设置方面，法律规定的灵活程度是不一样的，前者是一些强制性规定，即要求其"标准化"，而后者是任意性规定，即可以采取"个性化"安排，尊重股东的意思自治。《公司法》第43条规定："公司章程另有规定的除外"，表明公司法允许有限责任公司的股东在章程中对某些事项做出一些特别的约定，包括创设特殊管理股制度。例如，在章程中规定某些事项需要全体股东一致同意，就等于创设了"一票否决权"。约定股东不按出资比例行使表决权，而是直接约定各自的表决权比例，这样就可以创设出"超级表决权"。

特殊管理股制度在国内的投资和并购活动中已有广泛运用。近年来，股东之间的投资协议，大量出现反稀释条款、表决权分配条款、否决权条款，估值调整条款（俗称"对赌协议"），反映了不同类型股东的投资偏好和需求，本质上都是对股东权利进行重新分离与组合，具有类似美国双层股权结构的某些特征。这些创新活动还得到了司法部门的认可[①]。此外，在国企的章程中，一般都会规定公司的抵押、担保、增资、股权转

[①] 2011年11月，最高人民法院对海富投资诉甘肃世恒案做出终审判决，认定海富投资与甘肃世恒大股东香港迪亚公司之间的对赌协议合法有效。参见最高人民法院网站，裁判文书，甘肃世恒有色资源再利用有限公司、香港迪亚有限公司与苏州工业园区海富投资有限公司、陆波增资纠纷民事判决书。http：//www.court.gov.cn/wenshu/xiangqing-3387.html。

让等重大事项需要经过国资监管部门事先批准，这些规定也可以视为具有国家特殊管理股的性质。

此外，在上一轮国企改革过程中，国内就有过金股制度的探索和实践。萍乡钢铁有限责任公司是江西省第一家改制的省属国有企业。2003年，省政府通过公开招标将其持有的股权进行一次性整体转让，但转让后，江西省国有资产管理办公室仍在新公司持有"金股"。金股的权利由公司章程规定。设置金股的目的是监督改制企业履行既定的改制方案，保障职工权益不受侵犯。如果改制后股东大会、董事会做出不履行改制方案或侵犯职工权益的决议，省政府可行使一票否决权。政府作为金股持有者不干预企业经营决策，不参与红利分配，改制完成后3~5年内退出。可见，金股制度在我国已经具有一定的实践基础。

不可否认，在资本市场发行证券的上市公司，其法律组织形式必须是股份公司，而不能是有限责任公司。对于股份公司的股东权利设置，必须严格遵循公司法、证券法的强制性规定，不可以自由创设。从现行法律看，我国资本市场还不允许实行特殊管理股制度。《公司法》第126条规定："股份的发行，实行公平、公正的原则，同种类的每一股份应当具有同等权利。"可见，我国法律仍坚持一股一权的原则。但是，我们不能据此认为中国在建立特殊管理股上存在实质性的法律障碍。理由是中国不存在欧美国家那种权力制衡与对抗机制，像美国最高法院宣判美国证监会的规定违法，欧洲法院判决其成员国的法律条款无效，类似情况在中国极不可能发生。相反，中国的改革一贯采取顶层设计、自上而下的模式。鉴于混改已经成为中央十八大以来国企改革的主线，相关部门也势必主动出台与之相配套的法律和规章，"不合法的使它合法起来"才符合中国法制建设的逻辑。最近中国联通的混改方案与现行的证券监管新规相冲突，却被监管部门当作"个案"而大开绿灯，就是一个很好的例证。

（三）商业环境及社会共识

一项改革只有达成社会共识才能得到顺利推进。混改的主要障碍之一，就是社会投资者对国企改革仍存有疑虑。2014年博鳌论坛上对民营企业家调查显示，超过70%的企业家认为当前的混改政策还不明朗，超过50%的企业家表示没有兴趣参加这项改革。传媒行业是中央最早提出要探索建立国家特殊管理股制度的领域，但文娱行业很多人并不认为混改将会给民营资本带来更多的投资机会。相反，他们误以为这是国资委要接管民营视频企业的信号，甚至担心解放初的"公私合营"模式又将重演[①]。近期中国联通和东方航空等央企的混改方案虽然备受社会关注，并吸引了大量优质的投资机构。但需

---

① 参见搜狐网. 国资入股视频行业"公私合营"时代的视频网站还能否澎湃如昨？http://business.sohu.com/20160520/n450522988.shtml.

要指出的是，这些央企的所处行业、经济效益等方面具有明显优势，这种社会资本趋之若鹜的状况不一定会在其他国企的混改进程中出现。当前混改试点类似于股改初期的"靓女先嫁"。

民营企业家的担忧主要来源于此前国企改革过程中出现的广受诟病的一股独大问题，导致股改和上市都被认为只是国企"圈钱"的手段而已。很多人认为新一轮混改仍可能是"新瓶装旧酒""做表面文章"，难有实质性突破[①]。对于国家特殊管理股制度，有些民营企业家担心这可能是更糟糕政策。因为即使在一股独大的时代，普通投资者还可以指望自己的股权投资随国有资产一同"保值增值"。但如果实行特殊管理股制度，政府可以在把国有股份全部出售套现的情况下，仍保留对企业的控制权，得到一种"廉价投票权"（cheap votes）。这时候政府不再有国有资产保值增值的动机和压力，在投票时将不会考虑企业价值最大化，而是更多地考虑国家利益和社会效益。从某种意义上说，政府对混改企业的控制权与其所承担的义务、责任不相匹配，如果不加约束，它将会是一种极不公平的制度设计，对普通投资者造成的伤害可能比一股独大还严重。

社会上的担忧也不无道理。本文在前面已经分析了特殊管理股增加公司治理成本、降低公司价值的原理。从国外实践看，即使欧洲各国的金股制度已相当成熟，但由于金股没有分红权或者分配比例极低，会导致其商业赢利的动力不足。"政治干预论"认为，政府对企业的控制力越强，代理成本就越高，私有化之后的公司绩效和公司价值越低，政府的控制力与代理成本之间呈正相关关系。博德曼和罗琳对99家私有化之后的公司业绩表现进行实证研究，发现虽然他们三年内业绩大增，但金股制度对三年持有期的收益率会产生负面影响，使其收益率降低53%~62%。

从我国当前主要的现实条件看，政治上改革者需要国家特殊管理股制度为混改提供合法性与正当性，在法律实践上推行该制度已无重大障碍，但社会接受度还不够，目前积极参与混改的民企主要局限于BATJ（百度、阿里巴巴、腾讯、京东的统称），还需更多的成功案例来进一步激发社会资本参与混改的热情。

五、政策选择

（一）严格限定其使用范围和条件

国家特殊管理股的权利可以体现在公司章程之内，理论上属于私权领域，但它代表的又是国家意志，往往具有国家强制性，如果不对这种权利作明确限制，一方面会导致社会资本担忧其权力无穷大，迟迟不敢参与混改，最终延误改革进程；另一方面股东的

---

① 贾红辉等：《混合所有制切忌新瓶装旧酒》，载于《21世纪经济报道》，2014年2月21日。

特别权利可能会演变为政府干预企业经营的行政权力,增加政企分开的难度。因此,国家特殊管理股制度设计的首要任务,就是要严格限制其权利行使的范围。

对照 OECD（经济合作与发展组织）国家的实践经验,结合我国国情,本文初步设计了国家特殊管理股的权利范围和行使条件①（见表5）。

表5　　　　　经验借鉴：我国国家特殊管理股的权利范围和行使条件

项目	部分 OECD 国家的金股经验	国家特殊管理股	说明
股权比例	一般小于 20%，英国经常仅保留 1 股	1%	股份比例仅具有象征性意义,与股东权力大小不是等比例关系
触发条件	单一持股（或一致行动人）超过一定比例（如 20%）；可能危害国家安全与公共利益的情形	可能危害国家安全和公共利益	我国的众多的行业与市场监管部门对持股比例等方面已经有明确限制
经营管理权	英国不允许金股干涉已私有化企业的日常经营管理	不得干涉企业的经营管理权	坚持政企分开的原则,尊重企业的自主经营权
一票否决权	在法国,企业的许多特别事项需要经过经济与财务部的批准	具有一票否决权	仅限于涉及国家安全和公共利益的特别事项
事前或事后	两种情况都有	事后	不影响企业经营决策的效率
期限	英国一般设有期限；法国没有期限,但后来一般会转换为普通股	1 至 3 年	到期后仍可由行业和市场监管机构负责审查特别事项
使用频率	英国只在极少数情况下才使用	尽量不使用	给社会投资者足够的信心

资料来源：根据 OECD 相关资料整理。

（二）明确实施主体

从国外情况看,各国行使金股权利的机构不尽相同,有的是由单个政府部门负责（例如,法国的经济与财政部）,有的由多个部门分别实施（如英国）,有的由政府总理实施,还有的是在企业董事会中设国家代表。我国台湾地区则专门设立了实施金股的机构②。

针对中国的国情,笔者认为,在设计我国国家特殊管理股行权机构时,应考虑以下几个问题：

（1）正确处理好政府与市场的关系,国资委不适合作为行权主体。国资委及其他

---

① William P. Mako and Chunlin Zhang. Management of China's State – Owned Enterprises Portfolio：Lessons from International Experience [R], World Bank Office, Beijing. Sept, 2003, p. 63.
② 庞沁文：《特殊管理股制度试点怎么试》,载于《出版参考》,2014 年第 10 期,第 8 页。

履行国有资产出资人代表职责的机构,是各级国企的"股东",其使命是实现国有资产的保值增值。而那些需要保留国家特殊管理股、引进社会资本的混合所有制企业,却正是国有资本需要退出的行业和领域。因此,如果让国资委系统作为行权主体,容易造成目标和角色的冲突。例如,当国资委下属的国企与混合所有制企业相竞争时,国资委可能行使否决权,做出对混改企业不利的表决。

(2) 坚持统一行权和行业监管相结合的原则,设置专门的行权机构。与国外不同的是,我国针对重要行业和关键领域,建立了非常复杂的行业和市场监管体系,例如金融行业有"一行三会",电信行业有工信部,民航业有民航总局等。笔者认为,设置特殊管理股的专门行权机构比由各监管机构分散行权更为可取。理由有二:一是监管重点不同。行业和市场监管机构的主要职能是制定行业发展的规章制度,市场准入和退出的监管,发放营业牌照,对业务及其资费进行审查等。毋庸置疑,监管机构在行使监督权的同时,也附带审查本行业涉及国家安全和公共利益的事项。但它们的监管重点偏向于机构管理、业务审查和市场结构等较为微观的层面,而对国家安全、公共利益的审查则属于公共管理范畴。二是我国行业与市场监管机构为数众多,而且这些机构的性质不一,级别五花八门。从法律性质上看,有些机构具有宏观调控的属性,有些具有市场规制属性;从级别上看,有些是国务院的部委,有些是部委管理的国家局,还有些是国务院直属的事业单位。表6列举了部分行业与市场监管机构及其特征。显然,如果国家特殊管理股由各个部门分别行权,容易造成政出多门,标准不一,混合所有制企业将无所适从。

表6　　　　　　　　　　我国部分行业与市场监管机构情况

行业	监管机构	机构描述
电信	工业和信息化部	国务院组成部门(部委级)
电力	国家能源局	隶属于发改委
航空	民航总局	隶属于交通部
国防	国家国防科技工业局	隶属于工业和信息化部
金融	中国人民银行	中国央行,国务院组成部门(部委级)
	国家外汇管理局	隶属于中国人民银行
	中国银行保险监督管理委员会	国务院直属的正部级事业单位

资料来源:根据中国政府网(www.gov.cn)相关信息整理。

(3) 建立专家委员会名单,实行归口审查。专门设置的特殊管理股管理机构可以下设在商务部或发改委,成为部委管理的国家局。其主要职责是负责国家特殊管理股的日常管理工作，例如，启动和执行审查程序，负责联络投资者和相关部门，制订特殊管理股制度的行政规章和指引，包括规定对单一持股人的投资比例限制、对提名董事限制、对外资的限制等。但对于特别事项的决策，应该建立专家委员会共同论证与科学决策的机制。专家委员会主要由两部分代表组成，一部分来自国家公共管理部门，例如财政部、商务部、国防部等，另一部分代表则来自相关的行业监管部门。采取这种"常设机构＋专家委员"模式，可以从组织上保证办事效率，同时也有助于增加决策的民主性和科学性。此前有学者提出由企业党组织、行业对口的监管部门、国有资本运营公司成立"联席会议"作为行权主体，对特别事项进行"会审"的模式。但相比较而言，该模式容易出现职责不清、相互推诿现象。

（三）坚持渐进式改革模式

1. 分阶段实施

不同类型的国有股权形式，反映了政府不同的利益诉求。普通股对应的是对混改企业的经营管理权，特殊管理股是对特别事项的控制权，而优先股是收益权。政府可以通过国有股权形式的转换来改善混合所有制企业的治理机制。

根据这种机制，国内有学者提出了"三阶段"模式：在混改初期，实行普通股、优先股、国家特殊管理股三种形式的国有资本并存，但普通股比例要逐步下降，使社会资本对企业经营管理的表决权逐步增加，以吸引社会投资者。在中间阶段，将剩余的普通股转换为优先股，同时保留国家特殊管理股。在这种股权结构下，政府享有收益权，但不参与日常决策和经营管理，只对特别事项进行干预。在最后阶段，撤销国家特殊管理股，只保留优先股。

在改革的不同阶段，国有资本的组合中出现的各类股权的比例变化，反映了政府对混改企业的控制方式的转变。普通股的比例逐步减少，意味着政府对企业的行政干预减弱，企业的自主经营权得到逐步增强。随着普通股最终被特殊管理股和优先股取代，表明国有资本逐步放弃企业的经营管理权，但不会放弃对涉及国家安全和公共利益等特别事项的控制，持有优先股也表明政府暂时不放弃混改企业丰厚的利润。因此，分阶段实施模式符合循序渐进的原则，总体上是可取的。

2. 分行业实施

当前我国混改是根据不同行业分批次进行的。前两批19家试点央企主要处在电力、石油、天然气、铁路、民航、电信、军工七大垄断行业。国家特殊管理股制度的推行，总体上应与混改进程相适应。鉴于政府已经把国企划分为公益类、商业类Ⅰ（充分竞争）和商业类Ⅱ（重要行业和关键领域）三种类型，有学者提出可以根据这个标准，采取"分类实施"的策略，先在石油、电力、通信等重要行业和关键领域建立特殊管理股制度，对于公益类与商业类Ⅰ（充分竞争），可以不设或少设特殊管理股。从国外实践来看，在私有化之前，国有资本也较多地集中在公益类和商业类Ⅱ（重要行业和关键领域），例如电力、石油、通信等行业（见表7），这种情况与我国的现状比较相似。因此，率先从这些行业进行混改并探索实行特殊管理股制度符合国际惯例。

表7　　　　　　　　　　1978年部分国家国有资本在行业中的比重

国家	邮政	通信	电力	石油	石化	煤炭	铁路	航空	汽车	钢铁	船舶
澳大利亚	●	●	●	●	○	○	○	◕	○	○	NA
巴西	●	●	●	●	●	●	●	◕	○	◕	○
法国	●	●	●	●	●	NA	●	●	◐	◐	◐
美国	●	○	◔	○	○	○	◔	○	○	○	○
日本	●	○	○	○	NA	○	◕	◔	○	○	○
英国	●	●	●	●	●	◔	●	●	●	●	●
印度	●	●	●	●	●	●	●	○	◐	◕	●

○ 完全私有　　● 完全国有　　◔ 25%国有　　◐ 50%国有　　◕ 75%国有

资料来源：《哈佛商业评论》1979年3月刊第161页，经作者整理。

我们还可以通过对上述三类国企进行比较分析，从而得出结论：商业类Ⅱ（重要行业和关键领域）最适合建立特殊管理股制度。（1）公益类行业主要以普遍服务为主，投资收益率低，或者产品与服务的价格受到严格的管制，因此吸收社会资本的可能性不大，此外这些国企要保留国家独资的形式，因此没有必要设立特殊管理股。（2）充分竞争的商业类国企多处于国有资本需逐步退出的领域，由于这些行业不太涉及国家安全和公共利益，因此亦无须保留特殊管理股。（3）重要行业和关键领域的商业类国企，一方面其丰厚的垄断利润对社会资本具有较大吸引力，另一方面这些市场又具有一定的竞争性，容易涉及公共利益，是实行特殊管理股制度的切入点。

3. 由低层级向高层级分步实施

这种改革方式包括两种情况：一是从央企二级公司及以下的子公司试点建立特殊管理股，再逐步扩展到集团公司；二是从省级或市级的地方国企入手，再延伸到央企。采取这种循序渐进、由易到难的改革方式，好处是改革阻力较小，即使出现负面效果，也可以被控制在最小的范围内。

在央企子公司混改方面，东方航空物流有限公司是个重要的研究样本。在引入社会资本之前，东航物流原为上市公司所有的资产，此后它被转至东航集团全资所有的直接投资和产业基金管理运作平台。从操作手法上看，降低央企层级和远离集团公司、上市公司，是为混改试点破除各种体制上的障碍。根据东航集团已经公开的方案，东航集团的持股比例从原来的100%下降到45%。综合考虑公司规模、行业重要性等因素，国有资本如此大幅下降如果发生在集团公司或者上市公司层面，势必会遭遇更多的阻力。同理，如果率先在央企二级公司及以下子公司推行特殊管理股制度，社会关注度也会小得多，各方面的干扰会更少。

地方国企改革的驱动力强，因为地方官员更倾向于追求立竿见影的政绩及实际的经济效益。目前，各地方的国企混改热情高涨，究其原因，一是地方上受意识形态的干扰相对较少；二是地方官员更重视混改带来的现金流。相比较而言，央企体量庞大，管理部门多，改革只能"一板一眼"。地方国企改革具有更大的灵活性，因而在一定程度上承担着为中央推进国企改革探路与积累经验的艰巨任务。考虑到这种情况，在地方国企率先推行特殊管理股制度，将获得更多改革动力，因为特殊管理股制度有利于地方官员放手搞混改，有利于国企引入更多的社会资本，促进当地经济增长。

（四）搞好配套改革

混改并不是"一混就灵"，建立特殊管理股制度也不是一项孤立的改革。国企改革能否成功，取决于诸多因素，而不仅仅是股权性质和股权结构的变化。国外经济学家通过比较研究，发现在私有化改革过程中，单纯的所有权变革并不必然导致企业绩效提高。而德卡斯特罗和埃希鲍尔（De Castro & Uhlenbruck, 1997）和伦威和默莎（Lenway & Murtha, 1994）则进一步发现，基础设施和市场结构，劳工、价格、金融政策，组织内部变革、管理层的聘任方式才是决定企业绩效的因素。

可见，混改如果只是单纯地减少国有资本的比例，引入不同性质的股权投资者，而没有相关的配套改革，特别是市场机制的建设，很难产生实际效果。事实上，国企改革本身是我国社会主义经济体制改革的一部分，需要借助构建完善的市场经济体系来实现。因此，我们需要建立和完善有利于实行特殊管理股制度的法律制度与经济环境。一是加强制度供给，特别是加强经济法和民商法等法律体系建设，创造公平公正的市场竞争环境。此外，反垄断法也是其中重要的配套制度。二是从企业运行的外部经济条件来看，完善的市场经济所必需的基础设施、要素市场、劳工政策、价格政策、金融政策等，也不能缺位。

六、结论

探索实行国家特殊管理股制度是我国当前推进国企混改的一种有益尝试。通过这种制度安排，国企可以在治理效率方面取得重大突破的同时，又兼顾政府目标社会效益。目前，我国建立特殊管理股制度的政治、经济、法制条件已基本成熟。我们应尊重中国国情，借鉴国外双层股权结构和金股制度的先进经验，配合混改进程，在试点的基础上审慎设计和推行我国的国家特殊管理股制度。

参考文献

1. ABA Committee on Corporate Laws. 2005. Model Business Corporation Act Annotated：Official Text with Official Comment and Statutory Cross – References ［M］. American Bar Association. pp xxi ~ xxiii.

2. CFA Institute，2016，CFA Level Ⅱ Vol 4：Equity ［M］，pp. 580 ~ 587.

3. Guido Ferrarini，2006，One Share – One Vote：A European Rule ［R］，Institute for Law and Finance，JOHANN WOLFGANG GOETHE – UNIVERSITÄT，NO. 4，pp. 7 ~ 15.

4. Pier Angelo Toninelli，2000，The Rise and Fall of State – Owned Enterprise in the Western World ［M］，Cambridge University Press，pp. 65 ~ 66.

5. Tatiana Nenova，2003，The Value of Corporate Voting Rights and Control：A Cross – Country Analysis ［J］，Journal of Financial Economics，68，pp. 325 ~ 351.

6. William P. Mako and Chunlin Zhang，2003，Management of China's State – Owned Enterprises Portfolio：Lessons from International Experience ［R］，World Bank Office（Beijing），p. 63.

7. 程柯、韩硕：《特殊管理股制度的缘起、超越与融入》，载于《编辑之友》，2016年第3期，第22页。

8. 戴苏琳：《国家特殊管理股制度探讨》，载于《中国金融》，2016年第7期，第68页。

9. 中共中央文献研究室：《邓小平文选》，北京：人民出版社1994年版，第323页。

10. 郭武平：《金股：国有银行吸引战略投资者的有效途径》，载于《金融研究》，

2004 年第 8 期，第 81 页。

11. 李燕、郭青青：《我国类别股立法的路径选择》，载于《现代法学》，2016 年第 3 期，第 73 页。

12. 刘小玄、李利英：《改制对企业绩效影响的实证分析》，载于《中国工业经济》，2005 年第 3 期，第 6~7 页。

13. 庞沁文：《特殊管理股制度试点怎么试》，载于《出版参考》，2014 年第 10 期，第 8 页。

14. 石宝华：《双层股权结构对国企改革的意义》，载于《中国建投投资研究院报告》，2016 年第 7 期，第 7~8 页。

15. 朱慈蕴、沈朝晖：《类别股与中国公司法的演进》，载于《中国社会科学》，2013 年第 3 期，第 149 页。

16. 张维迎：《产权、激励与公司治理》，北京：经济科学出版社 2005 年版，第 173~175 页。

17. 赵春雨：《混合所有制发展的历史沿革及文献述评》，载于《经济体制改革》，2015 年第 1 期，第 52 页。

地方政府债务压力下平台公司系统管理及 PPP 模式创新的探讨

许敏慧[*]

> **摘 要：** 当前，我国正进入城市化发展的新阶段，城市建设规模日益扩大、项目投融资难度加大、工程建设任务繁重。目前，各地融资平台缺少自营收入和盈利来源，导致债务提高，同时，受有关政策的影响，城投公司按原有粗放型发展路径已难以为继。本文首先对当前政策环境和平台公司现状做了简单的论述，其次分析了当前环境下平台内部管理以及转型升级的困境，最后对如何深化国资改革，减缓财政压力，更好地服务于基础设施补短板中来，实现体制创新进行了深入探讨。
>
> **关键词：** 政府负债 平台转型 内部管理 PPP 模式

据财政部最新统计显示，截至 2017 年 12 月末，全国地方政府债务余额 164706 亿元，地方政府债务风险总体可控，但一些地方政府通过融资平台公司、政府和社会资本合作（PPP）、政府投资基金、政府购买服务等方式违法违规或变相举债，形成的隐性债务风险不容忽视。

一、平台公司系统管理及转型升级的政策环境

（一）中央层面

党的十九大报告指出："经济体制改革必须以完善产权制度和要素市场化配置为重点，实现产权有效激励、要素自由流动、价格反应灵活，改革国有资本授权经营体制，加快国有经济布局优化、结构调整、战略性重组，促进国有资产保值增值，推动国有资本做强做优做大，有效防止国有资产流失。深化国有企业改革，发展混合所有制经济，培育具有全球竞争力的世界一流企业。"李克强总理在第十三届全国人民代表大会第一次会议中指出：

---

[*] 许敏慧：浙大网新建设投资集团有限公司董事总经理。

"推进国资国企改革。制定出资人监管权责清单。深化国有资本投资、运营公司等改革试点，赋予更多自主权。继续推进国有企业优化重组和央企股份制改革，加快形成有效制衡的法人治理结构和灵活高效的市场化经营机制，持续瘦身健体，提升主业核心竞争力，推动国有资本做强做优做大。稳妥推进混合所有制改革。落实向全国人大常委会报告国有资产管理情况的制度。国有企业要通过改革创新，走在高质量发展前列。"

（二）部委文件

2013 年 4 月 9 日，银监会发布的《关于加强 2013 年地方政府融资平台贷款风险监管的指导意见》规定：各银行业金融机构要遵循"总量控制、分类管理、区别对待、逐步化解"的总体原则，以控制总量、优化结构、隔离风险、明晰职责为重点，继续推进地方政府融资平台（简称"融资平台"）贷款风险管控；2014 年 9 月 21 日，《国务院关于加强地方政府性债务管理的意见》指出："加强政府或有债务监管。剥离融资平台公司政府融资职能，融资平台公司不得新增政府债务。地方政府新发生或有债务，要严格限定在依法担保的范围内，并根据担保合同依法承担相关责任。地方政府要加强对或有债务的统计分析和风险防控，做好相关监管工作。"2017 年 4 月 26 日，《关于进一步规范地方政府举债融资行为的通知》指出："加快政府职能转变，处理好政府和市场的关系，进一步规范融资平台公司融资行为管理，推动融资平台公司尽快转型为市场化运营的国有企业、依法合规开展市场化融资，地方政府及其所属部门不得干预融资平台公司日常运营和市场化融资。"2017 年 12 月 23 日，财政部《关于坚决制止地方政府违法违规举债遏制隐性债务增量情况的报告》提出："支持转型后的国有企业依法合规承接政府公益性项目。"2018 年 3 月 9 日，国家发展改革委《关于实施 2018 年推进新型城镇化建设重点任务的通知》指出：分类稳步推进地方融资平台公司市场化转型，剥离政府融资职能，支持转型中的融资平台公司及转型后的公益类国企依法合规承接政府公益类项目；2018 年 3 月 28 日，财政部《关于规范金融企业对地方政府和国有企业投融资行为有关问题的通知》指出："除购买地方政府债券外，不得直接或通过地方国有企事业单位等间接渠道为地方政府及其部门提供任何形式的融资，不得违规新增地方政府融资平台公司贷款。"

二、当前环境下平台公司系统管理以及转型升级的困境

（一）转型定位不明确

随着国家对平台类公司的进一步调控，剥离其政府性融资职能也逐渐落到实处。由于我国经济体系区域化差异明显，平台公司发展水平也各不相同。部分经济发达地区城

市大建设时期基本结束，其平台公司多转变为城市服务运营商；部分发展中地区则存在更大的空间和机遇，其平台公司多转变为市场化投资公司，并具有一定的市场竞争力，也有平台公司能肩负城市投资建设、运营服务等功能于一体。但对更多的发展较差、转型较晚的平台公司而言，除了政府融资职能外，如何找准契合自身功能的发展方向，如何合理控制资产负债率、如何合理优化财务结构，如何应对新时期转型升级的使命成了各大平台公司的痛点和难点。

（二）资本运作不规范

因政府以提供政府信用为平台公司各类融资业务作背书，因此平台公司的偿债能力和信用与地方政府一脉相承，其融资业务在资本市场一向深受追捧。在这个过程中，平台公司过度融资的冲动也得到充分释放，为完成融资业务，地方政府、平台公司以及金融机构三方默契高度一致，因而重复抵押、平台互保、违规放款等种种不"创新型"金融工具和产品层出不穷；同时，部分平台公司一直保留以旧还新的融资模式，通过不断地滚雪球，使政府债务压力不断增大；除此之外，很重要的一条会计准则，通过平台公司融来的资金并不纳入财政预算，支出不受约束，这就是当时大行其道的表外融资，其通过体外循环，助推了资产规模的快速提升，同时巧妙地规避了名义负债风险，可谓一时风光无限。这种高危模式下致使融资被挪用的事情时有发生，很多时候都游走在金融政策的灰色地带且该模式规模体量较为巨大，一旦发生重大投资风险，将会引起连锁反应，导致厄尔尼诺现象，直接危及地方金融生态稳定。

（三）治理结构不完善

长期以来，地方投融资平台都是政企不分的典型代表。投融资平台的班子成员一般纳入当地政府组织体系管理，由政府直接任命，部分地区甚至由当地财政、发改、建设等部门负责人兼任。在实质运作中，基本上按照政府指令办事，坚持政治效益和社会效益为先，经济效益的多少大都不在考核范围内，形成行政化干预过多，企业自主性缺乏的现象，这也往往导致经营运作的效率和效益低下。此外，平台公司工作所涉及的领域较广，往往涵盖城市建设投资、城建开发、经营管理等诸多不同领域和专业方向。因此，在转型过渡期间人才储备不足的问题更加凸显。平台的组成人员大都由当地政府部门抽调组成，多年的政府工作经历和习惯，使他们无法由政府管理主体向市场经营主体转变，在一定程度上可能会影响平台公司的决策执行。而平台招聘市场化专业人才，还面临薪资待遇、岗位匹配、论资排辈等诸多实际问题。

（四）资产整合有风险

在城市开发建设工程中，平台公司虽然账面上积累了一定资产，但运作起来，仍然面临很多问题。首先，资产普遍手续不完善。很多项目都是按政府指令抢工建设，没有手续，决策程序不规范，导致项目建成后无法确权，也无法形成有效资产。其次，资产无法发挥应有效益。一些公益性项目，例如，文化设施、体育设施等可能主要为了举办某种活动或赛事建设。平台承担建设任务，但后期大都移交地方相应职能部门管理运营，虽然账面上，资产所有权在平台公司手里，但却无法实现净现金流，很多时候相关资产因历史原因，都尚未计入平台公司的固定资产中，而是仍然成为部委的部门私产。最后，平台的资产很多都是由当地政府划转，由于涉及利益部门多，在资产划转的同时也带来了相关的人员、债务包袱，导致资产整合存在一定风险。

（五）国资混改难推进

企业规模小，资产证券化率低。区县所属国有企业产业层次处于产业链的低位，部分国有企业的业务范围和投资领域相近，运作效率偏低，难以形成产业规模。与此同时，国企上市进程偏慢，资产证券化率低下。公益功能强，收益能力差。随着金融监管日益趋严，融资环境愈加严峻，区县所属国企原有的银行贷款融资难以为继，而相对大部分功能类、公益类的区县所属国企而言，在没有合理的补偿机制下资金困境愈加突出，企业的盈利水平弱，现金流较少，导致其难以上市融资，无法发展壮大。国资监管覆盖面窄，企业考核机制有待完善。区县所属经营性国资监管工作较为分散，国资监管覆盖率低仍是需要重点关注的方向，而对于国企的考核机制，企业类型不同，考核指标不同，考核内容与绩效比例的准确科学需要进一步完善。

（六）创新模式遇瓶颈

2014年以来，地方平台大力推广PPP模式，其目的在于有效减轻了政府当期支出责任及支出压力，弥补项目建设资金需求与地方政府资金供给能力之间的缺口，提高传统基础设施和公共服务领域政府投资效益。但由于前期缺乏成功经验、政策法规不完善以及地方政府认识不足等原因，使PPP模式在快速发展的同时也暴露出诸多问题，尤其是出现了泛化、异化、神化"白骨精式"的三大变化，为PPP项目后期的正常运作增加了隐患，使其在实际操作过程中偏离了优化政府投融资体制改革，减轻政府财政负担，提升公共服务效益的初衷。

第一，泛化。有地方将房地产等纯商业化项目拿来包装成PPP，借助有关部门和金融机构对PPP的"绿色通道"，实现快速审批和融资，会绕过相关产业政策监管，影响宏观调控效果。

第二，异化。当前参与PPP项目的多为施工企业，不少企业既不愿意承担运营风险，也不具备运营能力，主要通过施工获取利润"重建设、轻运营"的倾向严重。一些地方政府通过政府回购、承诺固定回报等明股实债方式，实施PPP项目。一些政府付费类项目，通过"工程可用性付费"+少量"运营绩效付费"方式，提前锁定政府大部分支出责任。存在着由政府兜底项目风险。

第三，神化。推广PPP模式初衷是以运营为核心，发挥社会资本的优势，提高公共服务供给效率。但从实际情况看，地方政府更看重PPP融资功能，近九成的项目是纯政府付费类和"使用者付费+政府补助"类项目，其中使用者付费+政府补助中，政府补助也占大头，最后主要还是靠政府财政支出。PPP模式的发展，其本质是为了实现项目的物有所值，即PSC值>PPP值，是为了提升绩效服务的综合效率，规避地方政府负债。2014年10月28日，财政部公布《地方政府存量债务纳入预算管理清理甄别办法》指出，"通过PPP模式转化为企业债务的，不纳入政府债务"，一些地方政府通过变相打包PPP项目，做起了"挂羊头卖狗肉"的买卖，以此达到规避举债的目的。

（七）融资新渠道遭降温

自2016年12月21日，国家发展改革委、中国证监会共同发布的《关于推进传统基础设施领域政府和社会资本合作（PPP）项目资产证券化相关工作的通知》出台以来，2017年可谓PPP资产证券化历史元年，PPP资产证券化发展如火如荼，但真正成功落地的计划产品仍屈指可数，政府优质存量项目推向市场的也寥寥无几，项目实际实施过程中却有不少荆棘。成本优势不明显。优质的PPP项目本就能获得政策性银行或商业银行相对较低的成本，而现有环境下，PPP资产证券化产品的成本不低，在不考虑发行承销费用的情况下，甚至出现成本倒挂现象。

随着近年债券市场的走"熊"，同时在传统的债性思维模式下，PPP证券化成本过高，即导致PPP资产证券化产品成本上没有优势，对投资者吸引力不强。期限匹配度不高。PPP项目的回款期限很长，一般为10~30年。而主流资产证券化的存续期限主要为3~7年。证券化市场投资人的偏好也只有3年和5年，最多也不超过10年。单个资产证券化产品，显然无法覆盖PPP项目的期限，存在期限不匹配的风险，中长期资金配长期资产仍需要第三方出具流动性支持。增信依赖性较强。PPP资产证券化现阶段仍处于银行间的债性思维模式，无法完全脱离外部增信体系。而对于企业，担保或差额支付承诺是有限的，对民营企业而言更为突出，较其他模式，优势并不明显，如何进行增信结构优化，仍需深入探讨。例如，"川投PPP项目资产支持专项计划"其在不依靠外部增信的情况下成功推出，为我们带来了新的借鉴意义与参考价值。此外，在PPP项目中，收益权质押、经营权隔离以及财务税务、资产评估、政策合规性、政府公信力等各方面都存在需要完善的地方。

三、融资平台系统管理以及转型升级的思考

（一）找准平台定位，明确转型发展路径

在总结历史经验的基础上，立足当前实际，着眼未来发展，地方融资平台必须剥离其政府性融资职能，从"单纯的融资平台"向"市场化城市综合运营商"转型。在转型过渡期间，平台公司必须抓住核心竞争优势，继续在城市开发建设、基础设施投资建设运营、城市资产运营、优势产业培育和产业转型升级方面发挥中坚力量，形成可复制、模块化的城市开发建设能力，提升国有资产运营管理能力，确保国有资产保值增值，同时，加大产业引入力度，择优导入优质的运营商、投资商、开发商共同参与新城市的投资、建设、运营、管理，打造"城市合伙人"体系，实现城市有机更新；设立城市发展基金，导入全过程咨询体系，在整体结构和顶层设计中实现战略性布局。

（二）规范资本运作，严格防范债务风险

平台公司必须建立全面的预算管理制度和投资决策机制，严格实行预算管理，实现决策的科学化、规范化和民主化。其次，要建立健全多元化、多层次、结构化的融资渠道，多措并举，确保资金安全和资金链安全。最后，根据城市发展需要，结合自身债务情况，转型中的投融资平台要积极协调当地政府，依法合规承接政府公益类项目，加强债务监管，提升地方抗风险能力，积极推进落实引入战略合作伙伴，组建混合所有制投资管理有限公司，提高投资决策效率、效益、效能。

（三）完善治理结构，健全现代企业制度

首先，平台公司需要构建完善的内部治理结构，改变行政管理现状，向企业化管理转变。这就需要平台公司积极协调与政府的关系，划清政府与企业的责任，减少行政化干预，赋予平台公司充分的自助经营全和决策自主权。其次，按照政企分开的要求，建立以产权清晰、权责明确、政企分开、管理科学为条件的现代企业制度，提高公司经营管理效率。最后，理顺人员身份，建立健全"与选任方式相匹配、与企业功能性质和市场机制相适应、与经营业绩相挂钩"的差异化薪酬分配方法及"管理人员能上能下、员工能进能出、收入能增能减"的市场化选人用人机制。

（四）强化资产重组，奠定转型发展基础

资产重组，不是单纯的注入资产，而是要注入优质资产、资源、智力，也要剥离无

效资产。首先，平台公司要争取政府部门的支持，挖掘优质资源、盘活存量资产，实现资产与资金的良性循环，必要时可通过资产证券化直接融资。其次，平台公司要加强资产优化重组。平台公司要将分散在各个板块的资产进行集中管理和优化重组，提升整体运营效益。同时，积极拓展新的业务板块，使公司具有较强的盈利能力和业务拓展能力，从而实现公司的可持续发展。最后，积极搭建企业内部智库平台，引进高层次人才、聘请相关专家，定期组织培训，完善知识结构，集聚智力资源。

（五）推动国资混改，实现机制体制全面转型

1. 以"放开民企准入门槛"为导向。非公有资本能够参与到国家战略行业中，打破"国企垄断"局面，实现公有和非公有资本权责平衡，地位对等的态势。正如浙江大学民营经济研究中心主任史晋川教授所指出的："没有真正的准入，不可能有真正的混改。"

2. 以"规范国企混改体制"为目标。有效保障混改企业各所有制资本同股同权；保障专业性强的民营资本管理运作；保障内外监管体系完善严谨；保障混改企业具有充分的开放性与可交易性。

3. 以"扩大国企混改规模"为抓手。推动和支持各所有制资本参与国企混改的实际工作中去。国有企业可以通过股权多元化的途径引入民营战略资本，提升国有企业公共服务效能；民营资本也可以通过PPP模式与国有资本合作，积累混合所有制企业的管理经验。通过各类资本的融合促进，从而扩大非公有资本参与力度，并通过股权架构优化调整，从而实现真正合理的混改结构体系。

4. 以"提升国企混改竞争力"为目的。以市场化为导向深度落实国有企业混改策略，充分调动各方积极能动性，加快企业与市场接轨，确保国有资产保值增值。同时，打造资本所有者与劳动者命运共同体，创新企业内部的权利配置，合理分配员工持股比例，引入培养专业队伍及市场化选聘高端人才，聘用"职业经理人"，从体制机制人才三方面着手，真正把市场机制"师傅领进门"，各企业"修行在个人"，实现混改企业市场竞争优势。

5. 以"优化国企混改渠道"为方向。继续加大民营资本参与国企混改的引导力度，引进增量为主、存量出售相结合的模式有效降低改组的风险和阻力。日前财政部《关于国有资本加大对公益性行业投入的指导意见》鼓励以多种形式加大国有资本对公益性行业的投入，通过投资入股、联合投资、并购重组等多种方式，与民营企业进行股权融合、战略合作、资源整合，发展混合所有制经济。

同时，针对国有与民营资本共同设立股权投资基金、国有资本资产证券化抑或是员工持股等实现混改的方式进行结构优化，完善相关政策，健全审核程序，规范操作流

程，严格资产评估，建立健全股权流转和退出机制，杜绝内部操作，防止利益输送，以拓宽国企混改的方式。

（六）完善创新体制，强化政策指导力度

要着力破解当前 PPP 模式推广中的泛化、异化、神化等种种乱象，坚决制止"伪 PPP"，以 PPP 进行政府兜底的融资，要促发展与防风险并重，突出重点，抓住关键，规范实施。1. 统筹规划。要加大指导力度，推动各地科学制定 PPP 项目规划。2. 有保有压。要鼓励商业模式创新和技术创新，充分发掘项目的经营性潜力。3. 规范操作。要严防推进 PPP 项目中不规范操作增加地方政府隐性债务，严防通过固定回报、保底承诺等方式变相举债。4. 盘活存量。将边界条件明确、商业模式清晰、现金流稳定的优质存量基础设施资产，择优转让社会资本方，规范有序盘活基础设施优质存量资产，形成资产变资金、资金变资本的可持续投融资模式，回收资金主要用于新的基础设施、公用事业建设。5. 引入民资。让更多拥有核心技术和运营能力的专业化民间资本参与重大项目建设，提高基础设施和公共服务质量和效率。6. 因地制宜。我国各地经济结构差异性较大，发展速度不均衡，各地应根据历年的经济发展轨迹和未来经济增速，实事求是制定适合区域长效、可持续发展的经济指标。7. 全面评价。在 PPP 实操过程中，政府、社会资本和咨询机构不应仅仅着眼于项目眼前开工建设情况，对长效运营普遍缺乏重视和耐心。咨询机构对中期、后期评价不应流于形式，应充分考虑到项目实施后，项目本身和项目周边区域的整体发展评价。

地方平台公司的转型升级以及政府创新投融资已是大势所趋，建立结构化管理体系，加大民营资本参与国资混改力度，优化 PPP 模式、PPP 资产证券化等创新融资模块，当下的金融环境下，限制因素或有增加，但机遇挑战同样不少。

参考文献

1. 《关于加强 2013 年地方政府融资平台贷款风险监管的指导意见》。
2. 《国务院关于加强地方政府性债务管理的意见》。
3. 《关于进一步规范地方政府举债融资行为的通知》。
4. 《关于规范金融企业对地方政府和国有企业投融资行为有关问题的通知》。
5. 《关于国有资本加大对公益性行业投入的指导意见》。

"一带一路"背景下 PPP 模式国际运营的情势解析

张 迪 聂婴智*

> **摘 要：**"一带一路"倡议是充分发挥市场作用，走经济融合、互利互信的强国之路。中国企业应借"一带一路"发展之东风，在国际合作环境逐渐向好的今天，充分利用国内发展 PPP 的合作经验和资本技术的准备与积累，在详细分析 PPP 国际合作的可能风险和解决方略基础上，迈出国际化经济合作的步伐，实现运营规模及发展方向的多维参与与合理布局，走出"一带一路"特色背景下的 PPP 运营新路径，实现中国企业 PPP 模式国际运营的自我完善与大国情怀。
>
> **关键词：**一带一路 PPP 合作 风险 机遇

"一带一路"倡议是近年来我国针对国际区域经济发展提出的多边合作规划，通过"积极发展与沿线国家的经济合作伙伴关系，共同打造政治互信、经济融合、文化包容的利益共同体、命运共同体和责任共同体"。"一带一路"给中国的企业提供了很好的对外发展的机遇，沿线国家的基础设施和公共服务领域都有着中国企业参与的可能性与便利性，我们可以利用资金优势、技术优势、政策优势、法律优势等多重资源，充分发挥市场的资源配置作用，积极采取政府与社会资本合作的 PPP 模式，走出国门，参与到沿线国家的经济建设中，充分实现我国在经济发展方面与沿线国家的密切交流，实现在改善民生领域的积极合作与和谐共赢。

一、PPP 国际合作环境逐渐向好

《"一带一路"大数据报告（2018）》中提出，中国自从推出"一带一路"倡议以来，围绕我们的"丝绸之路经济带"和"21 世纪海上丝绸之路"的地理路线，辐射范

---

* 张迪：中国政法大学 PPP 研究中心专家委员会委员，国家发改委 PPP 专家，研究员级高级经济师，注册招标师、建造师，黑龙江科技大学 PPP 研究中心主任；聂婴智：东北农业大学文法学院副教授，法学博士，美国访问学者。

围涉及100多个国家,这些国家都对中国的这一倡议保持高度关注,纷纷与中国开展了各种形式的互通与合作。

五年来,全球舆论对"一带一路"的积极情绪占比由2013年的16.5%提高到2017年底的23.7%。当前,随着"一带一路"影响力的不断扩大,我国已经与100多个国家实现了包括政策沟通、设施联通、贸易畅通、资金融通、民心相通等方面的积极突破,参见图1。

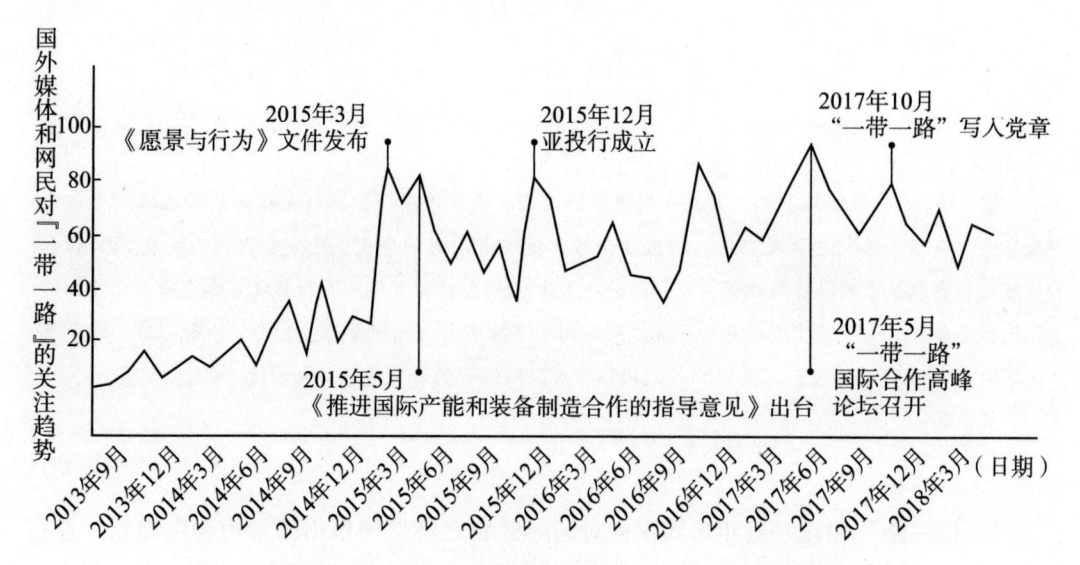

图1 2013年9月~2018年7月国外舆论对"一带一路"的关注趋势

资料来源:《"一带一路"大数据报告(2018)》,北京:商务印书馆2018年版。

从国际合作指数的测评结果来看,我国与"一带一路"国家的合作水平逐年攀升,2018年指数得分为47.12分,较2017年和2016年分别提升2.01分和3.57分。在政策沟通方面,中国与俄罗斯、菲律宾、柬埔寨等周边国家交流最为频繁;设施联通方面,中国与东盟国家新增直飞航线最多,东欧、中亚成为中国铁路对外运输的主要目的地;在贸易畅通方面,2017年,中国与"一带一路"国家的贸易总额较2016年增长13.4%,高出中国整体外贸增速5.9个百分点,其中与中亚地区贸易增速最快;在资金融通方面,中国与俄罗斯、马来西亚、阿联酋、巴基斯坦、哈萨克斯坦等国家合作较好;在民心相通方面,"一带一路"国家不仅成为出国游的新增长点,也成为中国学生出国留学新的目的地,参见图2、表1。

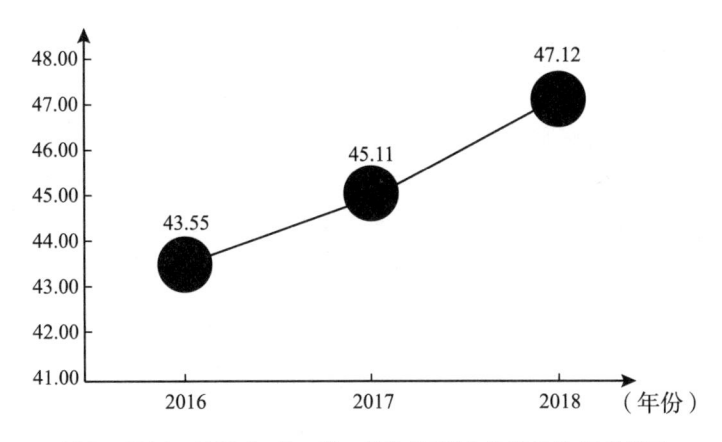

图2 2016~2018年"一带一路"国别合作度总体得分情况

资料来源:《"一带一路"大数据报告(2018)》,北京:商务印书馆2018年版。

表1　　　　　　　　"一带一路"国别合作度指数前十名情况

排名	国家
1	俄罗斯
2	哈萨克斯坦
3	巴基斯坦
4	韩国
5	越南
6	泰国
7	马来西亚
8	新加坡
9	印度尼西亚
10	柬埔寨

资料来源:《"一带一路"大数据报告(2018)》,北京:商务印书馆2018年版。

通过数据分析,"一带一路"周边国家与我国经济合作的国际环境是不断改善,逐渐优化的,这恰给中国企业参与周边国家的基础和公共服务领域的开发建设提供了契机,在友好的国际合作环境下,不同政府都可以给予中国企业充分竞争的自由环境,在市场起主导作用,竞争靠企业实力的公平秩序保障下,中国企业利用PPP国内运营的经验和技术可以实现实质性的国际竞争与合作。

二、PPP国内发展环境日趋规范

从我国开展第一个BOT项目开始到现在,政府对PPP财政风险的管理伴随着经济体制改革、法律制度变迁而不断变化。自 20 世纪 80 年代起，因为我国改革开放的不断加深，针对外资的优惠政策吸引了大量外商开始进入国内市场，PPP 模式得到初步发展。在那个期间我国开始探索以吸引外资为主要目的公用事业领域 PPP 模式，所以此时外商资本是 PPP 模式的主要社会资本合作方。2014 年是我国 PPP 发展的一个高峰，我国继续深化市场化改革，逐步放宽非公有资本市场准入限制的条件，从而迎来了经济的持续高速增长。此时 PPP 的主要合作方是国有企业，地方政府融资平台为其关键模式。2015 年的《预算法》将举债主体限定为省级政府，规定其借债只限为了公共预算中部分支出。其目的就是为了阻止以往地方政府利用融资平台公司等载体以资金融通为名，损害债权人利益的行为。这使 PPP 模式成为政府的主要融资手段，从侧面推动了 PPP 模式的进一步发展。2015 年国家发改委印发了《基础设施和公用事业特许经营管理办法》，为 PPP 模式提供了基本制度框架。2017 年财政部的《关于规范政府和社会资本（PPP）综合信息平台项目库管理的通知》要求所有省级财政部门限期完成辖区项目管理库的清理规制任务，同时要求将完成情况报财政部进行备案。该文件的出台使原有的项目现在入库后可能遭遇退回的风险。虽然监管变得更为严厉，但总体发展势头确实非但没有使其冷淡，还有增长的趋势。据财政部 PPP 中心最新数据显示，截至 2018 年 9 月底，财政部 PPP 中心管理库累计项目数 8289 个、投资额 12.3 万亿元。2018 年三季度 PPP 管理库在不断规范、清理项目的同时，新增入库的项目依然实现环比增长，涉及地域也覆盖 31 个省（自治区、直辖市）及新疆生产建设兵团，市政工程、生态建设和环境保护、交通运输等基础服务领域占据了整体项目行业范围的 60% 以上。总体上，我国国内 PPP 发展环境在相关部门的通力合作下，呈现出稳步前进的良好态势。

三、中国企业 PPP 模式运营的风险依然存在

在国内的 PPP 项目的运行发展态势中，包括民营企业在内的国有资本占据大部分，根据《全国 PPP 综合信息平台项目管理库 2018 年三季度报》中的数据显示，2018 年第三季度落地的示范项目中，"社会资本共 1519 家，包括民营 603 家、港澳台 39 家、外商 18 家、国有 818 家，另有类型不易辨别的其他 41 家。"其中外商占比 1.2%，港澳台占比 2.6%；如果包含其他非示范项目，则在该季度中，外商占比为 0.5%，港澳台占比为 2%，即包括港澳台在内的中国企业占据了 PPP 发展的绝对优势。这一数量上的优势，也一定程度上展现了中国企业在 PPP 发展中的绝对实力，意味着经验及资本都做好了相应准备，经济因素已经提供了充分的走出国门的合作动力。

国有818家，占53.9%

其他41家，占2.7%

外商18家，占1.2%

港澳台39家，占2.6%

民营603家，占39.7%

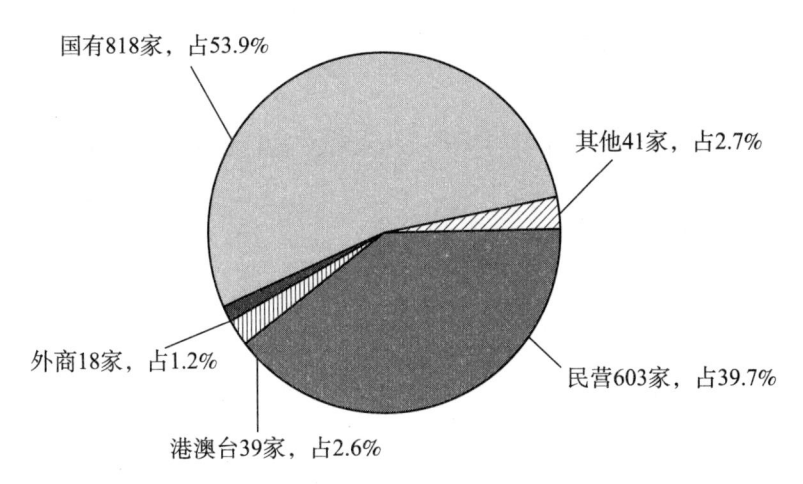

图3　截至2018年9月末1519家社会资本的分类及占比情况

资料来源：全国PPP综合信息平台项目管理库2018年三季度报，载于《中国经济周刊》，2018年第43期。

即便如此，也不能忽略当前PPP发展中的几个必须予以重视的风险因素。社会资本方在PPP中最为关键存在的问题有：项目建设缺乏合理法律依据或程序不合理、项目价款超出预算的风险、项目业主无法兑现约定条件的风险、项目业主回购项目资金不足以及不可抗力、情势变更等风险。

首先，法律的缺失。我国的PPP立法仍然在探索阶段，还未制定统一的PPP专项立法。因为法律的欠缺原因导致在现实操作中不规范的例子遍地都是。我们目前规划出台的PPP规范也限于"条例"层级，这无疑还没有达到"法律"级别，这使得PPP发展下去可以依据的规范的权威性不足及稳定性欠缺，使得法律对经济的把控功能无法充分得以发挥。

其次，运营的风险。发改委财政部两部委合在一起的项目落地率才刚刚超过10%，很多中标的中国企业在实际操作中依然存在着工作粗糙、缺乏深度设计、融资困难、收益回报缓慢等现实问题。这些经济上的困难始终困扰着中国企业，他们积极参与PPP投资，却也深受资金、利润等因素困扰，如果无法解决这些经营难题，稳健而可持续的PPP发展规划必将困难不断。

最后，政府管理的风险。由于缺乏完善的顶层设计，使参与并管理PPP的各级政府很多时候无所适从，管理者不甚了解PPP，又缺乏可供其参照的优秀案例，所以很多地方政府在开展PPP项目时"摸着石头过河"的心态非常突出，这使监管为了求稳而刻板僵化，或者为了完成业绩的考虑而盲目草率。政府与社会资本的合作，虽然重在合作，但实质上需要政府合理适度的有效监管才能保证参与企业的基本经济效益和发展空间，而这些得以改善的关键力量不是企业，而是政府，政府审慎又周到的监管是促进

PPP 利好发展的核心要素。

四、"一带一路"背景下中 PPP 模式国际合作的大国情怀

中国的企业可以凭借"一带一路"的东风,借助国内 PPP 发展的良好势头,结合"一带一路"沿线国家的经济现状,走出一条"天时地利人和"的 PPP 国际合作之路。相较于国内比较统一的政策制度,沿线各国在政治制度、社会环境、经济发展水平、宗教信仰、风俗习惯等方面均与我国有明显不同,且他们相互之间也存有差异,这就需要中国企业走出国门合作 PPP 项目时做好对相关国家和地区的充分了解与精心准备。

近年来中国企业在国内实施 PPP,从项目数量、体量、投资额度上都是世界最大规模的,甚至超过了其他国家的总和,经过 30 多年的努力,我国对公共服务、基础设施领域的战略规划、政策法规、项目投资、资金筹措、施工建设、运营维护都积累了丰富经验;国家发改委筛选的 PPP 项目典型案例,已经收集了五大洲共 25 个国家的相关领域的 PPP 项目案例,可为中国企业在其他国家和地区推广 PPP 模式提供参考借鉴。这些都使我们为沿线国家提供理论与实践的技术服务奠定了坚实基础。五年来,我们与沿线国家的货物贸易额累计超过 5 万亿美元,对外直接投资超过 600 亿美元,为当地创造 20 多万个就业岗位,这些现实需求就为我们带来了合作的契机。中国企业应抓住"一带一路"倡议所提供的非常难得的历史性机遇,积极推动"以人为本"PPP 模式的运作理念;关注不同国家的特殊需求,尤其是在"一带一路"沿线中低收入国家采用 PPP 模式运作基础设施项目,进行模式创新,确保 PPP 模式能够真正发挥体制创新、推动改革、激发内生动力的促进作用。要与沿线国家全方位开展"一带一路"倡议下的合作,包括各种产业合作、金融合作、商贸合作、人文合作,以及相关领域的政策对话;还要发挥国际平台作用,整合国际专家资源,通过针对特定国家的政策咨询、人员培训、项目对接等具体活动,进行知识分享,扎实推进特定国家基础设施 PPP 项目的顺利实施。

"一带一路"倡议虽由中国首先提出,但本质上是全球视野的国际合作倡议,注重的是互利双赢,不刻意追求贸易顺差,注重贸易平衡体现出中国的责任和担当,能够让大家更多受益。习近平总书记在讲话中要求中国企业合法合规经营,注意保护环境,履行社会责任,还要高度重视境外风险防范,完善安全风险防范体系,全面提高境外安全保障和应对风险能力。中国本土市场的 PPP 模式已经具有了一定的经验,虽然目前我们依然欠缺法律层面的规范性文件出台,但国家相关主管部门却用实际行动在逐渐丰富着 PPP 方面的管理经验,中国的参与企业也通过一次次地实践完成了 PPP 经营模式的自我调整与角色定位,在充分而有效的合作经验基础上,我们可以走出国门,在"一带一路"的指引下,迈出国际化经济合作的步伐,实现运营规模及发展方向的多维参与与合

理布局，走出"一带一路"特色背景下的PPP领域新路径。

参考文献

1. 国家信息中心：《"一带一路"大数据报告（2018）》，北京：商务印书馆2018版。

2. 《全国PPP综合信息平台项目管理库2018年三季度报》，载于《中国经济周刊》，2018年第43期。

3. 傅伟豪：《实施PPP项目社会资本法律风险防范初探》，载于《市场论坛》，2016年第7期，第73~75页。

医疗卫生领域财政事权划分的背景及对 PPP 项目的影响

秦士坤　窦晓璐　王亚玲[*]

> **摘　要**：本文简要介绍医疗卫生领域中央与地方财政事权和支出责任划分，回顾我国财政事权划分的历史背景，分析医疗卫生领域财政支出现状，并结合相关数据剖析现状背后的内在原因，论述《方案》如何通过粘蝇纸效应促进医疗卫生领域公共服务均等化，并对 PPP 模式产生持续的积极的影响。
>
> **关键词**：事权划分　医疗卫生　PPP 项目　粘蝇纸效应

一、引言

2018 年 8 月，国务院办公厅发布《医疗卫生领域中央与地方财政事权和支出责任划分改革方案》（以下简称《方案》），提出适度强化中央权责，加大对困难地区的均衡性转移支付力度，在公共卫生、医疗保障、计划生育、能力建设四个方面对财政事权作出进一步划分。《方案》是我国第一个公开的事权和支出责任划分清单，具有显著的积极意义。在当前我国财政体制改革亟须推进的背景之下，《方案》的出台不仅有助于建立权责清晰、财力协调、区域均衡的中央和地方财政关系，且能有效带动地方医疗卫生领域公共服务水平的提升，继而对 PPP 项目产生正向效应。

本文第二、第三部分介绍我国财政事权划分的历史背景以及医疗卫生领域的财政支出现状，并结合数据分析剖析这一现状的内在原因。基于这一现状，本文在第四部分将论述《方案》如何通过粘蝇纸效应促进医疗卫生领域公共服务均等化，并对 PPP 模式产生持续影响。

二、财政事权划分改革背景

我国传统的计划经济是大一统经济，大部分领域实行垂直管理，地方上自主权和自

---

[*] 秦士坤、窦晓璐：工作单位是北京明树数据科技有限公司；王亚玲：工作单位是青岛大学经济学院。

由度很小。自1994年实行的分税制是政府间财政关系的奠基性改革，分税制将部分税种上划，使中央财政收入占全国财政总收入比例提升，地方收支缺口通过转移支付与税收返还制度进行平衡。同时由于我国实行五级政府，一级政府一级财政，每级政府只负责制定它与下级政府的财权事权关系，导致省以下财政体制多种多样。

在财政领域，政府提供公共物品的职责范围被称为财政事权，政府的财政收入则对应财权。1994年我国确立的"分税制"财政体制，原则上事权与财权相匹配，但具有"分灶不分家"的中国传统文化特征；另外，课税权为社稷重器，是经济制度的基础，事关大局，不宜过度下放，否则可能有损大国的完整统一性。之后随着经济结构变化，所得税、营业税、增值税三大主体税种的税款分配比例不断调整，财政学界改称力求事权与财力相匹配，试图通过转移支付制度的完善等资金来源侧调整来平衡财力。粗略地说，财力等于财权内收入加转移支付收入，即在不调整分税制框架的基础上平衡财政收入的分配和使用。2013年进一步深化到了资金使用侧即事权与支出责任相匹配。营改增是这一轮财税体制改革的主要内容，因为原有配置格局难以满足新的需要。物流行业等业态随着互联网的普及出现了全新的飞跃式发展，第三产业与第二产业相比提供的税收不断增加。加之几十年市场经济改革之后财富分配和社会公平问题也凸显出来。一般认为，直接税比间接税更有助于实现社会公平。所得税等直接税不宜转嫁，可以更快找到调节社会分配不公平的切入点。营改增完成之后，支出责任的落实水到渠成，或者说财政体制性调整是船到桥头自然直。税制改革不完成即难以确定总收入，也就无法讨论分蛋糕的事情。

财政事权划分改革、预算改革、税收改革是当前我国财税体制改革的主要方向。其中预算改革自十八届三中全会以来取得明显成效，政府举债行为在正在不断规范。税收改革随着"营改增"的全面推开也有了一定成效。而财政事权划分因涉及中央各职能部门的核心权力和利益调整，在推进中仍面临较大阻力，进度也更为缓慢。十九大报告中提出，"加快建立现代财政制度，建立权责清晰、财力协调、区域均衡的中央和地方财政关系"。《方案》属于落实十九大和十九届二中、三中全会精神，以及完成2013年十八届三中全会提出的一揽子改革任务之一。这是预算管理问题，也是体制性改革。从事权与支出责任相匹配入手，重新调整中央和地方的财政关系。

《方案》将各地区中央分担比例进行分档[①]，经济发展水平较好的东部沿海地区中央分担比例明显相对较低，而分担比例较高地区多集中于中西部。为进一步探究这一分

---

① 基本公共卫生服务支出责任实行中央分档分担办法：第一档包括内蒙古、广西、重庆、四川、贵州、云南、西藏、陕西、甘肃、青海、宁夏、新疆12个省（自治区、直辖市），中央分担80%；第二档包括河北、山西、吉林、黑龙江、安徽、江西、河南、湖北、湖南、海南10个省，中央分担60%；第三档包括辽宁、福建、山东3个省，中央分担50%；第四档包括天津、江苏、浙江、广东4个省（直辖市）和大连、宁波、厦门、青岛、深圳5个计划单列市，中央分担30%；第五档包括北京、上海2个直辖市，中央分担10%。

担比例的划分依据,本文收集了 31 个省份(为简化分析暂不考虑计划单列市)GDP、人均 GDP、医疗卫生支出等相关数据(均为 2016 年口径),通过对中央分担比例与上述变量进行斯皮尔曼(Spearman)相关系数分析,可知两两之间的相关程度。经计算,这一比例与一般公共预算收入、GDP、人均 GDP、城镇化率的相关性在 0.01 的水平上显著,相关系数分别为 -0.691、-0.613、-0.687 和 -0.774,与医疗卫生支出、卫生机构数、卫生机构床位数相关性不显著。据此可知,这一划分很大程度上结合了当地的城镇化进程与财力状况,城镇化率越低、财力状况与经济发展水平越差的地区中央分担比例越高,即中央加大了对于城镇化较低地区医疗卫生领域的财政投入。

总体来说,《方案》的五档分担比例属于支出责任划分结果,分档目的是平衡财力,是保障基本公共服务均等化的具体措施。这些钱是预算,不是现金,只是中央和地方在分割蛋糕时候的考量和计算依据。而除了财政事权划分改革的大背景之外,《方案》的出台也是建立在当前我国医疗卫生领域财政支出极度不平衡的现状之上的。

三、我国医疗卫生领域的财政支出现状

(一)支出规模偏小

根据最近 10 年的《国家统计年鉴》财政支出项目的数据,可知近十年来,我国在医疗卫生领域的财政支出逐年增加。其中,2016 年达到 1.3 万亿元。其占当年财政总支出的比例也在近十年来逐渐上升,反映了在推进医疗改革的背景下,我国在近几年来显著加大了医疗卫生领域的财政投入,但与世界平均水平相比,这一规模仍然处于较低水平。

根据世界银行对全球医疗服务方面的统计,全球医疗支出总额占 GDP 比重自 1995 年呈现小幅波动上升趋势,平均占比 9.49%。将医疗支出进一步分解为公共部分与私人部分,其中公共支出占比相对较高,平均占 GDP 的 5.65%,私人部分的这一数值为 3.84%。由此可知全球范围内公共医疗支出仍为主要部分,见图 1。

相比之下,我国医疗卫生支出占 GDP 的比重虽然逐年上升,但仍显著低于全球水平。截至 2016 年,公共卫生总费用占 GDP 比重为 6.22%,其中政府支出只占 GDP 的 1.87%,见图 2。

事实上,我国医疗服务整体水平、医保覆盖范围、服务效率等指标在世界上处于很高水平,但政府实际投入医疗的资金较低,医疗服务总体人力不足,待遇差,患者医闹和各种社会舆论纠纷形成恶性循环。

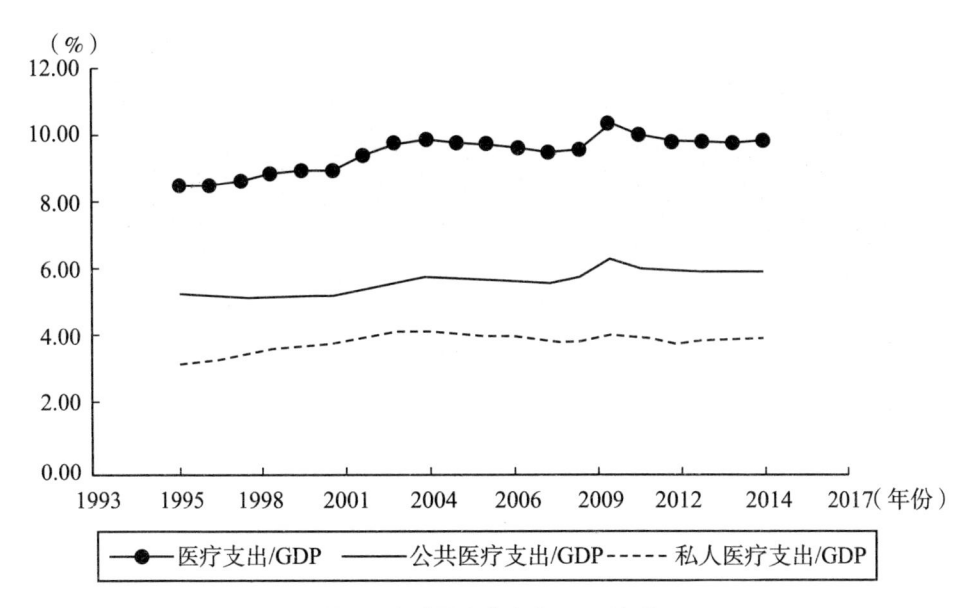

图 1　全球医疗支出占 GDP 比重

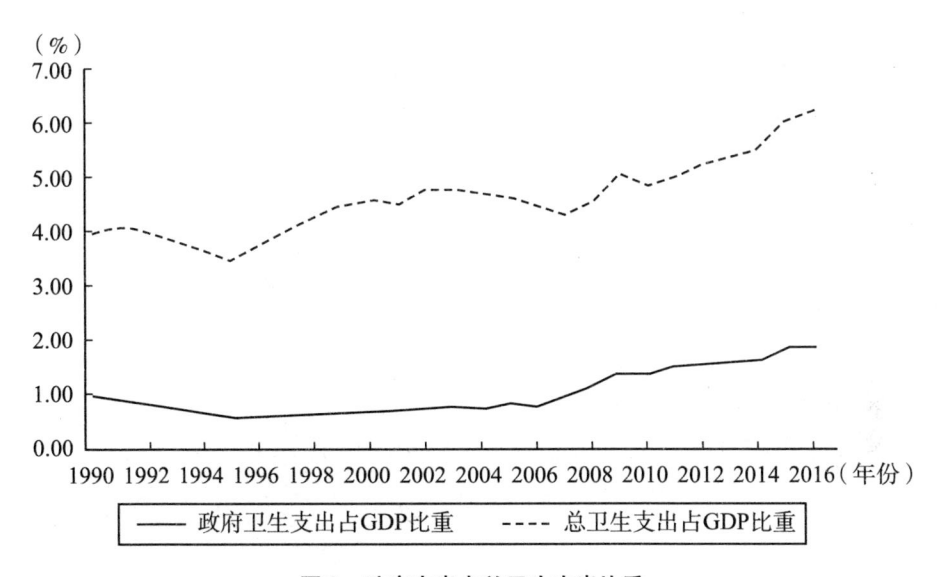

图 2　政府支出占总卫生支出比重

从我国的总卫生支出的结构来看，除政府卫生支出以外，卫生总费用还包括社会卫生支出、个人卫生支出。其中社会卫生支出主要包括商业医疗保险、社会办医等。近年来政府、社会、个人占卫生总费用的比例近年来也呈现较大变化。如图3所示，自2000年左右的医疗改革以来，个人卫生支出逐年降低，政府卫生支出比重明显增大，从另一侧面反映了近年来我国政府医疗支出投入的加大与总体费用结构的变化。

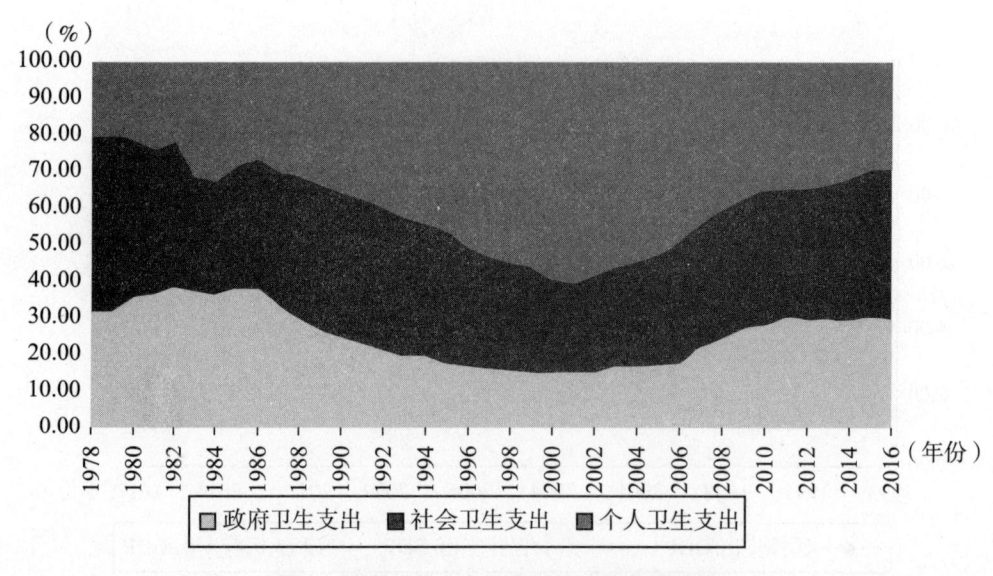

图 3 我国公共卫生总费用的结构变化趋势

进一步对政府在公共卫生领域的支出进行分解，可知政府的医疗卫生支出包括医疗卫生服务支出、医疗保障支出、行政管理事务支出、人口与计划生育事务支出四个方面，根据图 4 可知，自 20 世纪末以来，用于医疗卫生服务的支出占比逐年降低，2016 年约为 42.2%；用于医疗保障方面的支出逐年上升，2016 年达到 46.7%，在所有支出中占比最大；用于人口与计划生育事务的支出占比逐年缩减，随着二胎政策的实施，

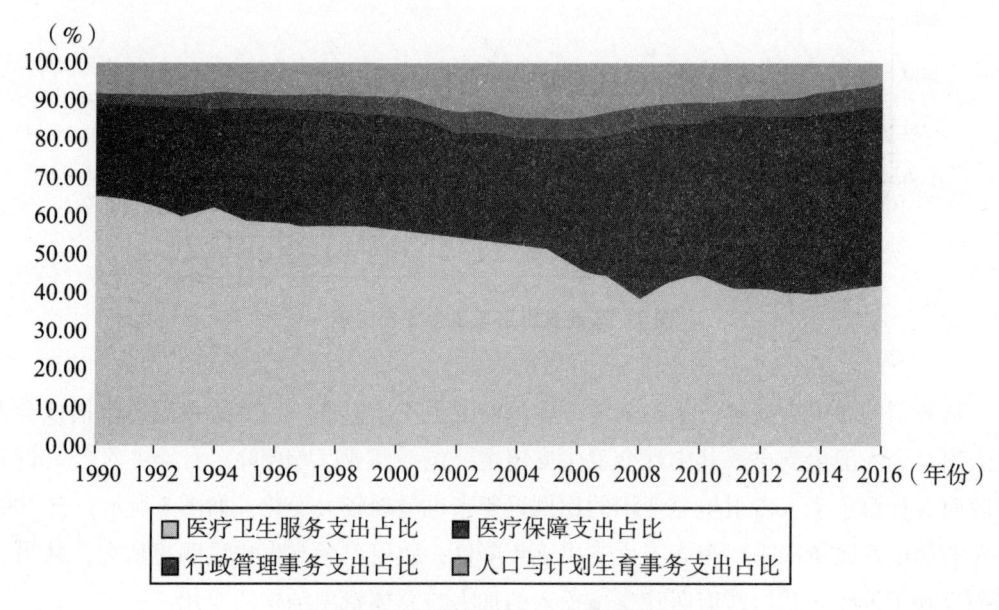

图 4 我国政府公共卫生支出结构变化趋势

这一比例已降至 5.3%；而行政管理方面的支出占比相对稳定，2016 年占总体比重的 5.8%。由此可反映近年来我国加大了对医疗保障方面的投入，且其中很大一部分用于医疗保障支出。

（二）分布不均衡

从中央与地方的角度对政府医疗卫生支出进行分析，可知在中央与地方的财政事权划分下，几乎所有的医疗卫生财政支出均来自地方。如图 5 所示，2007 年～2016 年我国中央一级医疗卫生支出均在 100 亿元以下，平均占总财政支出的 1.2%，而绝大部分的医疗支出与投入增长均来自地方政府。

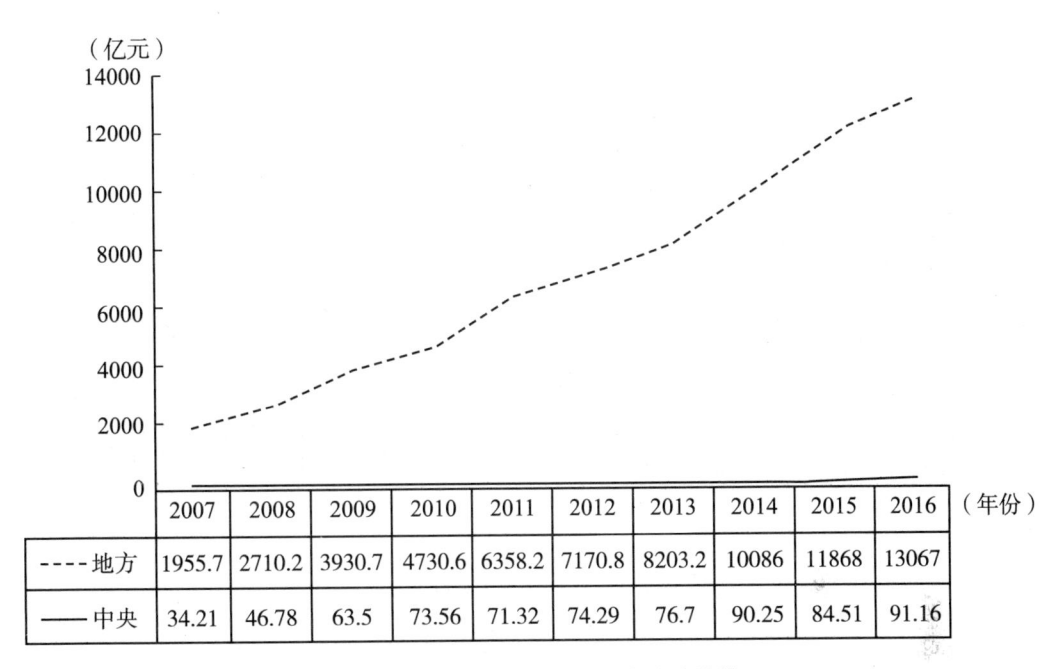

（年份）	2007	2008	2009	2010	2011	2012	2013	2014	2015	2016
----地方	1955.7	2710.2	3930.7	4730.6	6358.2	7170.8	8203.2	10086	11868	13067
——中央	34.21	46.78	63.5	73.56	71.32	74.29	76.7	90.25	84.51	91.16

图 5　中央与地方医疗卫生支出变动趋势

这种支出责任集中于地方政府的局面不利于改善基层地区医疗卫生条件。由于偏远地区自身难以实现收支平衡，往往需要转移支付资金用于完善医疗卫生水平。而转移支付制度带来的预算约束非常僵硬，在偏远地区财政开支等同于人头开支，没有余力完善公共服务。且转移支付资金由于层层分配，较难抵达乡镇一级政府，使得乡镇的医疗卫生水平难以提升。

从地区角度来看，我国各地区的医疗卫生支出同样有着较大的地区差异，广东省、山东省、河南省、四川省、江苏省在 2016 年的财政医疗卫生支出位列前五名，分别为 1121.8 亿元、790.2 亿元、778.0 亿元、772.2 亿元、712.8 亿元。除四川省以外均来自中东部地区。而西部省份在医疗卫生领域的支出额相对较少：甘肃省、新疆维吾尔自治区、青海省、宁夏回族自治区、西藏自治区分别为 273.3 亿元、256.4 亿元、103.1 亿元、82.0 亿元和 70.0 亿元。

因医疗卫生财政支出规模较大的省份均为人口大省，因此选取人均指标对各地区的医疗财政支出进行分析更具意义。根据《国家统计年鉴》中 2016 年我国各地财政医疗卫生支出与当地常住人口的比值，可得各地区人均医疗卫生支出情况。由图 6 可知西部地区实际上在人均支出上并不落后。但由于西部地区地广人稀，医疗机构分布较为分散，因此某种程度上可能也造成了人均医疗成本的提升。此外，我国一线城市医疗资源明显更为集中，地区之间差异显著。

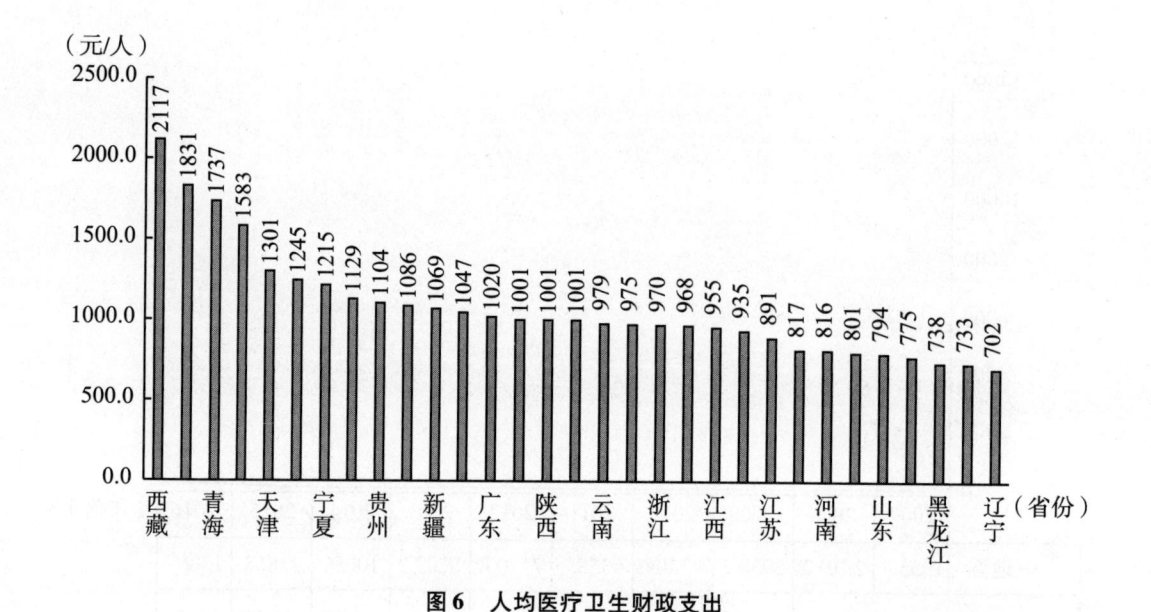

（元/人）

省份	人均医疗卫生财政支出
西藏	2117
青海	1831
天津	1737
宁夏	1583
贵州	1301
新疆	1245
广东	1215
陕西	1129
云南	1104
浙江	1086
江西	1069
江苏	1047
河南	1020
山东	1001
黑龙江	1001
辽宁	1001
	979
	975
	970
	968
	955
	935
	891
	817
	816
	801
	794
	775
	738
	733
	702

图 6　人均医疗卫生财政支出

近年来，我国的财政支出在医疗卫生领域的投入不断加大。通过对医疗卫生资源的现状进一步分析，可反映财政支出是否起到了提高当地医疗服务水平的作用。本文对我国 2016 年各省份人均卫生机构数、卫生机构床位数、卫生技术人员数进行了统计，从而可反映地区之间医疗资源的分布。数据反映各地区的医疗资源人均水平差异明显，北京市人均卫生技术人员数遥遥领先其他省份，而卫生机构数相对较少，反映了北京市医疗机构规模较大，且医疗人员从业人员较多，资源相对集中。而西部省份诸如西藏、青海、甘肃虽然人均卫生机构数相对较多，但人均卫生技术人员数明显较小，反映了当地的医疗机构规模较小、医疗资源相对不足的现状。

进一步对近年来我国卫生技术人员数、卫生机构床位数、卫生机构数总数变动趋势进行统计，可知在我国财政支出的加大投入下，卫生技术人员与卫生机构的床位逐年增加,且增长率保持稳定。而卫生机构数的数量并没有发生太大变化,反映了我国财政投入主要用于扩大已有卫生机构的规模,见图7。

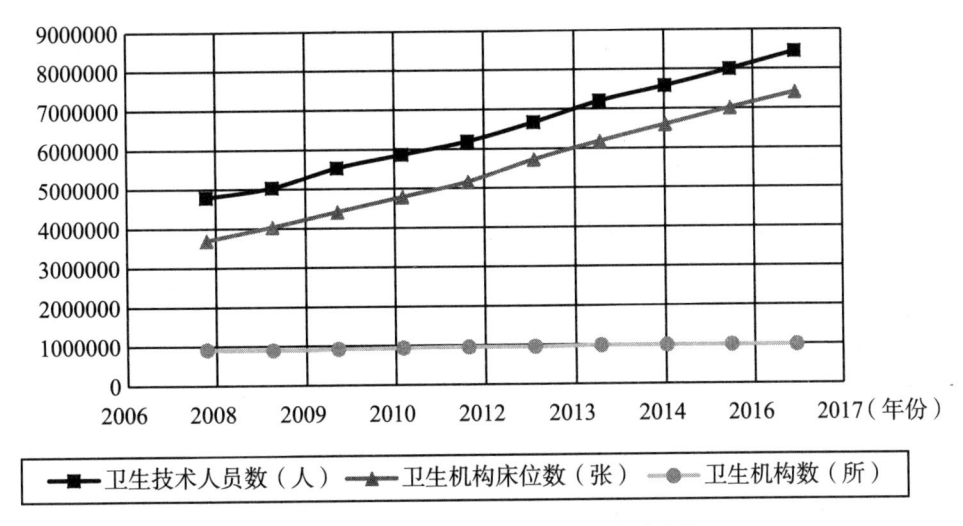

图7 2007~2016年我国医疗资源变动趋势

(三) 财政支出效率偏低

Malmquist生产率指数模型是目前研究效率值动态变化的主流方法,其提出于1953年,起初主要用于衡量生产效率的变化,此后与DEA模型相结合的方法得到广泛应用。在上文的数据统计基础之上,本文对2007~2016年的面板数据进行分析,使用Malmquist生产率指数模型来衡量不同时期医疗卫生财政支出全要素生产率(TFP)变化。本文投入变量选取2007~2016年各省份医疗卫生支出。产出变量参照之前学者的研究成果,选定卫生技术人员数、卫生机构床位数、卫生机构数三大指标衡量当地政府医疗卫生的产出。

全要素生产率的值代表与生产前沿面的远近,值大于1,表示全要素生产率上升,值小于1,表示出现下降。从时间角度看,我国的全要素生产率指数自2008年开始一直处于小于1的水平,平均下降幅度为11.4%。表明近年来我国整体的医疗支出全要素生产效率一直在下降。在Malmquist模型中,全要素生产率用于衡量技术进步带来的经济增长,可分解为综合效率与技术变动,将全要素生产率、综合效率、技术变动的变化趋势呈现如图8。

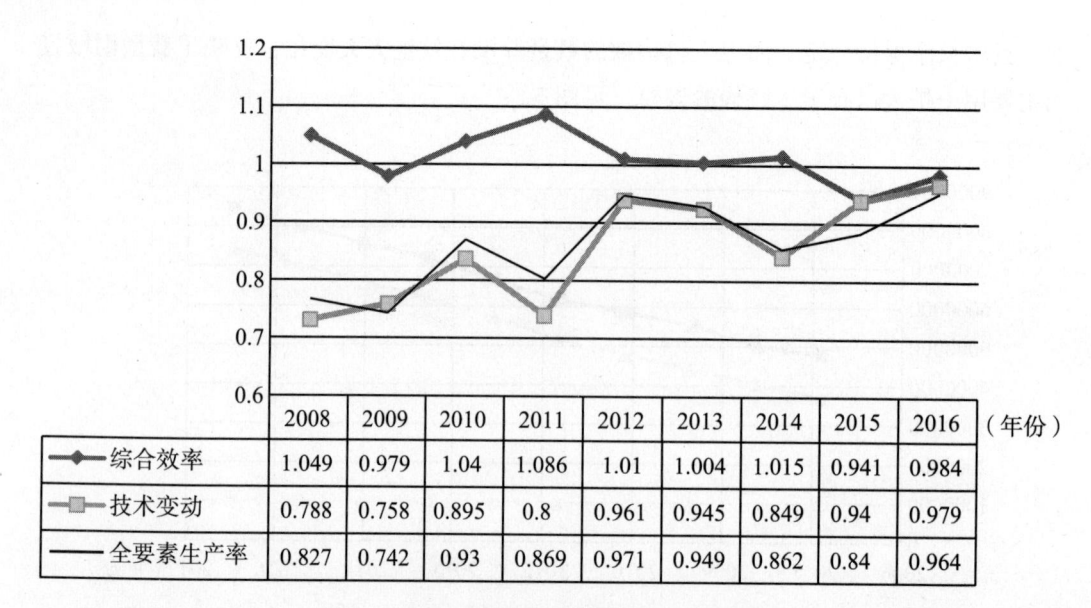

年份	2008	2009	2010	2011	2012	2013	2014	2015	2016
综合效率	1.049	0.979	1.04	1.086	1.01	1.004	1.015	0.941	0.984
技术变动	0.788	0.758	0.895	0.8	0.961	0.945	0.849	0.94	0.979
全要素生产率	0.827	0.742	0.93	0.869	0.971	0.949	0.862	0.84	0.964

图8 2008~2016年全要素生产率变动趋势

据此可对我国医疗支出全要素生产率连年下降的原因进一步解释。由图可知，我国医疗卫生领域的综合效率处于较高水平，平均每年上升1.1%。因此全要素生产率的下降并非由于对技术的利用不足而导致的，而是由于技术变动导致的。对技术变动的趋势进行观察，可发现技术变动趋势与全要素生产率的趋势基本吻合，且技术变动均值处于较低水平，平均每年下降12.4%。由此可知技术进步与创新不足是我国医疗卫生财政支出全要素生产率连年下降的主要原因。

四、财政事权划分对PPP项目的影响

《方案》的发布使中央财政事权和责任支出有较大幅度提高。虽然五档分配方案不涉及医院基础设施等能力建设领域，但是由于使医疗卫生总支出增加，这一改变将通过粘蝇纸效应促进医疗卫生领域公共服务均等化，并对PPP模式产生持续的积极的影响，尤其是特色小镇、医养结合、养老PPP项目等。

粘蝇纸效应指中央政府拨付的钱会粘在它到达的地方部门，从而增加地方政府的支出，而增加的支出水平大于本地政府税收增加带来的地方政府公共支出水平。经过大量的实证研究，这一概念已被学界所普遍认同。依据这一理论，《方案》的实施将使得中央拨付的财政资金对我国地方政府医疗卫生项目支出产生"粘性"，并进一步扩大财政支出。

在当前严控债务背景下，地方政府投资项目的融资渠道收窄，对项目的投资不得不做出选择。假如A市有三个储备项目，由于项目的规模问题，不可能三个同时进行投资，因此必然要做出取舍。循环偏好理论表明，多数投票规则不能在多个备选方案中达

成均衡，因此如何选择投资策略成为地方政府面临的一大问题。而《方案》的出台使得医疗卫生相关项目成为"粘蝇纸"，使当地的财政支出更多倾向于这一领域。从而有效提高当地医疗卫生水平。

《方案》提出"除符合区域卫生规划的医疗卫生机构基本建设等资本性支出可通过依法发行地方政府债券方式安排外，主要通过上级政府给予的一般性转移支付弥补"。实际上，近年来地方政府在医疗卫生机构建设方面医疗卫生领域正在逐步推行PPP模式，其实施对象主要为医院、公共卫生机构、社区卫生机构、乡镇卫生所。根据明树数据的统计，截至2018年11月初，我国已有28个省级地区应用PPP模式实施医疗机构建设，总投资达1635.5亿元。

青山绿水的地方有了公共医疗卫生基础，附近便可以应用PPP模式进一步开发高层次需求项目，如养老、特色小镇等。即由政府打前锋构建良好的公共服务基本条件，由PPP提供差异化产品和服务，从而解决公共服务设施的"最后一公里"。

《方案》的施行不仅构建了PPP项目实施的良好条件，还提升了PPP项目实施的空间。财政部规定，每一年度全部PPP项目需要从预算中安排的支出责任，占一般公共预算支出比例应当不超过10%。而《方案》对地方拨付的转移支付资金使得一般公共预算支出增大，即降低了每年的财承比例，提升了一般预算支出用于PPP模式的剩余额度。此外，地方支出和中央支出捆绑在一起之后，不仅成果显得更大，而且管理水平、透明度、可比性也相应提升，绩效自然会提高。

总体而言，政府间财政关系应该按照外部性、信息复杂性和激励相容的原则处理。分税制体制改革背景下，地方政府的财政事权与支出责任不匹配，造成资源配置不合理。《方案》的出台将对地方政府的财政事权及相应的财力配置形成制度性保障，从而有效提升地方医疗卫生公共服务质量，推动PPP模式的可持续应用，提升财政资金的使用效益。

参考文献

1. 楼继伟：《中国政府间财政关系再思考》，北京：中国财政经济出版社2013年版。

2. 刘尚希、石英华、武靖州：《公共风险视角下中央与地方财政事权划分研究》，载于《改革》，2018年第7期。

3. 李丹、张侠：《贫困地区存在"粘蝇纸效应"吗》，载于《上海财经大学学报》，2015年第3期。

4. 周飞舟：《以利为利：财政关系与地方政府行为》，上海：上海三联书店出版社2012年版。

5. Mark Schneider and Byung Moon Ji. The Flypaper Effect and Competition in the Local Market for Public Goods. Public Choice, Vol. 54, No. 1 (1987), pp. 27~39.

PPP 视角下构建全过程财政监督机制的思考

金珧汉[*]

> **摘 要:** 财政监督作为财政工作的重要组成部分,应服务于财税体制改革的深入推进,积极构建全过程监督机制。在公共服务领域推广政府和社会资本合作(PPP)模式,是公共服务供给机制的重大创新,也是深化财税体制改革的重要内容,财政监管理应覆盖其运行全过程,为其规范发展保驾护航。本文以推广 PPP 模式为视角,就构建全过程财政监督机制的必要性、需要妥善处理的重要关系、构建重点和主要内容、保障措施等提出了一些对策与建议。
>
> **关键词:** 政府和社会资本合作(PPP) 财政监督 机制构建

当前,我国正处在改革发展的关键时期,财政监督作为政府履行公共服务和监管职能的重要力量,应以改革创新精神不断加强和改进,对全面深化改革中最容易出现的管理、执行等各种风险,通过强化财政监督加以防范。在公共服务领域推广政府和社会资本合作(以下简称"PPP")模式,是我国开展的一项重大改革任务。2014 年以来,该工作有序推进,取得积极成效,但也面临着发展不规范等一些亟待解决的问题和挑战。在推进 PPP 规范发展中,财政监督发挥的作用不可或缺,构建覆盖其运行全过程的财政监督机制更是财政改革的应有内容。

一、构建全过程财政监督机制是财政改革发展的必然需要

党的十八届三中全会将全面深化改革总目标确定为:完善和发展中国特色社会主义制度,推进国家治理体系和治理能力现代化。在《中共中央关于全面深化改革若干重大问题的决定》中强调:"财政是国家治理的基础和重要支柱。"这一系列的重大决策部署,使财政改革发展步入了一个新的历史阶段。财政监督是财政工作的重要组成部分,

---

[*] 金珧汉:工作单位是甘肃省张掖市财政局。

需要适应新的发展形势,进行体制机制的创新与发展。

(一) 是财政监督定位提升的需要

党的十八届三中全会以前,理论和实践层面更多将财政监督工作定位于保障财政资金安全规范有效使用,维护国家财经秩序稳定。随着党中央将财政定位为国家治理的基础和重要支柱,财政监督工作也应上升至国家治理层面加以定位,为国家治理的这个大局服务。财政监督工作的定位得以提升后,要求财政监督不能按传统观念仅仅局限于某一方面或某一节点,而应立足于国家治理层面,对国家治理涉及的财政事项进行全过程的监督,相应也就对构建全过程财政监督机制提出了要求。

(二) 是财政监督功能拓展的需要

按上所述,在财政监督得以重新定位后,财政监督的功能相应得以拓展,不再局限于过去在财经领域发挥职能作用,而伸展至财政职能对接国家治理领域的相关行为及活动发挥职能作用。财政监督的功能这样得以拓展后,要求财政监督在发挥功能时全过程介入,变被动为主动,变事后监督为事前、事中、事后的全过程监督。

(三) 是财政监督内容扩展的需要

财政监督定位上升至国家治理层面,功能发挥拓展至财政职能对接国家治理领域的相关行为及活动后,财政监督的内容也相应发生了变化。在做好传统领域财政监督的同时,更需要财政监督服务于国家治理这个大局,将监督内容扩展至财政资金所体现的政策、机制等的有效性上。对政策、机制等的有效性实施财政监督,与单纯的资金监督相比,更需要关注事前设计的合理性、事中运行的有效性、事后绩效的实效性,财政监督事前审核把关、事中过程监控、事后监督检查的作用发挥就显得尤为重要。

二、推广 PPP 模式过程中财政监督至关重要

自财政部 2014 年下发《关于推广运用政府和社会资本合作模式有关问题的通知》以后,在各地区、各部门尤其是各级财政部门的大力推进下,PPP 工作取得明显进展。但值得关注的是,在实际工作中,特别是在基层财政部门中,对推广 PPP 模式还存在一些片面的认识,有些问题还在不断蔓延:有的认为推广 PPP 模式是投资领域的事情,是投资主管部门和行业主管部门的事情,财政部门无须参与其中;有的认为 PPP 只是具体的项目实施方式,财政部门应只负责将涉及的财政资金列入预算模式就算尽责了;有的认为 PPP 是一种融资方式,监管应由金融监管部门负责即可,财政无须监督;有的认为

PPP 运作是市场化行为，财政部门不宜干预过多；有的认为 PPP 中的政府与社会资本运作是合同关系，不需要财政监督等。认识上的偏差带来了实践上的偏差，当前出现的一些地方看重"上项目"的短期目标，部分项目"重建设、轻运营"的倾向严重，政府兜底项目风险，变相融资，适用范围扩大化等不规范现象，其产生的原因是多方面的，但其中重要的一条原因就是财政监督缺位或不到位。为此，在进一步推进 PPP 规范发展过程中，有效发挥财政监督作用至关重要。

（一）财政监督理应为 PPP 推广保驾护航

推广运用 PPP 模式，既体现了现代国家治理理念，是一次理念观念的革新，又代表了国家治理能力的提升，提高了公共服务的效率与质量。财政监督是为财政发挥国家治理的基础和重要支柱功能提供纪律保障的，因此，在服务于国家治理这个大局方面，两者高度契合。推广运用 PPP 模式，作为全面深化改革的一项重要任务，在发展推进中最容易出现管理、执行等各种风险，尤其需要通过加强财政监督加以预防和规范。

（二）PPP 模式需要财政监督提供保障

PPP 模式涉及政府付费、政府提供补助或者补偿以及政府分担风险等财政支出事项的，要求从每一年度的支出预算管理转向将政府跨年度财政支出责任纳入中期财政规划，这与深化财税体制改革的方向和目标高度一致。通过财政监督，既可以为预算管理提供真实、完整的数据信息，提高预算管理的精准度，又可以硬化 PPP 项目涉及财政支出的预算约束，保障政府对 PPP 项目的履约能力。

（三）推广 PPP 模式中财政监督的特定事项具有不可替代性

一是推广 PPP 模式中，PPP 项目必须是有界限的，必须做真 PPP 项目，达到能少花钱、多办事、办好事的效果，这就需要通过财政监督，严格实行物有所值评价，确保采用 PPP 模式比采用政府传统采购模式更能增加供给、提高运营效率、促进创新等。

二是实施涉及政府付费、政府提供补助或者补偿以及政府分担风险等财政支出事项的 PPP 项目必须是有限度的，这就需要通过财政监督，严格实行财政承受能力评估，强化财政支出责任 10% 的总量控制"红线"的硬性约束，防止出现新的债务风险。

三是讲求绩效，这是《预算法》规定的预算管理原则之一，通过加强财政监督，对 PPP 项目按绩效付费是对这一法定原则的遵循，保证社会资本责任与权利相匹配，从源头上杜绝"豆腐渣"工程、项目超预算等问题。

对以上三个方面的监督，对规范发展 PPP 模式十分重要，财政监督更具有专业优势，其中发挥的作用不可替代。

三、推广 PPP 模式更需构建全过程财政监督机制

按照 PPP 通常模式和 PPP 项目运行一般流程，以及推广 PPP 模式过程中涉及的财政职能，决定了财政监督是一个全过程的监督。

（一）是 PPP 项目全生命周期管理的需要

PPP 通常模式是由社会资本在提供公共服务过程中承担设计、建设、运营、维护基础设施的大部分工作。PPP 项目运行一般需要经过识别、准备、采购、执行、移交等多个环节。鉴于 PPP 项目建设周期长、涉及领域广、复杂程度高、行业要求差异大、专业性强的特性，在推广 PPP 模式中必须秉持全生命周期管理的理念，相应地财政监督也应是一个全过程的监督，覆盖社会资本在提供公共服务过程中承担的各项工作，覆盖 PPP 项目运行的各个环节，确保 PPP 项目在全生命周期中合规运行。

（二）是履行推广 PPP 模式涉及财政职能的需要

PPP 项目从明确投入方式、选择合作伙伴、确定运营补贴到提供公共服务，涉及政府采购管理、财政预算管理、资产负债管理、政府性债务管理、国有资产管理，以及财政绩效评价等财政职能，几乎覆盖了财政运行全过程，财政监督作为财政工作的重要一环，对 PPP 项目涉及财政职能的履行情况进行全过程监督，这是法定职责，必须认真地履行好。

四、构建 PPP 项目全过程财政监督机制应把握好几个关系

构建 PPP 项目全过程财政监督机制是一个全新的工作，在实践中议论大、争议多、推进难。认识是实践的前提。构建 PPP 项目全过程财政监督机制之所以困难，是在具体实践中一些认识问题还比较模糊，一部分关系没有处理好。只有厘清了认识上的误区，妥善处理好重大关系，构建 PPP 项目全过程财政监督机制中的一些难题才能迎刃而解。

（一）不"越位"与不"缺位"的关系

在对 PPP 项目的全过程财政监督中，应该厘定责任与权力边界，做到不"越位"、不"缺位"，才可能使 PPP 模式得到顺利推广。不"越位"，就是以法治思维和法治方式推进财政监督工作，正确处理政府与市场的关系，做到有所为有所不为，对属于市场自行调节、社会资本自主决定的事项，财政监督不能"越位"。例如，PPP 项目依法组建项目公司后，按照《公司法》自主开展经营管理事项等。不"缺位"，就是要更好地

发挥政府作用，积极作为而不面面俱到，不能以政府和社会资本的合作代替政府对社会资本的监管，不能以促成合作而放弃监管，而应按照激励有效、约束有力的原则，该监督的必须监督到位，防止出现违规现象。例如，不能为了融资搞建设，谋求项目加快落地，一路开"绿灯"，放弃政府必要的监督，对社会资本的不合理要求一味退让，造成政府承担兜底责任，将PPP搞成变相融资等。

（二）形式与实质的关系

在对PPP项目的全过程财政监督中，应当按照实质重于形式的原则，根据涉及事项的经济实质确定是否纳入监督范围，而不应当仅仅按照它们的外在表现形式作为监督的依据。在实际工作中，部分事项的外在形式或人为形式并不能完全真实地反映其实质内容。例如，某公路PPP项目实施采购前，确定具体竞价指标的事项，形式上看与履行财政职能没有直接关系，但实质上竞价指标设置是否科学合理将直接影响将来财政支出责任，就应纳入监督内容实施监督。如果仅仅按照事项的外在形式或人为形式实施监督，而这些形式又没有反映其经济实质和经济现实，那么其最终结果将不仅不会有利于政府对PPP项目的决策，反而会误导政府决策，造成监督失效、决策失误。

（三）合同管理与行政监管的关系

PPP模式是政府和社会资本基于合同建立的一种合作关系。按合同办事是依法治国、依法行政的内在要求，更是PPP模式的精神实质。通过合同正确表达意愿、合理分配风险、妥善履行义务、有效主张权利是必要的，但合同约定内容不能违反法定规定。例如，某高速公路PPP项目公司对项目收费权设置质押，必须依法履行必要的审批和登记程序，而不能直接在合同中自行约定违背法律规定的质押程序。政府方及其执行机构以合同参与方的角色，加强对PPP合同的起草、谈判、履行、变更、解除、转让、终止直至失效的全过程管理，是PPP项目顺利实施的重要保障。但合同管理不能代替行政监管，政府方及其参与机构还应以法律赋予的公共监管机构的角色，加强对PPP合同履约过程中涉及公共利益维护、市场秩序维护等方面的行政监管，促进PPP项目在提供公共服务上提质增效。

（四）政府部门充分履职与有效利用第三方力量的关系

由于PPP项目涉及领域广、复杂程度高、专业性强的特性，实际工作中政府确定的项目实施机构充分利用第三方力量提供智力支持服务是必要的，可以提高PPP项目运作的专业化、科学化水平。但不可否认的是，实际工作中，一方面，个别地方过分依赖第三方机构，项目实施机构自身没有主见，失守自身充分履职的"阵地"，由第三方机构意见主导PPP项目运作，难免留下"硬伤"，为PPP项目后续运行留下隐患；另一方面，个别第三方机构专业化水平不高，为PPP项目提供的相关咨询成果照搬照抄模板，没有体现出每一个PPP项目的特殊需求，严重影响了未来项目的顺利实施。因此，在PPP项目运作过程中，政府方参与机构不能用第三方机构的咨询意见代替自身的决策判断，而应充分考虑不同PPP项目的差异性，有针对性进行项目运作机制的构建，使机制构建符合PPP项目的个性需要，促进项目顺利落地实施和顺畅运行。

五、PPP项目全过程财政监督机制的构建重点和主要内容

（一）涉及项目要素的全过程监督

1. 物有所值评价的全过程监督

物有所值评价作为项目是否采用PPP模式的评价工具，从被引入正式付诸实践，存在物有所值评价形式化、程序化、简单化等问题，并没有真正发挥出其应有的作用。笔者结合实际，认为应从三个方面强化全过程监督。

（1）监督评价前准备工作。物有所值评价某种程度上是对PPP项目机制安排是否物有所值的评价，评价报告以及评价指标只是这种机制安排的外在表现载体或形式。目前，评价实践中有一种过分关注评价报告的外在质量，而对PPP项目机制安排关注不够的现象。一些中介咨询机构为了迎合这种现象，评价报告照搬照抄模板，看起来全面、完整，但没有真正反映项目特性。因此，应通过强化监督，促使项目实施机构扎实做好评价基础工作，更关注PPP项目机制的优化，评价指标设置和赋分权重应更体现项目特性，聘请的咨询机构和评审专家更具专业化水准，为提高物有所值评价质量奠定坚实的基础。

（2）监督评价实施工作。物有所值评价不应以最终评分通过为最终目的，而应是借助评价，充分吸收专家的评审意见，使PPP项目的机制安排更优化、更具实用性。目前，一些地方的物有所值评价变成了给报告文本挑挑语病、错字，然后评分通过的程式化、简单化、低质化工作，实施评价中没有触及PPP项目的机制安排等实质性内容。因此，应通过强化监督，促使物有所值评价回归专业、精细的本位，通过评价评出能少花钱、多办事、办好事的机制和模式。

（3）跟踪监督评价后工作。物有所值评价结论是基于基础资料所反映的机制安排形成的，如果机制安排发生实质性变化，有可能动摇评价结论，影响最终决策。目前，一些PPP项目在物有所值评价通过后，随意变更形成评价结论的机制安排，给后续项目决策和实施埋下了隐患。因此，通过强化评价后的监督，对基于形成评价结论的机制安排发生重大变化，应监督项目实施机构在项目实施方案报政府审核前，根据财政部《政

府和社会资本合作模式操作指南（试行）》的规定，应再履行验证程序，确保物有所值评价工作的连续性、结论的一致性。

2. 财政承受能力论证的全过程监督

开展PPP项目财政承受能力论证，是政府履行合同义务的重要保障，也是有效防范和控制财政风险的重要手段。为了确保PPP项目支出责任不得超过预算支出10%的规定得到贯彻落实，需要加强和细化财政承受能力论证工作，财政监督工作更不能缺位。

（1）监督论证前的基础数据测算是否准确。目前，一些地方为了规避10%的"红线"约束，对当地财力和支出责任测算不准确，导致财政承受能力论证流于形式。通过强化论证前的监督，促使财政部门业务管理机构和项目实施机构本着谨慎原则，将单个项目的股权投资、运营补贴、风险承担、配套投入等方面的财政支出责任算全面、算准确，将年度全部已实施和拟实施的PPP项目财政支出责任汇总全、汇总准，将未来年度一般公共预算支出数额测算准确，为进行财政承受能力评估提供准确基础数据。

（2）监督论证的内容是否全面。根据财政部《政府和社会资本合作项目财政承受能力论证指引》的规定，财政承受能力评估包括财政支出能力评估以及行业和领域平衡性评估。目前，一些地方在评估时，只开展了财政支出能力评估而忽视了行业和领域平衡性评估。通过强化监督，督促全面开展两个方面的财政承受能力评估，平衡不同行业和领域PPP项目，防止某一行业和领域PPP项目过于集中。

（3）监督论证后财政承受能力是否具有持续性。财政承受能力论证通过后，项目实施方案和项目合同的内容发生变化，有可能导致财政支出责任出现重大变化，导致动摇财政承受能力论证结论。通过强化论证后的跟踪监督，在PPP项目实施方案和合同审核时，督促项目实施机构应当对照物有所值评价报告、财政承受能力论证报告，检查财政支出责任事项是否发生实质性变更，若支出测算取值发生重大变化，应再履行验证程序，确保财政风险控制和防范贯穿于项目运作全过程。

（二）涉及财政要素的全过程监督机制构建

1. 绩效管理全过程监督

在PPP项目识别或准备阶段，依托编制的PPP物有所值评价报告和项目实施方案，对建立的绩效标准和设定的绩效目标实施监督，从完整性、相关性、适当性、可行性等方面提出监督意见。符合要求的，应要求项目实施机构及时修改、完善。符合要求后，方可进入下一步PPP项目运作流程。

在PPP项目合作期内，对照最终形成的PPP物有所值评价报告和项目实施方案，对建立的绩效标准和设定的绩效目标执行实施跟踪监督，查找PPP项目执行中的薄弱环节，纠正绩效目标执行中的偏差。对跟踪监督发现的管理漏洞和绩效目标偏差，及时反馈项目实施机构督促项目公司或社会资本方采取有针对性的措施予以纠正，完善项目管理办法，优化绩效目标实现路径，促进绩效目标如期实现。

在 PPP 项目合作期满后或预算年度结束后，对 PPP 项目的实际绩效评价实施监督，客观公正地评价绩效目标的实现程度，建立财政监督结果与预算安排紧密衔接工作机制，将政府付费与绩效评价监督相挂钩，并将绩效评价监督结果作为调价的重要依据，确保实现公共利益最大化。

2. 信息公开管理全过程监督

加强 PPP 项目信息公开全过程监督，促使信息公开主体按照 PPP 项目操作流程，依法、真实、完整、准确、及时、充分披露各阶段重要信息，全面推进决策、执行、管理、服务、结果五方面信息全过程公开，保障公众知情权、参与权、表达权和监督权，对参与各方形成有效监督和约束，确保 PPP 项目实行阳光化运作，推动 PPP 市场公平竞争、规范发展。对经监督 PPP 项目信息公开不符合规定的，应责令其限期改正；对弄虚作假、隐瞒实情、欺骗公众，造成严重社会影响的，要依纪依法追究相关单位和人员责任。

（三）监督质量控制的全过程再监督

强化事前、事中、事后的全过程再监督，规范监督工作程序，进一步提高监督的科学化、规范化水平，有效控制行政风险和廉政风险，提高财政监督工作质量。监督前实行"双随机一公开"，做到每查必提醒，督促遵守检查工作纪律，防范选择对象随意性。监督中公布监督电话，开展不定时巡查，形成工作底稿复核制度，防范执法工作随意性。监督后实行监督组合议、监督机构集中审理、专题会议审定检查结论，防范行政处罚随意性。

六、保障 PPP 项目全过程财政监督机制顺畅运转

（一）转变监督理念

破除"财政监督就是资金监督"的传统思维，围绕财政是国家治理的基础和重要支柱开展财政监督，立足服务于国家治理这个大局进行财政监督，提升财政监督定位，拓展财政监督功能；破除"财政监督就是资金检查"的惯性思维，树立全生命周期管理理念，以科学、规范的常态化监督、全过程监督，代替对检查式监督、运动式监督的过度依赖；破除"财政监督就是保障资金安全"的狭隘思维，将优化公共服务作为财政监督首要价值与最终目的，与国家推广 PPP 模式的方向和目标高度对接起来，通过财政监督维护市场正常秩序、促进市场公平竞争，推动 PPP 模式的规范发展。

（二）严格落实责任

进一步增强责任意识，严格履行法定监管职责，切实担负起贯通全程的监督把关之责，坚持关口前移，把程序环节盯紧，公平、有效、透明地进行常态化监督，及时解决难点问题，及早消除违规倾向，确保责任不推卸、问题不放过、困难不回避、阵地不失守。对监管工作中失职渎职的行为，依法依规严肃处理。

（三）加强能力建设

推广运用 PPP 模式全过程财政监督对财政部门和财政监督干部队伍提出了更高要求。各级财政部门应着力加强 PPP 模式实施能力建设，强化监督工作人员培训，促使监督工作人员转变监督理念，注重培育专业财政监督人才，使其具备更好的专业执法能力，以保证监督成果的可靠性。探索建立符合财政监督工作特点的队伍管理制度和有利于财政监督执法的激励制度。

（四）形成监督合力

在 PPP 项目全生命周期中，结合各地实际，内部需要财政部门各个业务管理机构和专职监督机构协调配合，外部协调组织相关部门开展联合监督，制定并实施联合监督计划，涉及监管部门互联、互通、互助形成监管合力，提高执法效能，最大限度统筹政府系统公共资源，解决 PPP 项目运作中的公共问题，降低 PPP 项目运作成本。

（五）加强监督结果运用

全过程监督既要发现和处理每一具体 PPP 项目运作中的问题，堵塞 PPP 项目运作中出现的漏洞，确保 PPP 项目规范实施；更要注重举一反三，分析研判推广 PPP 模式中的行业性、系统性、全局性的问题，提出针对性意见建议，推动现有 PPP 政策制度的修订完善，对制度办法缺失的要推动出台新的制度和管理办法。对监督发现的违法违规行为，要依法依规加大惩处力度，形成有效震慑，增强 PPP 参与各方守法的自觉性。完善财政监督信息披露和公告制度，发挥财政监督的震慑和警示作用。推进财政监督与社会信用体系相衔接，建立健全 PPP 市场主体诚信档案、失信联合惩戒和黑名单制度。

参考文献

1. 高培勇：《抓住中国特色财政学发展的有利契机》，载于《人民日报》，2017 年 2 月 27 日。

2. 焦小平：《PPP 缺少"财承"，就像汽车没有刹车系统》，载于《中国财经报》，2017 年 7 月 27 日。

PPP 项目政府支出测算不准确问题探析

汪才华[*]

> **摘　要**：政府和社会资本合作（PPP）模式自党的十八届三中全会以来，已经走过了4个年头，PPP 项目经历了从起飞到平飞到降速到几乎停滞的发展过程，"规范"成为2017年末以来的关键词。PPP 项目在操作过程中存在建设成本中建安费用下浮率偏低、建设成本基准值测算偏高、运营收支测算不准确、合理利润率、折现率等相对融资利率偏高等问题，这些问题带来 PPP 项目政府支出测算不准确问题，存在政府利益被让渡、运营阶段容易产生纠纷等风险，值得行业警醒并予以规制。
>
> **关键词**：PPP 项目支出测算　PPP 项目运营　年度折现率　建安下浮率　项目收益率

一、前言

政府和社会资本合作（PPP）模式作为基础设施和公共服务的一种项目投融资和管理运营模式，在我国起源于20世纪80年代初期，一直作为个案在我国不温不火地出现在有收入来源的项目中，由于这些个案以失败居多，加上法律缺失、信用体系不完善等原因，PPP 模式在中国一度处于停滞状态。2013年11月，党的十八届三中全会将"制定非公有制企业进入特许经营领域具体办法，允许社会资本通过特许经营等方式参与城市基础设施投资和运营"写入全会公报以来，财政部、国家发展改革委等部门和地方出台了大量法律文件，沉寂多年的 PPP 模式火爆起来。根据财政部政府和社会资本合作中心项目库信息显示，截至2017年10月31日，入库项目（管理库）6806个，项目总金额10.2003万亿元；截至2018年1月23日，入库项目（储备清单+管理库）14059个，随着财政部等五部委《关于进一步规范地方政府举债融资行为的通知》、财政部《关于坚决制止地方以政府购买服务名义违法违规融资的通知》、《关于规范政府和社会资本合作（PPP）综合信息平台项目库管理的通知》、国务院国资委《关于加强中央企业

---

[*] 汪才华：江西省春江房地产开发有限责任公司副总经理。

PPP 业务风险管控的通知》等规范性文件出台，行业面临四年以来"由乱到治"的全面整顿规范。

笔者作为一名具有 22 年项目业主、施工单位、咨询机构、监管部门工作经验，10 年招标采购、项目管理、PPP 研究经验和赣浙湘鄂 4 省 PPP 专家的基层行业老兵，于 2017 年 11 月在本刊第二辑发表了《PPP 项目操作中面临的法律冲突与现实问题》一文，现沿着上文的思路，撰写本文，专门对 PPP 项目政府支出测算中存在的问题，展开探讨，以期对行业规范有所借鉴。

二、存在的问题

按照《政府和社会资本合作项目财政承受能力论证指引》第十六条"运营补贴支出应当根据项目建设成本、运营成本及利润水平合理确定，并按照不同付费模式分别测算""政府付费项目的支出测算计算公式为：当年运营补贴支出数额 = $\frac{项目全部建设成本 \times (1+合理利润率) \times (1+年度折现率)^n}{财政运营补贴周期（年）}$ + 年度运营成本 $\times (1+$ 合理利润率)""政府付费项目的支出测算计算公式为：当年运营补贴支出数额 = $\frac{项目全部建设成本 \times (1+合理利润率) \times (1+年度折现率)^n}{财政运营补贴周期（年）}$ + 年度运营成本 $\times (1+$ 合理利润率) - 当年使用者付费数额"等规定，意味着财政部的文件对 PPP 项目的支出测算采用了"成本 + 合理利润"的基本测算方式，其中成本在建设期除考虑建设成本外，还需考虑资金的时间价值（即折现率）。建设成本、运营成本、折现率、合理利润率、使用者付费数额成为影响支出测算的五大因素，拉高前 4 项中的任何一个因素，政府的财政支出责任将加大。反之，对于可行性缺口补助 PPP 项目，降低最后一个因素（当年使用者付费数额），也会提高运营补贴支出数额。对于以建设为主的 PPP 项目，建设成本作为测算基数，数值最大，一般对补贴数额影响也最大；对于以运营为主的 PPP 项目，其中的运营成本相对更大，影响也更大。对于实践中存在的 PPP 项目政府支出测算不准确问题，笔者归纳为"两高""一低""一不准"，"两高"指建设成本基准值测算偏高和合理利润率、折现率等相对融资利率偏高，"一低"指建设成本中的建安费用下浮率偏低，"一不准"指运营收支测算不准确，这些问题导致的结果是政府支付责任隐性加大、政府在不知不觉中利益被让渡、PPP 项目重视的运营机制被忽视和弱化，违背了 PPP 公共服务创新供给机制的本源，不利于 PPP 公共服务提质增效目标的实现。

（一）建设成本中的建安费用下浮率偏低问题

就建设成本来说，其一般可由建筑工程费、安装工程费、设备购置费、其他费用 4

大部分组成，其中前两部分（建安工程费）为一般的主要组成部分，建安工程费一般采用套用或参照相关地方定额和行业定额后确定，按传统的招标投标模式，中标金额、签约合同价、结算金额相对定额有一定的下浮，以江西省市政和房建行业为例，根据江西省住房和城乡建设厅 2017 年 1 月 10 日印发的《江西省房屋建筑和市政基础设施工程施工招标投标评标办法》规定，江西省市政和房建工程中标价相对定额标准取费下浮区间为 3% ~ 13%，这种下浮区间在江西省已实施了近十年，对于采用合理低价法中标的竞争性项目，一般以接近 13% 的下浮率中标，江西省赣州市甚至采用了市发展和改革委员会、市城乡规划建设局、财政局、市审计局共同印发行政规范性文件《关于发布市本级政府投资房建、市政工程项目预算造价下浮系数（即中标价确定系数）K 值的通知》的做法，明确了市本级政府投资项目，最高投标限价下浮率，房建工程一类取费项目下浮 11.5%，房建工程二类取费项目下浮 10.5%，房建工程三类取费项目下浮 9%，房建工程四类取费项目下浮 7.5%，市政园林工程下浮 12%，加上投标竞争性因素，实际中标价相对上述下浮率要更低。笔者目前在江西省南昌市所开发的一超高层、5A 级写楼、建筑面积 6 万平方米商业地产开发项目，下浮系数为 11%，对于其他如交通、水利等专业工程，传统招标模式均有不同比例的下浮，造价咨询行业始终保持一个行业较为熟知的统计数据：即工程建设项目结算价相对定额的下浮系数总体保持在 10% ~ 20%；某中部省市合建的公共资源交易中心多年来一直坚持以最低价中标为主的评标方式，统计数据表明，工程建设项目中标价相对招标控制价下浮率总体保持在 25% 左右。

从上述文件规定和现实做法，我们可以得出一个基本结论：传统招标模式下的工程建设项目相对定额下浮系数的中位数在 15% 左右。但是，根据笔者参与约 50 个 PPP 项目评审的经验估算来看，PPP 项目建设成本测算一般按现行定额标准的 1% ~ 5% 进行下浮，甚至很多项目根本不下浮，而 PPP 项目相对传统招标项目的弱竞争性，让这类项目的中标结果与控制价上限的下浮几乎无异，一些 PPP 项目象征性地规定投标人的建安下浮比例为 0 ~ 1%，也就是说最低报价相当于招标控制价的 99%，明显限制了竞争，违背了《招标投标法实施条例》第二十七条 "招标人设有最高投标限价的，应当在招标文件中明确最高投标限价或者最高投标限价的计算方法。招标人不得规定最低投标限价"、《政府采购货物和服务招标投标管理办法》第十二条 "采购人根据价格测算情况，可以在采购预算额度内合理设定最高限价，但不得设定最低限价" 的原则，意味着政府要为此多支付 10% ~ 15% 的建设成本，按照《江西省 2017 年度 PPP 工作总结》中的入库项目 402 个、投资金额 2444 亿元来计算，意味着江西省将要为此至少多买 244 亿元的单；按照明树数据《2017 年 PPP 发展年度报告》中 2015 年、2016 年、2017 年三年全国 PPP 项目的建安下浮率分别为 4.25%、5.74% 和 5.12%，2014 ~ 2017 年成交项目 6120 个、成交金额 9.08 万亿元来测算，相对传统模式的项目，PPP 模式让政府多支付的金额近万亿元，数值之大，令人震惊。PPP模式带来的额外利润加上施工企业一般5%~10%的正常行业利润，意味着PPP项目的施工利润达15%~25%，相当于正常项目利润率的2~3倍，一位省属国有一级建筑施工企业的总经济师曾给我算了一笔账：公司在一个PPP项目中标后拿出20%左右的资本金来，其他80%银行贷款，银行贷款利率上浮10%（5.37%），项目投资内部收益率约7%，项目建设期（2年）结束，赚回资本金后，还略有盈余，一些项目甚至还能赚回另一个资本金；项目运营期间，扣除银行贷款利率，还可坐收部分利差，只要政府不赖账，基本没有风险，相对传统项目的建安费下浮和漫无目的的投标，PPP项目对企业来说绝对是利好。马克思《资本论》曾说过："如果有10%的利润，它就保证到处被使用；有20%的利润，它就活跃起来；有50%的利润，它就铤而走险；为了100%的利润，它就敢践踏一切人间法律；有300%的利润，它就敢犯任何罪行，甚至绞首的危险。"我经常在追问是什么原因和力量，让PPP模式相对传统模式让政府付出如此高代价？

（二）建设成本基准值测算偏高问题

对于建设成本的第二个问题，是前期对建设成本测算普遍偏高的问题，某县中学异地新建PPP项目中的教学楼的工程建安费单价竟达3500元/平方米，而笔者正在开发的同省省会城市超高层、全玻璃幕墙的5A级写字楼的工程建安费单价也就如此；某县级市田园综合体PPP项目中绿化子项目的单价达650元/平方米，这个价格相当于省会城市高档小区的绿化价格，而相对高档小区绿化小而精的要求，该田园综合体PPP项目中的绿化面积达数万平方米，面积较大，要求也并不高，单价虚高不少。这些价格往往在可行性研究阶段就虚高，传递到PPP项目的实施方案中，实施机构和咨询机构被评审专家问及时，并不否认，但常见以"无奈"来敷衍——"改没有依据，不改又每次都要受到专家质询"。

一是相对传统项目可行性研究与勘察、设计、施工招标的连贯性、时间紧密性和短期性、不同单位和各子项目分别实施等特点，PPP项目具有时间和项目的跨度性，勘察、设计、施工往往交由具有相应资质的社会资本一并实施，可行性研究与后续实施的时间相对较长，特别是对分期实施的子项目多的PPP项目，为充分考虑时间跨度带来的物价上涨因素和其他风险，往往政府方希望可行性研究咨询单位将单价做高一点。

二是政府投资项目在实施阶段增加预算有一定的难度性，流程很长，并往往受到概算不得超过10%的限制，否则可能在后期带来诸多不便，甚至可能面临被问责的风险，相比之下，可研阶段拉高建设成本被问责的风险相对较低。

三是很多PPP项目在编制实施方案时还没有开展初步设计工作，遵循"初步设计概算＞施工图预算＞招标控制价＞合同签约价"的基本思路,很多实施机构抱有"先把成本测算测高一些,反正要确保包住,今后花多少钱有过程造价咨询机构＋审计部门把关"的想法。

这些理由可以理解,但是,如果刻意而为之,甚至应社会资本的要求而为之,在后续勘察、设计、施工、造价咨询、二次招标采购代理、监理等单位均由社会资本或以社会资本为主导的项目公司确定的情况下,前期拉高建设成本无异于为社会资本后期赚取暴利敞开了大门,值得行业警醒。

(三) 运营收支测算不准确问题

业界熟知:PPP 不是一场"婚礼",而是一段"婚姻",按财政部《关于印发政府和社会资本合作模式操作指南(试行)的通知》将 PPP 项目划分为识别、准备、采购、执行和移交 5 个阶段,这场"婚姻"最重要的阶段应当在相当于"过日子"的执行阶段。执行阶段可分为建设期和运营期,PPP 项目合作期 10～30 年,相对一般项目建设期 2～3 年,那么运营期少则 7～8 年,多则 30 年,对于投资规模大、回报周期长的基础设施和公用事业特许经营项目可以由政府或者其授权部门与特许经营者根据项目实际情况,允许突破 30 年的合作期上限。因此,相对建设,运营在 PPP 项目中被赋予了更高的地位,财政部《关于规范政府和社会资本合作(PPP)综合信息平台项目库管理的通知》明确了仅涉及工程建设,无运营内容的 PPP 项目列入清库范围之列。既然运营很重要,那么运营期间的收支测算的准确性将是减少日后分歧、影响 PPP 项目成功的关键。

清华大学 PPP 研究中心首席专家王守清曾表态:PPP 的核心是运营,谁做得好就给谁。相对建设期只有支出的内容,运营期既有支出的内容,还有收入的内容,这两部分的内容分别相对于"年度运营成本"和"当年使用者付费数额"。由于定额的广泛使用,相对建设成本是一个有据可查的数据,运营成本(除少部分,例如市政道路、公路清扫、维护有行业定额外)和收入是一个较难测算的数据,一个规划面积数平方千米的特色小镇 PPP 项目,建成后到底能吸引多少客流量,到底这些游客能为项目公司带来多少门票、购物、住宿和其他收入,而项目公司为如此规模之大的特色小镇,需要花费多少费用来维护,运营成本要多少,一般的咨询机构、以施工为主的社会资本、没有专业经验的专家,均难于精准测算;同理,某设区市城区建筑面积约 4 万平方米艺术剧院,在经营收入方面,每年能够演出多少场,每场能有多少观众,票价定什么水平,配套停车费和广告费能有多少,在成本方面,需在聘请多少人员,每年薪酬、水电费、建筑设备维护成本,都是一个难预测的数据。

实践中对于运营收支的测算,主要来自两方面的做法,一是测算数据仅作为 PPP 项目实施方案编制之用,即作为政府可行性缺口补助、财政承受能力测算、物有所值测算的基础数据，具体项目运营以后，运营前三年左右的收支实行据实收支测算原则，亏多少，政府补贴多少，并另行考虑合理利润，如果有赢利，超出合理利润以外的赢利，双方按约定比例分成，三年以后的运营，由实施机构和社会资本根据前三年情况协商确定；二是测算数据不仅作为政府可行性缺口补助、财政承受能力测算、物有所值测算的基础数据，还作为政府补助和项目公司（或社会资本）各自承担风险的起止数据，如实际收入未达到测算收入60%的，由政府方予以补助至60%，实际收入位于60%~100%测算收入区间的，由项目公司或社会资本自行承担风险，实际收入超过测算收入的，由实施机构和项目公司按约定比例分成。第一种做法无异于"脚踩西瓜皮，踩到哪算哪"，对项目公司和社会资本没有任何动力和压力，反正测算准确不准确都没有关系，实际亏多少补多少，亏得越多给的利润额还更高；第二种做法要求咨询机构前期多开展市场调研工作，要在实施方案中将这些基础数据测算相对准确，否则在采购结果确认谈判阶段，一定会引发争议和争论，甚至会引发长达半年的合同拉锯战，这种矛盾在收入测算过高或不实时更容易引发。

比如，某城区小学PPP项目中，测算有食堂和篮球场、足球场对外出租的收入，事实上，位于四线城市的该小学，城区较小，学生离家较近，下午正常工作时间为14：30，家长中午在家时间较长，学生基本没有在校用午餐的习惯，食堂很难有出租收入；而对于篮球场、足球场的出租，在现行国家针对学校操场长期关闭、社会资源没有得到充分利用、推行中小学操场向社会免费开放的新兴做法和城市文明水平提高的改革实践的背景下，考虑篮球场、足球场的出租，显然不合时宜。这种不合时宜或不切实际的测算，要社会资本眼睁睁地看到每年的经营收入要亏损40%，谈何容易，肯定会引发争议。

对于一些行业已运营很成熟的领域，例如，自来水供应、污水处理、垃圾焚烧、餐厨垃圾PPP项目，笔者发现一些项目竟然摒弃传统的以报价（特许经营年限固定的情况下按量计费的单价）或特许经营年限（在单价固定的情况下）作为唯一竞争因素的竞争方式，采用了很多伪PPP项目热衷的"可用性付费+运维绩效付费"的模式，即在使用者按政府规定单价之下按量收费，亏多少补多少，这种方式无异于开历史的倒车，值得行业反思。

（四）合理利润率、折现率等相对融资利率偏高的问题

对于上述笔者引用的《政府和社会资本合作项目财政承受能力论证指引》中的公式，行业实际颇有非议，实践中很多项目在测算时并没有采用该文件中的公式，但无论采用何种方式，建设成本测算和运营收支测算无法避免，换言之，其中的合理利润、折现率并不在每个PPP项目测算中得到考虑，取而代之的全投资内部收益率、资本金内部

收益率、项目收益率、投资回报率等指标。PPP项目具有长期稳定、追求利润但不追求暴利的特点，就合理利润率来说，行业一般均认可6%～8%的区间，《政府和社会资本合作项目财政承受能力论证指引》第十八条规定：合理利润率应以商业银行中长期贷款利率水平为基准，充分考虑可用性付费、使用量付费、绩效付费的不同情景，结合风险等因素确定，意味着实践中这个指标具有一定的弹性。就年度折现率来说，第十七条规定：年度折现率应考虑财政补贴支出发生年份，并参照同期地方政府债券收益率合理确定，这些指标在实践中具有一定的差异性，以江西省财政厅2017年3月和7月分别公布的2017年第一批和第二批地方政府债券为例，第一批一般债券86.89亿元，票面利率3年、5年、7年、10年分别为2.99%、3.38%、3.6%、3.66%；专项债券49.11亿元，票面利率3年、5年、7年、10年分别为3.18%、3.49%、3.68%、3.74%。第二批一般债券160.5亿元，3年、5年、7年、10年期限的票面利率分别为3.8%、3.9%、4.01%、4.1%；专项债券217亿元，3年、5年、7年、10年期限的票面利率分别为3.87%、3.92%、4.01%、4.08%。而笔者发现，上述第一批和第二批最高10年期的票面利率3.74%和4.08%，在实践中并没有得到采用，普遍水平高于上述数值的同期同地区20%以上，甚至高达40%～50%。而我们知道，年度折现率数值虽然在公式中最小，但由于支出呈n值的级数倍方向增长，一旦n值加大，年度折现率成为影响财政支出最大的因素。

撇开测算公式，实践中采用的全投资内部收益率、资本金内部收益率、项目收益率、投资回报率等指标，一般也在6%～8%，明树数据《2017年PPP发展年度报告》表明，2015年、2016年、2017年三年全国PPP项目的投资回报率分别为8.03%、6.62%、6.44%，呈逐年下降趋势。全国政协委员、华夏新供给经济学研究院院长贾康2016年3月19日在中国发展高层论坛曾表示：国内PPP项目收益率维持在7%～12%，一旦高于12%政府就不敢签字，民营企业如果低于7%也不肯签字。

从上述内容我们可以看出，上述指标无论怎么变化，均与5年期以上商业银行贷款基准利率（该指标自2016年3月1日起，一直为4.9%）具有一定的关联性，这与PPP模式引入社资本参与项目的主要投资具有一定的天然契合性，社会资本所投资金和融资资金具有时间价值，需要通过上述指标予以合理补偿。但是，我们可以看到，多项指标叠加之下，最终的PPP项目的融资利率明显高于4.9%的商业银行贷款基准利率，而由于政府的天然信用，政府平台公司也是让笔者经常在质疑的一个问题，PPP模式的初衷之一是加强地方政府性债务管理，防止企业债务政府化，政府债务企业化，这里的企业，主要类似于城投公司的地方政府投融资平台。由于城投公司与政府天然的关系，其融资利率往往在基准利率上下，浮动不大，PPP的融资结果又一次地让政府增加了负担，值得政府反思。

三、解决思路

PPP 模式作为新形势下的一项新生事物，出现一些不规范的问题，在所难免。针对 PPP 项目政府支出测算不准确问题，笔者提出以下一些解决思路。

（一）提高 PPP 项目设计深度

2014 年以来的 PPP 项目开展，很多是在可研深度不够、概念设计不深、初步设计未开展的情况下进行的，几乎都有"仓促上马"之感，在设计深度不够的情况下，为了降低各类风险、降低设计变更特别是重大设计变更带来的费用增加的风险，政府方和社会资本都天然愿意提高建设成本的测算金额，因此，有必要降低 PPP 项目"上马"的速度，提升项目可研深度和项目的设计深度，在源头上堵住 PPP 项目各方拉大建设成本的"冲动"。

（二）适度引入关联回避机制

由于 PPP 项目通过一次招标确定投资人后，往往采用 EPC 的模式进行设计、采购和施工，而往往投资人或联合体成员中本身具有勘察、设计、施工等资质，在财政部下发《关于在公共服务领域深入推进政府和社会资本合作工作的通知》第九条和《招标投标法实施条例》第九条等规定之下，PPP 项目具有"两标并一标""甲方乙方一体化"等特性，前期 PPP 项目政府支出测算不准确，将为社会资本的逐利性提供了可乘之机，因此，有必要参照《住房城乡建设部关于进一步推进工程总承包发展的若干意见》，"建设单位应当加强工程总承包项目全过程管理，督促工程总承包企业履行合同义务。建设单位根据自身资源和能力，可以自行对工程总承包项目进行管理，也可以委托项目管理单位，依照合同对工程总承包项目进行管理。项目管理单位可以是本项目的可行性研究、方案设计或者初步设计单位，也可以是其他工程设计、施工或者监理等单位，但项目管理单位不得与工程总承包企业具有利害关系"，对 PPP 项目中的设计、施工、监理、造价咨询、项目管理等角色，适度引入利益关联回避机制，特别是当政府方专业力量缺乏时，更有必要通过第三方专业"抓手"，防止政府利益在不知不觉中被让渡。这点也让笔者想到，近年来国务院和住房城乡建设部正在推进的全过程工程咨询理念，在以县区为主的政府推行 PPP 模式下，恰逢其时，对政府方来说，有必要引入全过程工程咨询单位来开展 PPP 项目的全过程管理工作，而对于全过程工程咨询单位来说，也面临巨大的机遇与挑战。当然，政府方聘请以专家个人为主的全过程 PPP 顾问，也是一种较为灵活并更为经济的风险规避机制。

（三）破除"可用性付费＋运维绩效付费"观念

我国早期的 PPP 个案项目，多以 BOT 模式出现在使用者付费项目中，政府补贴的项目较少，这些项目自然而然地促使社会资本搞好运营，也有利于社会资本在运营过程中充分引入管理和技术创新，以在有限的特许经营期内获得最大回报，秉承"契约精神"的 PPP 基本理念，对于特许经营期内社会资本方获取的暴利或巨大亏损，政府和社会资本方多采用"最大限度的容忍"的态度，不到万不得已，不撤资、不散伙。由于这些个案以失败居多，加上法律缺失、信用体系不完善等原因，PPP 模式我国停滞了十余年，但笔者认为上述做法依然符合市场理念和国际惯例，值得行业坚守。刚刚兴起的 PPP 项目，引入了"可用性付费＋运维绩效付费"的理念，甚至让成熟领域放弃搞好运营的理论，值得行业反思。分析起来，毕竟在"亏多少、补多少、外加合理利润"和"亏赚风险自担"之间，更多人愿意选择前者，因此，行业有必要破除"可用性付费＋运维绩效付费"理念，鼓励社会资本在建设、运营过程中进行创新，允许社会资本依法获取超额利润，对于自来水供应、污水处理、垃圾焚烧、餐厨垃圾等 PPP 项目，政府应当允许社会资本方自带技术和设备，不过多干预技术方案，优先选用以价格作为唯一竞争因素，体现"物有所值"的竞争目标。

（四）充分利用竞争机制来降低 PPP 项目成本

"买的没有卖的精"，这是市场的基本法则，买"高"也就自然而然，上述笔者所列举的"两高""一低""一不准"问题，也就可以理解，要解决这些问题，笔者认为，竞争机制是买方较好的利器，也是较为经济的方式。如何利用竞争机制来降低 PPP 项目呢？

一是引入技术采购的理念，在竞争机制触发前，做好充分的市场调研工作，潜在社会资本有哪些？类似项目建安下浮率和回报率在什么水平？行业技术趋势是什么？方案的可行性是否合理？只有"知己知彼"，才更有可能通过采购到合理对价的社会资本方。同时向社会资本要技术，政府和实施机构、咨询机构充分利用采购前的优势地位，通过前期发布市场测试公告、主动向潜在优质社会资本发出意向性邀请、参观学习成功PPP 案例等方式，最大限度减少信息不对称带来的成本测算风险。

二是"兵马未动，粮草先行"，主动将感兴趣的潜在社会资本与融资机构对接，主动向融资机构说明项目情况，对资金的"借用管还"拿出一套切实可行的建议性方案，并将方案纳入和后续采购文件和 PPP 协议中，以争取提前解决融资问题，并争取获得优惠的融资利率，提前锁定前述笔者谈及的支出测算中的合同利润率、n 值的上限。

三是本着"有意向不针对"的原则，不偏不倚地对待各类社会资本，不发表任何意向性的意见,让社会资本知悉并感到参与竞争的"公平机会性"而非"主动陪标性",愿意积极主动参与竞争。

四是引发适度竞争而非过度竞争,努力使竞争在多家社会资本之间展开,避免"3家潜在投标人游戏式参与投标"的现象出现,引发潜在投标人合理适度竞争。

五是加大建安下浮率、合理利润率、折现率的竞争力度,提高PPP项目评标中价格分权重,不得设置这些指标的下限。

(五)注重引进专业运营机构

纵观很多成功的PPP项目,我们可以看出:引进专业提高运营效率是关键,例如,唐山大剧院PPP项目的成功,在于采用TOT的运作方式,引进社会资本北京保利剧院管理有限公司进行建成后运营;而福州海峡文化艺术中心PPP项目,则采用了二次公开招标模式将影视中心、地下室商业、艺术博物馆、中央文化大厅、停车场打包委托选择北京保利剧院管理有限公司运营。只有"让专业的人做专业的事",才能让项目公司具有造血功能,才能降低运营风险,PPP项目政府支出测算中的运营部分的准确性才具有意义和可实现性。

四、结束语

本文站在理论和实践的视角,简要介绍了我国PPP发展的历史背景和现状,探讨了摸索前行的PPP项目在操作过程中存建设成本基准值测算偏高和合理利润率、折现率等相对融资利率偏高、建设成本中的建安费用下浮率偏低、运营收支测算不准确等问题,指出这些政府支出测算不准确的问题将造成政府支付责任隐性加大、政府在不知不觉中利益被让渡、PPP项目重视的运营机制被忽视和弱化等后果,提出了提高PPP项目设计深度、适度引入关联回避机制、破除"可用性付费+运维绩效付费"观念、充分利用竞争机制来降低PPP项目成本、注重引进专业运营机构等对策和建议,以期对行业规范提供借鉴和参考。

参考文献

1. 郭燕春:《解决项目资金短缺 福州尝试PPP模式》,载于《中国商报》,2015年9月8日。

2. 银昕:《保利PPP模式助力唐山大剧院建设运营》,载于《中国经济周刊》,2017年第38期。

3. 陈宏能、肖靓:《PPP项目中的"运营"是什么》,载于《PPP知乎》公众号,

2018年1月14日。

4. 贾康:《PPP模式需要阳光化的程序》,载于《新浪财经》,2016年3月22日。

5. 王守清:《PPP的核心是运营 谁做得好就给谁》,载于《中国新闻周刊》,中国青年网,2018年1月3日。

江门市城建投融资与 PPP 改革的实践与探索

胡其波[*]

> **摘　要**：广东省江门市通过三年多的实践，认为推广应用 PPP 模式有五点启示：一是规范实施是生命；二是支付能力是基础；三是风险分担是关键；四是绩效监督是保障；五是让专人做专业事。
>
> **关键词**：PPP 改革　规范　绩效监督

翻开江门历史，社会资本投资基础设施源远流长，早在清光绪年间（1906 年），经清政府批准，广东新宁（今台山）旅美华侨陈宜禧主持建造了一条纵贯县境以达新会县、江门北街的铁路——新宁铁路，该铁路一期工程 59.3 千米，投资 259 万两白银，于 1909 年通车，系中国第一条民办铁路。改革开放初期的 1987 年，国务院五部委全面推广鲁布革经验，随后《人民日报》头版头条发表《鲁布革冲击》的长篇通讯，江门市迅速行动，1988 年就先行先试采用国际上的 BT 交钥匙模式建设外海大桥，由日本熊谷组筹资 2500 万美元、香港熊谷组施工，江门市政府分期支付回购，并率先将当时国际上悬臂拼装、箱梁顶推、钢管桩基础施工等先进工法带入国内。

打开中国地图，江门市位于广东省中南部，毗邻港澳，是珠三角西岸的中心城市之一，下辖蓬江、江海、新会三区和台山、开平、鹤山、恩平四市，设有国家级高新区 1 个，土地面积 9504 平方千米，常住人口 454.4 万人。江门市区位优势明显，是珠三角向粤西甚至大西南沟通、承东启西的枢纽，随着港珠澳大桥、深中通道、深茂铁路等重大交通基础设施的加快建设，江门将实现与香港、澳门、广州、深圳等重要城市的 1 小时生活圈，加快打造粤港澳大湾区西翼枢纽门户城市。江门是"全国文明城市"、全国首批小微企业创业创新基地示范城市，荣获"中国优秀旅游城市""国家园林城市""国家卫生城市""国家环境保护模范城市""中国人居环境奖"等称号，2016 年，江门市开平赤坎古镇获得第一批中国特色小镇的称号。同时，江门是著名的侨乡，有海外

---

[*] 胡其波：工作单位是广东省江门市财政局。

侨胞、港澳台同胞 400 多万人，遍布世界 107 个国家和地区，素有"中国侨都"以及"海内外两个江门"的美誉；江门还是"院士之乡"，这里孕育了 32 位江门籍院士，最为让人津津乐道的是维新派重要代表人物梁启超家"一门三院士"。侨都、碉楼、温泉、海岛以及岭南儒城是江门的亮丽名片。

从经济发展状况看，2016 年江门市实现 GDP（国内生产总值）2419 亿元，地方一般公共预算收入 204 亿元，总量在全省 21 个地级市中分别排在第 9 位和第 8 位，处在中游位置，在珠三角 9 市中分别排第 7 位和第 8 位，属于珠三角后发城市，但随着粤港澳大湾区经济时代的到来和珠西发展战略的实施，江门广阔的地域优势正日益凸显，江门正成为珠三角最具潜力的"希望之城"，迎来蓄势出发的关键时期和千载难逢的黄金机遇期。欲谋大城格局、交通规划先行，江门要更好融入珠三角核心圈，对接粤港澳大湾区经济时代，必须加快城市基础设施一体化建设，对经济基础薄弱的江门而言，仅依靠财政资金的投入是不可能实现的，如何破解城市发展中资金需求的瓶颈问题，按下城市提速发展的"快进键"，就成为了摆在江门市各级党委、政府面前一件最现实、最紧迫的大事，时势倒逼改革，困境孕育新生，创新投融资改革，提前谋划资金平衡、信用平衡和债务平衡，推动江门大发展、大建设成为江门实现新跨越道路上的不二选择。

一、因势而谋，江门大道的投融资改革实践

广佛江快速通道江门段，即江门大道，是广东省、江门市"十二五"和"十三五"期间的重大交通基础设施建设项目之一，也是江门市第一条快速路。该项目全长约 123 千米，总投资 236 亿元，自北向南呈双"Y"形布局，按道路位置划分为北线（东北线、西北线）、中线（Ⅰ期、Ⅱ期）和南线（东线、西线），按双向八车道主道 + 双向四车道辅道标准建设。江门大道对外北接广佛都市圈，南连珠海和港澳，对接西部沿海高速和港珠澳大桥，成为连接大广海湾经济区与广佛经济圈的必经之路；对内有效串联三区一市的资源，其通过的鹤山、蓬江、江海、新会区域，经济总量占全市的 70% 以上，沿线土地可以支撑江门未来二三十年的经济发展空间，这条打通内部经脉的大道，将为江门建设成为珠西乃至整个珠三角的中心城市打下坚实基础。为解决江门大道项目庞大的建设资金需求，江门市创造性引入投融资规划方法，打通项目投资建设的"五个链条"，成功实现资金的良性循环。

第一链：统筹利用土地储备融资政策解决前期费用。江门市引入投融资规划理念，编制《江门市（本级）城建投融资规划（2013~2023）》，对"城建投资与融资的相匹配、历史及新增债务与城市资源相匹配，引导政府城建投融资管理体制、机制转型及城建开发平台转型"进行系统规划，探索建立"借、用、还"相统一的政府投融资机制。

在投融资规划理念的引导下,科学安排土地储备出让和项目投资建设时序,推动规划、城建、土地、国资、财政良性互动,并以江门大道为核心,加大征地拆迁补偿资金的筹措力度,充分利用土地储备融资政策,统筹解决了江门大道项目前期费用。

第二链:创新投融资加施工总承包解决建安投资。2011~2012年,在国家尚允许采用BT模式建设政府投资项目的前提下,江门市启动了先期工程江顺大桥、江门大道北线主道BT项目建设,中国中铁均通过公开招投标成为BT投资方。2013~2014年,随着规范地方政府融资行为的政策出台,江门市科学研判、提前谋划,召开城建项目融资座谈会,利用有限的政策时间窗口,成功策划以江门大道及配套道路为核心的一揽子融资解决方案。同时,创新"投融资+施工总承包"模式,统筹沿线各市区依托市本级信用,实行统一增信、统一招标、统一谈判、统一签约,一揽子解决县(市)区重大基础设施融资难的困局,最终与中国中铁、中国电建、中国建筑3家央企签订了5个工程包、合同金额160亿元的江门大道及配套道路投融资加施工总承包合同(其中江门大道占比近六成),加快推动了江门大道北线辅道、中线主辅道以及南西线的开工建设。

第三链:实行应收账款资产收益权计划解决回购资金。2014年底,先期工程江顺大桥即将进入回购期,江门市积极创新融资方式,通过BT应收账款资产收益权计划,"买断"江顺大桥及配套道路工程BT回购款,顺利解决江顺大桥即将到来的回购资金压力,加快了江门大道北线、中线工程建设。同时,为充分保障江门大道资金运行,江门市进一步加大与金融机构的对接,利用政策窗口,成功获得江门大道及其配套道路的中长期信用贷款,并创下单笔城建融资规模和期限两个新高,基本解决了江门大道部分新增工程以及投融资加施工总承包回购款,在融资结构、期限、成本上均得到优化。

第四链:积极推广应用PPP模式改造化解政府债务。2015年以来,国家全面推广应用PPP模式,为进一步减轻地方政府的债务压力,江门市在全省率先申报江门大道PPP存量改造项目,目前该项目是省级PPP重点项目和省市政府重点督办任务,已纳入财政部PPP综合信息平台系统,近期即将启动社会资本的采购工作。通过PPP改造,一方面降低江门市政府债务率,化解地方政府性债务风险,为今后政府举债腾挪空间,另一方面也解决了项目未来后续建设和管理维护的资金渠道问题。同时,江门市积极推进江门大道南东线PPP项目,投资额约36亿元,目前也完成PPP项目识别,正申报PPP项目入库。

第五链:充分利用政府置换债券政策缓解偿债压力。2014年政府债务甄别时,江门大道及其配套道路债务纳入政府债务系统,为债务置换创造了条件。2015年,财政部出台地方政府债券新政后,江门市充分利用政策按计划完成了江门大道债务的置换工作,不仅实现了债务平滑、成本下降,还腾出了建设资金用于其他省、市重点项目的投资建设。

总的来说，江门市以投融资规划方法为引领，准确把握国家政策走势，积极通过投融资体制机制改革创新，全力推动国资公司大整合，成功推动了以江门大道及配套道路为核心的近千亿投资的交通大会战，有效保障了国家及省、市重要基础设施项目的资金需求，有效促进了政府债务的限额余额管理，有效实现了财政、土地与国资的良性互动，以及资金运行的良性循环和置换债券的全面覆盖。江门大道的投融资实践充分体现了投融资规划理念与方法的现实意义，不仅为重大基础设施项目融资提供了解决方案，也进一步丰富了江门市政府投融资改革创新的实践经验。

二、应势而动，全面推动 PPP 改革

2015 年，《国务院办公厅转发财政部发展改革委人民银行关于在公共服务领域推广政府和社会资本合作模式指导意见的通知》出台，要求在公共服务领域广泛运用 PPP 模式，将 PPP 模式作为新常态下政府启动稳增长双引擎、开启政府投融资体制转型重要抓手，并提高到"推进国家治理体系和能力现代化"的高度，江门市高度重视推广运用 PPP 模式，认真贯彻落实国家政策文件要求和中共广东省委、广东省政府工作部署，积极推动以 PPP 模式为重点的投融资体制改革，在全省实现了"五个率先"。

一是领导高度重视，全省率先启动实施 PPP 工作。2015 年江门市就将"推进以探索 PPP 模式为重点的投融资体制改革"工作写进江门市委全会报告和列入市政府工作任务中；市委中心组邀请财政部科研所专家给全市作《PPP 理论、政策和实践》的授课；市政府主要领导亲自批示督办加快成立投融资和债务管理及 PPP 专门机构；对城建投融资规划开展中期评估，调整完善未来 5~10 年内重大投资项目清单、投资规模、资金需求和政府债务规模等，提出以 PPP 模式为主推进政府投融资工作及化解地方政府债务的平衡方案。2015 年 8 月，江门市作为唯一地级市代表在全省首届 PPP 模式项目推介会做经验介绍，有关工作得到省领导的充分肯定。

二是建立健全 PPP 工作机制，全省率先成立市级 PPP 中心。2016 年，江门市正式成立市重点交通城建项目总指挥部，由常务副市长任总指挥，统筹领导重大城建 PPP 项目的协调审核、实施和监督等工作；江门市率先在广东省成立地市级政府和社会资本合作（PPP）中心，该中心为江门市财政局直属行政机构，主要承担政府投融资和债务管理、PPP 管理以及政府投资基金管理和指导等职能；由每个 PPP 项目实施机构牵头，设立 PPP 项目工作协调小组，江门市基本建立健全"决策、管理、执行"三位为一体的组织领导保障和行之有效的联评联审机制，确保 PPP 项目依法、合规、高效、廉洁运行。此外，江门市高度重视 PPP 能力建设，2015 年江门市邀请财政部等专家在全省率先举办地市级 PPP 专题培训，编印《政府和社会资本合作（PPP）模式相关法规政策汇

编》；采取"专题培训＋现场办公"和挂职锻炼跟班学习等方式，不断培养PPP专业人才梯队和提高基层PPP工作的专业水平。

三是搭建服务平台，全省率先建立PPP咨询服务机构库。2015年江门市在全省率先面向全国发布首批PPP咨询服务机构征集公告，2016年江门市再次面向社会公开征集第二批PPP咨询服务机构，目前江门市PPP咨询服务机构库共有47家咨询服务机构入库，其中综合服务类咨询机构25家，律师事务所9家、会计师事务所9家、资产评估公司4家。据不完全统计，江门市机构库的PPP咨询服务机构使用率达90%以上，为江门市PPP项目提供了有力的技术和智力支撑。

四是突出示范项目带动，全力率先实现PPP示范项目落地。江门市一直以来都积极申报国家和省PPP示范项目，2015年，江门市市区应急备用水源及供水设施工程成功入选财政部第二批示范项目，也是2015年广东省首批4个入选财政部PPP示范项目之一。2016年，江门市本级的国省道PPP项目和鹤山市的滨江路工程项目也成功入选财政部第三批示范项目。截至目前，江门市已纳入财政部PPP综合信息平台系统的项目有17个，按示范级别划分，财政部示范项目3个，省重点项目3个，其他项目11个；按照行业领域划分，市政工程11个，水利建设1个，生态建设和环境保护2个，教育1个，交通运输2个，全市辖下各市区PPP项目实现全覆盖。入库项目中，已基本完成采购的有14个，实际落地率达82.35%。近期江门市将有19个项目拟入库，投资额接近300亿元，涉及高快速公路、水环境治理、产业园区、医疗卫生、文化艺术等多领域。

同时，本市PPP中心加强对全市PPP项目的跟踪指导、对口联系和动态调整机制，确保项目规范实施，真正成为经得起考验的"样板"和"标杆"，并加强对PPP项目的推广和宣传。例如，江门市新一轮污水处理设施建设PPP项目，按照"统一策划、统一标准、统一采购、同步推进"的原则，由市本级统筹辖下县市整体推进，该经验在全省得到肯定和推广，广东省住建厅有关负责人接受中国财经报采访时表示"江门在全省首创'整县打包、整市推进'的建设模式，试点先行，探索出投资少、占地不多、技术先进、运行成本低、出水标准高等经验，并与美丽乡村建设相结合，农村生活污水处理设施建设工作走在全省前列，经验可复制、可推广。"

五是加大配套支持，全省率先成立市级PPP融资支持基金。2016年初，江门市在全省率先出台《江门市政府投资基金管理暂行办法》。历经近一年时间酝酿、探索和实践，目前江门市的政府投资基金形成了"1＋3＋N"的架构，"1"系指出资代表机构——江门市投资有限公司，"3"系指3只政府投资基金母基金，"N"系指3只母基金对应的行业领域子基金，每只子基金最多设立4只子基金，成熟一个发展一个。2017年1月，江门市PPP基金办理工商登记正式注册成立，由广东粤财创业投资有限公司、江门市融盛投资有限公司与江门市投资有限公司共同合作设立。基金总规模50亿元，为有限合伙制基金或契约制，采取母子基金运作模式，基金存续期限原则上不少于10年，基金主要投入财政部 PPP 综合信息平台系统或国家发改委 PPP 项目库管理的项目，优先投入省级及以上 PPP 示范项目和 PPP 重点项目。与此同时，江门市 PPP 基金成功与中国 PPP 基金对接，第一期投资项目为财政部第三批示范项目——江门市国省道（国道 G325、五邑路等）PPP 项目，江门市成为中国 PPP 基金在广东省投资的 PPP 项目中首个签约落地的地市。

三、启示与思考

江门市通过三年多的实践，认为推广应用 PPP 模式有五点启示：一是规范实施是生命；二是支付能力是基础；三是风险分担是关键；四是绩效监督是保障；五是让专人做专业事。与此同时，当前 PPP 改革逐步步入深水区，推广应用 PPP 模式也存在七方面困惑：一是立法滞后问题；二是思想认识不到位问题，地方党政领导对 PPP 理念的把握不到位，甚至还有观望思想；三是财政承受能力不足问题，尤其是市、县级财政盘子小、建设任务重矛盾突出；四是政策衔接不配套问题，如立项问题、税收政策问题等；五是民营资本参与度不高问题；六是专业运营商缺乏问题；七是 PPP 基金参与路径问题等。这些都需要通过加大改革创新力度、建立健全体制机制加以解决。

今年以来，党中央、国务院连续释放防控风险的政策信号，全国第五次金融工作会议指出，各级地方党委和政府要树立正确政绩观，严控地方政府债务增量，终身问责，倒查责任。随后召开的中央政治局会议再次强调，要积极稳妥化解累积的地方政府债务风险，有效规范地方政府举债融资，坚决遏制隐性债务增量。要进一步规范地方政府举债融资行为，进一步健全规范的地方政府举债融资机制，必须坚定不移地规范实施 PPP 模式，既要解决重大政府投资项目的建设问题，也为化解存量政府债务提供路径。下一步，江门市将进一步健全 PPP 工作机制，进一步加快 PPP 项目的规范实施，加强 PPP 能力建设，促进国资公司向合格社会资本转型发展，引导民营资本参与 PPP 项目建设，充分发挥财政杠杆作用，激励社会资本公平竞争，优化公共产品和公共服务供给，提升公共服务质量，不断满足人民日益增长的多样化公共服务需求。